Büşra Akay, Anja Schiemann, Hannah Schulze Zurmussen (Hrsg.)
Recht in Literatur und Film

Juristische Zeitgeschichte
Abteilung 6, Band 63

Juristische Zeitgeschichte
Hrsg. von Prof. Dr. Dr. Dr. h.c. Thomas Vormbaum
(FernUniversität in Hagen, Institut für Juristische Zeitgeschichte)

Abteilung 6:
Recht in der Kunst – Kunst im Recht
Mithrsg.
Prof. Dr. Gunter Reiß
(Universität Münster)
Prof. Dr. Anja Schiemann
(Universität zu Köln /
Deutsche Hochschule der Polizei, Münster-Hiltrup)

Band 63

Redaktion: Natalie Brandes

De Gruyter

Büşra Akay, Anja Schiemann und
Hannah Schulze Zurmussen (Hrsg.)

Recht in Literatur und Film

**Tagung an der Universität zu Köln
vom 24. bis 25. Januar 2025**

De Gruyter

ISBN 978-3-11-914728-6
e-ISBN (PDF) 978-3-11-220674-4
e-ISBN (EPUB) 978-3-11-220699-7

Library of Congress Cataloging-in-Publication Data
A CIP catalog record for this book has been applied for at the Library of Congress.

Bibliografische Information der Deutschen Nationalbibliothek

Die Deutsche Nationalbibliothek verzeichnet diese Publikation in der Deutschen Nationalbibliografie; detaillierte bibliografische Daten sind im Internet über http://dnb.dnb.de abrufbar.

www.degruyterbrill.com
Fragen zur allgemeinen Produktsicherheit:
productsafety@degruyterbrill.com

Inhaltsverzeichnis

Vorwort

Kölner Tagung zu Recht und Literatur: Recht in Literatur und Film

Am 24. und 25. Januar 2025 fand die erste Tagung zu Recht und Literatur an der Universität zu Köln statt, die gleichzeitig mit der Hoffnung verbunden ist, nicht die letzte dieser Art zu sein, sondern in einer gewissen Regelmäßigkeit ähnlich wie die traditionelle Tagung in Rendsburg stattzufinden. Denn die Beschäftigung mit Recht und Literatur verdient es, als eigenständiger Forschungsgegenstand ernst genommen – und nicht als bloße Liebhaberei bibliophiler Jurist:innen abgetan zu werden. Auch in Deutschland blickt diese Forschung inzwischen auf eine beachtliche Tradition zurück.

Bereits in den 1950er Jahren prägte *Eugen Wohlhaupter* den Begriff des Dichterjuristen, der mittlerweile auch in der Literaturwissenschaft verwendet wird. Und so standen auch auf dieser Tagung nicht nur Vorträge auf dem Programm, sondern auch Autor:innenlesungen und Gespräche mit modernen Dichterjurist:innen. Die Universitätsprofessorin *Susanne Beck* las aus ihrem Cosy-Krimi „Schatten über der Alhambra“ und *Ingo Bott*, Strafverteidiger in Düsseldorf, stellte einen Band aus seiner erfolgreichen „Pirlo“-Reihe vor. Im Anschluss bot ein Gespräch mit den beiden Autor:innen weitere Einblicke – ein Austausch, der leider nicht Eingang in diesen Tagungsband finden konnte.

Die Tagung begann mit einem Schwerpunkt, der im Forschungsfeld Recht und Literatur bislang eine eher stiefmütterliche Behandlung findet: das Thema Recht im Film. *Matthias Hurst*, Professor für Film- und Literaturwissenschaft am Bard College Berlin, spürte Rache, Recht und Gerechtigkeit in den Filmen von Fritz Lang nach. *Fabian Odermatt*, der eine Dissertation mit dem Titel „Das Recht im filmischen Spiegel – Verführung, Mythos und Performanz“ verfasste, zeigte eindrucksvoll auf, wie filmische Bilder die Wahrnehmung von Recht prägen – oft in einer Weise, die wenig mit den tatsächlichen juristischen Gegebenheiten zu tun hat. Gerade aufgrund dieser Einflussmöglichkeit ist es geboten, diese noch bestehende große Forschungslücke im Bereich Recht und Film durch weitere Arbeiten zu füllen. Auch Kriminalhauptkommissar a.D. *Ralf Schmidt* wies in seinem Vortrag zum Schusswaffengebrauch im Film und in der Realität auf die Differenz zwischen Inszenierung und Wirklichkeit hin. Dass filmische Erzählungen Rechtsvorstellungen beeinflussen, macht die wissenschaftliche Auseinandersetzung mit diesem Bereich umso wichtiger.

https://doi.org/10.1515/9783112206744-001

In einem Gespräch im Podcast-Format „Räuberischer Espresso" diskutierten *Florian Nicolai* und *Ayla Sommer* über die filmische Umsetzung von strafrechtlichen Themen; etwa über die Faszination des Rechtsgrundsatzes *ne bis in idem* (Verbot der Mehrfachbestrafung), wie er im Thriller *Das perfekte Verbrechen* (Orig. Fracture, 2007) inszeniert wird.

Der nächste Themenkomplex der Tagung stellte das Spannungsverhältnis von Wahrheit und Fiktion in der Literatur in den Mittelpunkt. *Hannah Schulze Zurmussen* und *Anja Schiemann* nahmen hierzu die drei Dupin-Erzählungen von Edgar Allan Poe in den Blick, um beispielsweise in der Erzählung „Das Geheimnis der Marie Rogêt" auf den dieser Erzählung zugrundeliegenden realen Fall der Mary Cecilia Rogers hinzuweisen. *Markus Thiel* zeigte am Beispiel des Kriminalromans, wie stark literarische Gerichtsverfahren von den realen Vorgaben des Strafverfahrensrechts abweichen und warf zugleich einen kritischen Blick auf die methodische Selbstvergewisserung der Forschung zu Recht und Literatur insgesamt. Er appellierte, sich grundlegend mit der Frage auseinanderzusetzen, wie eine wissenschaftlichen Standards entsprechende Auseinandersetzung mit dem Forschungsgegenstand stattfinden sollte.

Der zweite Tag begann mit einem grundlegenden Beitrag von *Büşra Akay* zur Frage, inwieweit Recht selbst als Literatur gelesen werden kann. Dabei wurde deutlich, wie literarische Perspektiven nicht nur zur Auslegung des Rechts beitragen, sondern auch helfen können, strukturelle Diskriminierung sichtbar zu machen. An diese Überlegungen knüpfte *Damien Nippen* an, der in seinem Vortrag anhand einer empirischen Studie Verteidigerplädoyers untersuchte – und diese dann mit dem berühmten Plädoyer des Atticus Finch aus „Wer die Nachtigall stört" verglich. Seine Analyse machte deutlich, wie sehr die sprachliche Gestaltung über Wirkung und Überzeugungskraft entscheidet. Mit einem Blick auf die magische Welt von *Harry Potter* schloss *Jannina Schäffer* den Bogen zur Frage, wie das Strafprozessrecht als Machtinstrument im literarischen Raum erscheinen kann.

Die Beiträge dieser Tagung haben eines deutlich gemacht: Recht lässt sich nicht nur lehren und anwenden, es lässt sich auch erzählen. Wo das Recht spricht, braucht es Worte – wo Literatur erzählt, stellt sie das Recht infrage.

Büşra Akay, Anja Schiemann und
Hannah Schulz Zurmussen

Köln, Frühjahr 2025

Matthias Hurst

In dubio pro malo – Rache, Recht und Gerechtigkeit in den Filmen von Fritz Lang

I. Fiat iustitia et pereat mundus

Verbrechen und deren Verurteilung und Bestrafung sind ein wichtiger und populärer Teil unserer Film-, Fernseh- und Unterhaltungsindustrie, und die Genres, in denen diese justiziablen Vorgänge zumeist packend und unterhaltsam inszeniert werden, sind Kriminal- und Gerichtsfilme. Viele Menschen lieben Kriminalfilme und Krimiserien und sind besonders fasziniert von Gerichtsfilmen („courtroom drama“) sowie von Anwaltsserien und deren spezifischer Dramaturgie.

Wir sehen dem Recht und der Gerechtigkeit gerne bei der Arbeit zu; die Zuschauerinnen und Zuschauer lieben aufwühlende Konflikte, spannende Verhandlungen und den Prozess der Wahrheitsfindung in der Arena des Gerichtssaals mit der Aussicht auf gerechte Verurteilung von Verbrechen und schändlichem Verhalten: Ob in so unterschiedlichen Spielfilmen wie beispielsweise *Die zwölf Geschworenen* (*12 Angry Men*, 1957, Sidney Lumet), *Zeugin der Anklage* (*Witness for the Prosecution*, 1957, Billy Wilder), *Anatomie eines Mordes* (*Anatomy of a Murder*, 1959, Otto Preminger), *Das Urteil von Nürnberg* (*Judgment at Nuremberg*, 1961, Stanley Kramer), *Wer die Nachtigall stört* (*To Kill a Mockingbird*, 1962, Robert Mulligan), *Aus Mangel an Beweisen* (*Presumed Innocent*, 1990, Alan J. Pakula), *Eine Frage der Ehre* (*A Few Good Men*, 1992, Rob Reiner), *Zwielicht* (*Primal Fear*, 1996, Gregory Hoblit), *Verleugnung* (*Denial*, 2016, Mick Jackson) oder *Anatomie eines Falls* (*Anatomie d'une chute*, 2023, Justine Triet)[1] – der letztgenannte Film gewann die

1 Die genannten Filme unterscheiden sich u.a. dadurch voneinander, dass sie entweder auf Fiktionen, auf literarischen Vorlagen oder auf historischen Prozessen beruhen. Es werden auch unterschiedliche Sachverhalte und Rechtsfragen thematisiert. Die Grundlagen für die jeweiligen Darstellungen sind also verschieden, teilweise authentisch, teilweise frei erfunden; im Hinblick auf ihre Dramaturgie und unmittelbare Wirkung auf die Rezipientinnen und Rezipienten sind die Filme allerdings durchaus vergleichbar. Im weiteren Sinne ließen sich auch Spielfilme nennen, die auf den Protokollen von

https://doi.org/10.1515/9783112206744-002

Goldene Palme bei den Filmfestspielen in Cannes im Mai 2023 –, ob in TV-Krimi-, bzw. Anwaltsserien wie *Perry Mason* (1957–1966), *Petrocelli* (1974–1976*), Ein Fall für zwei* (seit 1981), *Matlock* (1986–1995) oder *Law & Order* (1990–2010, neu seit 2022) oder ob im Reality TV-Nachmittagsprogramm beim *Strafgericht*, *Jugendgericht* und *Familiengericht* mit Alexander Hold, Barbara Salesch und Ulrich Wetzel. Die Protagonistinnen und Protagonisten solcher Gerichtsfilme, Anwaltsserien und pseudokumentarischer Gerichtsserien sind meist aufrechte Menschen, Richter, Anwälte und Verteidiger, die sich vorbildhaft für Recht und Gerechtigkeit einsetzen. Ihre Qualitäten sind nicht nur fleißiges Studium der Gesetzesbücher und der jeweils vorliegenden Konfliktsituation und Faktenlage, sondern auch Menschenkenntnis, ein natürlich anmutendes Rechtsempfinden und brillante Rhetorik, die (in den meisten Fällen) zu dem befriedigenden Ergebnis führen, einerseits Falschheit, Betrug und Lügen aufzudecken, andererseits Unschuld zu bestätigen und dadurch Recht und Gerechtigkeit ordentlich durchzusetzen.

Besonders das amerikanische Rechtssystem[2] mit Geschworenenurteilen in Strafprozessen eignet sich für spannende Filmdarstellungen, gilt es doch, eine unvoreingenommene Gruppe von Menschen jeweils von Schuld oder Unschuld der Angeklagten zu überzeugen[3]. Die Einbeziehung einer Geschwore-

---

tatsächlichen Gerichtsverhandlungen basieren und diese – mit unterschiedlichen ästhetischen und/oder politischen Intentionen – filmisch nachgestalten, so z.B. *Die Passion der Jungfrau von Orléans* (*La Passion de Jeanne d'Arc*, 1928, Carl Theodor Dreyer) oder *Stammheim* (1986, Reinhard Hauff).

2 Der Vollständigkeit halber muss hier darauf verwiesen werden, dass es „auf vielen Gebieten des öffentlichen Rechts und bei fast allen des Privatrechts (…) kein 'amerikanisches Recht' (gibt). Vielmehr besteht es aus dem einzelstaatlichen Recht der 50 Gliedstaaten, des District of Columbia und der Territorien. Gemeinsame Sprache, Rechtstradition und Kultur bewirken zwar eine grundsätzliche Rechtseinheit, beim praktischen Arbeiten mit 'amerikanischen (!) Recht' muss aber immer konkretisiert werden, ob es um einzelstaatliches- oder Bundesrecht geht und wenn ersteres, um welchen Einzelstaat. Verlass auf 'allgemeine Grundregeln' ist gefährlich.“ (*Peter Hay*, US-Amerikanisches Recht, Studienbuch, 6. erweiterte und überarbeitete Aufl., München/Basel/Wien, C.H. Beck, Helbing Lichtenhahn, Manz, 2015, S. VI.).
„Das amerikanische Rechtssystem ist heute weder rein 'fallrechtlich', noch beruht es ausschließlich auf Gesetzen oder einer Kodifikation. Man stößt vielmehr auf ein gemischtes System, das sich von der kontinentaleuropäischen Entwicklung zu einem 'gemischten' System durch wachsende Bedeutung des Fallrechts daher nicht grundlegend unterscheidet, in dem aber die Betonung auf dem fallrechtlichen Aspekt verbleibt.“ (Ebd., S. 5.).

3 Eine Grand Jury (mit 16 bis zu 23 Geschworenen) bestimmt über die Anklageerhebung und die Trial Jury (mit 6 bis 12 Geschworenen) bestimmt im Verfahren über Schuld oder Unschuld der Angeklagten. Vgl. dazu *Hay*, US-Amerikanisches Recht (wie Anm. 2), S. 291 f. und S. 295 ff.

nenjury, die aus repräsentativen Bürgerinnen und Bürgern besteht, vermittelt in sinnfälliger Weise die demokratische Anwendung und Durchsetzung des Rechts. Hierbei zeigen sich im idealen Fall also nicht nur die Überzeugungskraft und die rhetorische Raffinesse der Anwälte und Verteidiger, die auf die Geschworenen einwirken, sowie die Neutralität und Unbefangenheit der vorsitzenden Richter, sondern auch das Rechtsempfinden der zivilen Bevölkerung und deren aktive Teilhabe an juristischen Prozessen.

Ein gutes Beispiel für die Dramaturgie eines Gerichtsfilms, die sich hauptsächlich auf das gesprochene Wort verlässt und dabei die Zuschauer zu fesseln vermag, ist der Spielfilm *Die zwölf Geschworenen* (*12 Angry Men*, 1957) von Sidney Lumet. Der Film basiert auf dem gleichnamigen Fernsehspiel von Reginald Rose aus dem Jahr 1954 und beschränkt sich ganz auf die kammerspielartige Situation, in der sich eine Geschworenenjury zur Beratung zurückzieht und über Schuld oder Unschuld eines Angeklagten zu entscheiden hat. Angeklagt ist in diesem Fall ein junger Mann aus den Slums, der seinen Vater erstochen haben soll. Die zwölf Geschworenen sind eigentlich fest von der Schuld des Angeklagten überzeugt; dem Schuldspruch und dem zu erwartenden Todesurteil steht eigentlich nichts mehr im Weg. Doch da meldet der Geschworene Nr. 8, dargestellt von Henry Fonda, seine Zweifel an der Schuld des Angeklagten an. Fonda spielt hier, wie so oft in seiner Karriere, einen aufrechten Amerikaner, der an demokratische Werte, an das Verantwortungsbewusstsein der Bürgerinnen und Bürger wie auch an die Gerechtigkeit und das Funktionieren des Rechtssystems glaubt.

Im Geschworenensystem muss der Schuld- oder Unschuldsspruch prinzipiell einstimming sein[4]. In einer langen Sitzung und engagierten Diskussion überzeugt Nr. 8 also nach und nach seine elf Mitgeschworenen von seinen berechtigten Zweifeln an der Schuld des Angeklagten und setzt sich gegen Ressentiments, gegen Vorurteile und gegen rein emotionale Reaktionen durch – ein Triumph der scharfen Beobachtung der Fakten und der logischen Argumentation, ein Sieg der Vernunft und des standhaften Rechtsempfindens und somit auch eine Sternstunde der liberalen Demokratie. Ob der angeklagte junge Mann des Mordes tatsächlich schuldig ist oder nicht, wird nicht geklärt und scheint auch nebensächlich zu sein; es kommt darauf an, das Prinzip der Unschuldsvermutung – *in dubio pro reo* – praktisch anzuwenden und mit Besonnenheit gegen den Widerstand einer zunächst leichtgläubigen Mehrheit und gegen eine übereilte Schuldzuweisung durchzusetzen und somit die Zuverlässigkeit und Fairness des herrschenden Rechtssystems zu bestätigen. Da die

4 *Hay*, US-Amerikanisches Recht (wie Anm. 2), S. 298.

Geschichte in einem einzigen kleinen Raum spielt, hat der Film keine besonderen visuellen Schauwerte zu bieten; die Spannung und die narrative Qualität enstehen ganz aus den Dialogen und aus der Anwendung juristischer Prinzipien der Wahrheitsfindung und Rechtsprechung.

In Gerichtsfilmen geht es vorderhand um Fragen der Gerechtigkeit, um Schuld oder Unschuld, um mögliche und angemessene Strafen; es geht um menschliches Verhalten und Fehlverhalten, um *Richtig* und *Falsch* und um die Konsequenzen, die Fehlverhalten und Gesetzesübertretung nach sich ziehen. Aber häufig geht es – über die konkrete Klärung der Schuldfrage und des Strafmaßes hinaus – auch prinzipiell um Rechtsauffassungen, um Rechtspraxis und um die Verlässlichkeit des Rechtsstaats.

Man muss sich immer wieder vor Augen führen, welche Bedeutung Recht und Gesetz und unabhängige Rechtsprechung für unsere Demokratie und Zivilgesellschaft haben: Sie sind unabdingbarer Stützpfeiler, Garant für Sicherheit und Schutz vor Übergriffen anderer (v.a. der Stärkeren gegen die Schwächeren), sie sind Garantie für Gleichheit und Gleichbehandlung und somit Voraussetzung des Vertrauens in den Staat, in seine Institutionen und in das gesetzlich geregelte Zusammenleben.

Der Film *… und Gerechtigkeit für alle* (*… And Justice For All*, 1979, Norman Jewison), in dem Al Pacino einen idealistischen und engagierten Anwalt spielt, der einen bigotten und gewalttätigen Richter verteidigen soll, zeigt diesen ethischen Anspruch in einer Welt der Korruption und moralischen Ambivalenzen auf eindrückliche und mitreißende Weise. Der Gerichtsfilm wird hier einmal mehr zur emphatischen Demonstration einer idealistischen, vielleicht auch utopischen Vorstellung eines unbestechlichen Rechtsempfindens und eines unverrückbaren Rechtssystems.

II. Fritz Lang

Im Folgenden soll es um Filme des Regisseurs Fritz Lang (1890–1976) gehen, in denen Variationen der Motive Verbrechen, Recht und Rache, Schuld und Unschuld sowie die Aufarbeitung und Verurteilung schuldhaften Verhaltens vor Gericht oder in prozessähnlichen Situationen eine zentrale Rolle spielen.

Lang gilt als einer der bedeutendsten deutschen Filmregisseure[5], der sich in vielen seiner Werke von den frühen Stummfilmen der 1920er Jahre bis hin zu

5 Geboren wurde Fritz Lang als Friedrich Christian Anton Lang am 5. Dezember 1890 in Wien. Seine Filmarbeit begann allerdings 1918 in Berlin. 1922, nach der Heirat mit der Drehbuchautorin Thea von Harbou (1888–1954), mit der er gemeinsam an den meisten

seinen amerikanischen Filmen der 1930er bis 1950er Jahre mit dem Themenkomplex Recht und Gerechtigkeit und den damit verknüpften Bemühungen des Individuums wie auch der Gesellschaft im Ringen um Gerechtigkeit auseinandergesetzt hat.

Nach ersten Arbeiten als Drehbuchautor begann Fritz Langs Karriere als Filmregisseur in den 1920er Jahren in Berlin, wo er schon bald zu einem der populärsten und erfolgreichsten Regisseure wurde. Nach seiner Emigration 1933 setzte er seine Filmarbeit in den USA fort. Im Laufe seines Lebens inszenierte Lang Spielfilme in verschiedenen Genres: Abenteuerfilme[6], Kriminalfilme und Thriller[7], Sozial- und Gerichtsdramen[8], Science Fiction[9], Fantasy[10], Western[11] und dezidierte Anti-Nazi-Filme während des Zweiten Weltkriegs[12]. Vor allem seine amerikanischen Kriminalfilme brachten ihm den Ruf ein, ein Wegbereiter und früher Meister des *film noir* zu sein. Aufgrund seines innovativen und

---

seiner deutschen Filme arbeitete, erwarb er auch die deutsche Staatsbürgerschaft. 1933 verließ er Deutschland und emigrierte nach einem Aufenthalt in Frankreich im Juni 1934 in die USA; dort wurde er 1939 amerikanischer Staatsbürger.

Zu Leben und Werk von Fritz Lang vgl. *Lotte H. Eisner*, Fritz Lang. London, Secker & Warburg, 1976; *Norbert Grob*, Fritz Lang. „Ich bin ein Augenmensch." Die Biographie. Berlin, Propyläen, 2014; *Ludwig Maibohm*, Fritz Lang und seine Filme, 3. Aufl., München, Heyne, 1990; *Patrick McGilligan*, Fritz Lang. The Nature of the Beast. Minneapolis/London, University of Minnesota Press, 2013; *Michael Töteberg*, Fritz Lang. 5. Aufl., Reinbek, Rowohlt, 2005.

6 Z.B. *Die Spinnen: Der Goldene See* (1919), *Die Spinnen: Das Brilliantenschiff* (1920), *Das Schloß im Schatten* (*Moonfleet*, 1955), *Der Tiger von Eschnapur* (1959) und *Das indische Grabmal* (1959).

7 Z.B. *Dr. Mabuse* (1922), *Spione* (1928), *M – Eine Stadt sucht einen Mörder* (1931), *Gefährliche Begegnung* (*The Woman in the Window*, 1944), *Gardenia – Eine Frau will vergessen* (*The Blue Gardenia*, 1953), *Heißes Eisen* (*The Big Heat*, 1953), *Die Bestie* (*While the City Sleeps*, 1955), *Die 1000 Augen des Dr. Mabuse* (1960).

8 Z.B. *Der Herr der Liebe* (1919), *Das wandernde Bild* (1920), *Blinde Wut* (*Fury*, 1936), *Gehetzt* (*You Only Live* Once, 1937), *Straße der Versuchung* (*Scarlet Street*, 1945), *Geheimnis hinter der Tür* (*Secret Beyond the Door*, 1948), *Lebensgier* (*Human Desire*, 1954).

9 *Metropolis* (1927) und *Die Frau im Mond* (1929).

10 *Der müde Tod* (1921), *Die Nibelungen* (1924) und *Liliom* (1934).

11 *Rache für Jesse James* (*The Return of Frank James*, 1940), *Überfall der Ogalalla* (*Western Union*, 1941) und *Engel der Gejagten* (*Rancho Notorious*, 1952).

12 *Menschenjagd* (*Man Hunt*, 1941), *Auch Henker sterben* (*Hangmen Also Die*!, 1943), *Ministerium der Angst* (*Ministry of Fear*, 1944) und *Im Geheimdienst* (*Cloak and Dagger*, 1946).

kreativen Umgangs mit der Filmform und seiner gelungenen Spannungsdramaturgie wird Fritz Lang zuweilen auch mit Alfred Hitchcock verglichen[13].

Obschon es natürlich Qualitätsunterschiede gibt und manche Filme inzwischen gänzlich aus dem Blick der Öffentlichkeit verschwunden sind, erscheint jeder einzelne Film des Regisseurs an sich interessant und bedeutungsvoll vor dem Hintergrund seiner jeweiligen Entstehungszeit und Produktionsbedingungen und im Kontext seines soziohistorischen Reflexions- und Bedeutungspotentials. Darüber hinaus hat man versucht, alle Filme gemeinsam oder bestimmte Gruppen seiner Filme, abhängig von Genres oder der Entstehungszeit, in einen bestimmten Bedeutungszusammenhang zu stellen, um in der Tradition des sogenannten Autorenfilms (oder *cinéma des auteurs*) auf wiederkehrende, typische Elemente, Motive, Themen und Stilmittel des Regisseurs aufmerksam zu machen und diese in einer Gesamtschau seines Werks zu analysieren[14].

So beleuchtet Lang in seinen Spielfilmen immer wieder die gefährdete Existenz des Individuums, das den Impulsen und Triebregungen der menschlichen Natur unterworfen und von materialistisch-schicksalhaften Kräften abhängig ist und sich darüber hinaus in gesellschaftlichen Zwängen und in den rigiden, institutionalisierten und mechanistisch anmutenden Strukturen der modernen Lebenswelt gefangen sieht. Als „Destiny-machine“[15] bezeichnet Tom Gunning den narrativen Mechanismus und die gnadenlose Wirkung in den Filmen Fritz Langs, in denen sich diese Kräfte, Strukturen und Institutionen dem Individuum und dessen Idealen, Sehnsüchten und Absichten entgegenstellen und es durch ihre erdrückende Präsenz zum Scheitern verurteilen.

---

13 Vgl. *Tom Gunning*, The Films of Fritz Lang. Allegories of Vision and Modernity, London, bfi / Palgrave Macmillan, 2011, S. xi, S. xii und S. 345 ff.; *McGilligan*, Fritz Lang (wie Anm. 5), S. 122.

14 Die spezifische Vorstellung eines Film-*auteurs* oder eines individuell geprägten Autorenfilms ging in den 1950er Jahren aus den filmtheoretischen Betrachtungen der Kritiker der französischen Zeitschrift *Cahiers du Cinéma* hervor: Es waren u.a. François Truffaut, Eric Rohmer, Jacques Rivette, Claude Chabrol und Jean-Luc Godard, die diese *politique des auteurs* propagierten und gegen Anfeindungen und Kritik verteidigten. Denn das Konzept, dass ein Regisseur wie ein Autor fungiere und weitestgehend allein für die Ästhetik eines Films verantwortlich sei, war und ist nicht unumstritten. Gleichwohl zählt Fritz Lang zweifellos zu den Regisseuren, denen man heute den Status eines *auteurs* zubilligt, d.h. der den Ruf eines Filmemachers mit individuellem Stil genießt, mit einer eigenen Ästhetik und gleichsam persönlicher Handschrift. Seine Filme sind in der Regel geprägt durch seine Vision als Künstler und weisen neben gemeinsamen stilistischen Merkmalen auch thematische Verknüpfungen auf.

15 *Gunning*, The Films of Fritz Lang (wie Anm. 13), S. 10 et passim.

„... for Lang destiny is not a metaphysical concept (and actually not a fight against the gods) but a material one, less a meaning than a structure. Destiny appears in Lang's films, not as a philosophy, but as a machine (...). The machine in Lang does stand for something beyond itself. (...) the machine is a metonymy, a fragment which stands in for the whole systematic nature of the modern world which Lang sees as a complex determining destiny."[16]

Bei der dramatischen Gestaltung dieser modernen „Schicksals-Maschine" inszeniert Lang häufig auch Gerichtsszenen, in denen die Handlungen seiner Filme ihre Wende- oder Höhepunkte finden und in denen die Existenz des Menschen in ihrer Schicksalhaftigkeit, ihren moralischen Herausforderungen und ihren schuldhaften Verstrickungen gleichsam formal und nach festgelegten Prozessregeln auf die Probe gestellt und verurteilt wird. Die Strukturen und Urteile des Gerichts weisen dabei mitunter über die konkreten Filmgeschehnisse hinaus und berühren allgemeingültige Diskurse und zeitlose Fragen des Menschseins.

Vor dem Hintergund des unaufhaltsamen Wirkens der „Destiny-machine" haben Filmhistoriker und Biographen diese zentralen Themen in den Spielfilmen von Fritz Lang erkannt:

„Der Einzelne im Konflikt mit seiner Vergangenheit. Das Gefühl der Schuld, die bedrängt und erdrückt. Und die Auflehnung mit allen Mitteln, auch wenn sie zu Niederlagen führt."[17]

„ ... unschuldig zu sein bei allem Anschein von Schuld (aber auch: schuldig zu sein bei allem Anschein von Unschuld)."[18]

"(V)erdammt sind sie alle bei Lang. (...) Da alle schuldig sind, müssen alle verurteilt werden."[19]

Man sieht in diesen Äußerungen und Zuspitzungen, in denen ein juristisch geprägtes Vokabular konsequent Anwendung findet, die Verbindungen zwischen einer prinzipiellen Einschätzung der *conditio humana*, der existentiellen Befindlichkeit des modernen Menschen, einerseits und dem Themenkomplex Schuld und Unschuld, Recht und Gerechtigkeit andererseits. „Lang ist Pessimist und Fatalist", stellt Buchka fest. „Sein Werk ist eines der düstersten der

16 Ebd., S. 10.

17 *Grob*, Fritz Lang (wie Anm. 5), S. 261.

18 Ebd., S. 85. Grob greift hier eine Formulierung aus Gero Ganderts Interview mit Fritz Lang auf: „Einerseits Unschuld mit allem äußeren Schein von Schuld (...), andererseits Schuld mit allem Anschein von Unschuld – wer muß da nicht erkennen, daß das alles ein und dasselbe ist?" (*Gero Gandert / Ulrich Gregor* [Hrsg.], Fritz Lang. M. Protokoll. Mit einem Interview des Regisseurs von Gero Gandert, Cinemathek 3. Ausgewählte Filmtexte, Hamburg, Marion von Schröder Verlag, 1963, S. 123.)

19 *Peter Buchka*, Ansichten des Jahrhunderts. Film und Geschichte in zehn Porträts, München/Wien, Carl Hanser Verlag, 1988, S. 53 ff.

Filmgeschichte, schon bevor er Deutschland überstürzt verläßt; danach wird es noch schwärzer."[20]

Das klingt schon sehr bedrückend. Und ein Urteil wie dieses suggeriert, dass Langs Filme in all ihrer „Schwärze" und Hoffnungslosigkeit nur schwer zu ertragen sind. Gleichwohl darf man aber nicht übersehen, dass die Filme doch immer auch sehr unterhaltsam sind. Lang hat stets an das Publikum gedacht und seine Themen und Überzeugungen – ganz egal wie ernsthaft oder gar pessimistisch sie sind – in spannende Geschichten verpackt, dabei in den meisten Fällen überzeugende filmische Erzählstrukturen entwickelt und zuweilen auch spektakuläre Bilder und Szenen geschaffen.

Aber woher kommt diese so „düstere" und „schwarze" Haltung?

Den Grund für Langs pessimistische Grundstimmung, „dessen Werk kein Strahl der Utopie erhellt"[21], sieht Buchka in dessen Einstellung gegenüber der menschlichen Natur und Kulturgeschichte und im Rückgriff auf die schicksalhaft dominierende Wirkung der Erzählung des ersten Mordes in der jüdisch-christlichen Mytholgie: Kain tötet seinen Bruder Abel. Humanität, Mitgefühl, Nächsten- und Bruderliebe versagen, stattdessen setzen sich Egoismus, Neid, Hass und Gewalt durch. Und diese erste Mordtat definiert ein für alle Mal den Weg der Menschheit:

> „Kultur, die bei Lang (…) nicht mit dem Griff zum Baum der Erkenntnis, sondern mit einem Brudermord beginnt, hat den Fluch der Erbsünde nicht überwunden, sondern verschärft. Das ist der Kern von Langs Dualismus und der Ursprung seines Kulturpessimismus."[22]

Sicherlich haben auch Langs persönliche Erfahrungen im Ersten Weltkrieg – er wurde mehrfach verwundet – sowie später die Ausbreitung des Faschismus in Europa und der Zweite Weltkrieg dazu beigetragen, eine eher skeptische Haltung gegenüber dem Wesen des Menschen und einem vermeintlich friedliebenden Zivilisationsprozess einzunehmen. Die mörderische Natur des Menschen konnte im Lauf der Geschichte nicht überwunden werden, im Gegenteil: Es scheint, als haben sich Gewalt, Brutalität und grausame Unmenschlichkeit maßlos weiterentwickelt und weiter ausgebreitet.

> „Da für Lang Kultur mit einem Mord beginnt, muß sich Kultur notwendigerweise dadurch bestätigen, daß sie diesen Mord sühnt. Und schuldig sind alle, weil sie von

---

20 Ebd., S. 44.

21 Ebd., S. 52.

22 Ebd., S. 52.

> Natur aus zum Mord fähig sind. Das ist nur eine Frage der Umstände. Und dies will Lang im Grunde mit jedem seiner Filme beweisen."[23]

Während in unserem Rechtssystem die Unschuldsvermutung *in dubio pro reo* gilt, ließe sich angesichts dieser radikal fatalistischen Weltanschauung also eher eine prinzipielle Schuldvermutung im Hinblick auf menschliches Verhalten sowie eine generelle Schuldzuweisung im Hinblick auf die menschliche Existenz anwenden. Im Zweifelsfall ist der Angeklagte schuldig – *in dubio contra reum* –, und wenn die Sachlage ungeklärt ist und noch keine eindeutigen Ergebnisse vorliegen oder Voraussagen gemacht werden können, sollte man stets die schlimmste Möglichkeit in Erwägung ziehen: *In dubio pro malo*. Die Dinge entwickeln sich meist zum Schlechten. Der Mensch ist eher schlecht als gut, eher schuldig als unschuldig. Die Kontingenz der Welt und des Daseins bedingen Unzuverlässigkeit, aber die Maschinerie des Schicksals arbeitet größtenteils gegen ihn. Und in den inneren, psychologischen Konflikten sowie den äußeren, sozialen und historischen Konflikten treten die unmoralischen Züge des Menschen und seine Disposition zu fragwürdigem oder gar schuldhaftem Verhalten deutlich hervor.

„Der große Stilist ist vor allem auch ein großer Stilisierer", betont Buchka, um die Einseitigkeit und Radikalität dieser Haltung und ihrer Konsequenzen zu relativieren.

> „Lang vereinfacht nicht, er komprimiert bis zur dichtest möglichen Form. Darum geht es bei ihm nie um das Individuum, sondern immer um den Menschen schlechthin. (…) Lang denkt immer universal: nicht der einzelne steht vor Gericht, sondern der Mensch, wie er geworden ist."[24]

Neben diesen allgemeinen Betrachtungen gilt es auf ein besonderes Ereignis hinzuweisen, dass einigen Biographen als Erklärungsgrund für Langs Interesse an Fragen von Schuld und Unschuld und für die nahezu obsessive Wiederkehr dieser Thematik in vielen seiner Filme dient.

Am 26. August 1922 heirateten Fritz Lang und die Schriftstellerin und Drehbuchautorin Thea von Harbou (1888–1954). Bei den meisten seiner deutschen Spielfilme zwischen 1919 und 1933 war sie als Autorin seine enge Mitarbeiterin, und gemeinsam galten sie als eine Art Glamour- und „Traumpaar auf der gesellschaftlichen Bühne"[25] Berlins. Lang war allerdings bereits zuvor mit Elisabeth (Lisa) Rosenthal verheiratet gewesen; außer dem Datum der Eheschließung am 13. Februar 1919 ist nicht viel bekannt über Elisabeth Rosenthal

23 Ebd., S. 55.

24 Ebd., S. 55.

25 *Grob*, Fritz Lang (wie Anm. 5), S. 86.

und ihre Verbindung mit Lang, vor allem auch weil er selbst nie über seine erste Frau gesprochen hat. In Michael Tötebergs Lang-Biografie heißt es noch in der 5. Auflage von 2005 sehr geheimnisvoll:

> „Aber kaum etwas, nicht einmal der Name, ist bekannt von seiner ersten Frau, die 1919 oder 1920 freiwillig aus dem Leben schied. Ohne gesichertes biographisches Wissen muß jede Interpretation in Spekulation münden.“[26]

Etwas mehr ist natürlich schon bekannt, aber es ranken sich durchaus viele Spekulationen und unbeweisbare Vermutungen um die Vorgänge am 25. September 1920, als Elisabeth ihren Mann und dessen Geliebte Thea in der Wohnung in der Tharandter Straße 1 überraschte, kurz darauf an einer Schusswunde starb und schließlich von der Polizei tot in der Badewanne gefunden wurde. War es Selbstmord aus Verzweiflung über die Untreue des Ehemanns? War es Mord, um die ungeliebte Ehefrau zu beseitigen? Oder war es ein Unfall, ein Schuss, der sich während eines Streits und eines Handgemenges unabsichtlich löste und die Frau tödlich in die Brust traf? Lang und von Harbou sagten übereinstimmend aus, es sei Selbstmord gewesen. Die polizeiliche Untersuchung wurde trotz einiger Ungereimtheiten eingestellt, das tragische Ereignis als „Unfalltod“ und „Unglücksfall“ klassifiziert und zu den Akten gelegt[27].

In Gordian Mauggs semifiktionaler Filmbiografie *Fritz Lang – Der andere in uns* (2016) werden der traumatisierend wirkende Vorfall und die belastenden Schuldgefühle zum treibenden Motiv für Lang (Heino Ferch), sich intensiv mit dem Thema Mord zu beschäftigen, einen Serienmörder im Gefängnis ausführlich zu befragen und schließlich den Film *M – Eine Stadt sucht einen Mörder* (1931) als quasi kathartischen Befreiungsversuch zu drehen. (Mehr dazu im Abschnitt 3.3 über den Film *M*.) Sowohl in der Graphic Novel *Fritz Lang le maudit* (2022) von Arnaud Delalande und Éric Liberge[28] als auch in dem Roman *Die Könige von Babelsberg. Fritz Lang und die Akte Rosenthal* (2024) von Ralf Günther wird der mysteriöse Todesfall erneut aufgegriffen und als einschneidendes Ereignis im Leben des Regisseurs dargestellt, nicht als endgültige Aufklärung des Sachverhalts – diese könnte in der Tat nur Spekulation

---

26 *Töteberg*, Fritz Lang (wie Anm. 5), S. 18 f.

27 Vgl. *Andreas Conrad*, „Fritz Lang: Der Regisseur ist vom Mordverdacht freigesprochen“ (Tagesspiegel, 30.1.2001) https://www.tagesspiegel.de/berlin/fritz-lang-der-regisseur-ist-vom-mordverdacht-freigesprochen-755317.html (Letzter Zugriff: 25.4.2025); *Grob*, Fritz Lang (wie Anm. 5), S. 83 ff.; *McGilligan*, Fritz Lang (wie Anm. 5), S. 76 ff.

28 In Deutschland erschienen als *Arnaud Delalande / Éric Liberge*, Fritz Lang – Die Comic-Biografie, München, Knesebeck, 2023.

bleiben –, sondern als „künstlerisch zugespitzte Möglichkeiten der Wahrheit: Optionen – oder Variationen.“[29]

Lang hat wohl, außer Jahre später mit dem Schauspieler Howard Vernon[30], niemals darüber gesprochen, aber der Tod Elisabeths – was auch immer genau geschehen ist – und die anschließenden Verdächtigungen, Verhöre und Polizei-Ermittlungen mussten ihn tief getroffen und lebenslange Schuldgefühle und Verunsicherung heraufbeschworen haben. Dies könnte durchaus erklären, dass es für die Protagonisten in Langs Spielfilmen immer wieder um Fragen von Recht und Gerechtigkeit und um existentielle Betrachtungen wie auch formaljuristische Entscheidungen bezüglich Schuld oder Unschuld geht, vielleicht nicht ursächlich, aber doch in verstärktem Maße. McGilligan betont:

> „From the first film to the last, guilt, complicity, false accusation, irredeemable crime, inadvertent killings, and suicide haunt Lang's work. (…) it can be seen that murder and self-destruction were part of Lang's work even from the earliest phase – before the death of Lisa Rosenthal (…). But these plot twists and ideological motifs were elevated to ceremonial status afterward by the director some believed killed his first wife.“[31]

„Mutmaßungen. Mit Fakten nachzuweisen ist dies alles nicht“, schlußfolgert Grob hinsichtlich der möglichen Spekulationen über Rosenthals Tod und Langs Anteil oder Schuld daran[32].

Lotte Eisner erinnert sich, dass Lang nach dem Tode seiner ersten Frau und nachdem er die Mord-Anschuldigung abwehren konnte, unentwegt und pedantisch bemüht war, jederzeit seinen Aufenthaltsort sowie seine Begegnungen mit anderen Menschen nachweisen und somit jede weitere potentielle Unterstellung einer Straftat sogleich abschmettern zu können, quasi eine Alibiversicherung als lebenslange Daueranstrengung:

> „Von diesem Tag an hat Fritz Lang stets Buch geführt über sein Tun und Lassen und auch seine Gäste gezwungen, jeden Anruf, jeden Besuch und jeden Ausgang schriftlich festzuhalten. Ich habe das, wenn ich bei ihm in Beverly Hills war, auch machen müssen.“[33]

---

29 *Ralf Günther*, Die Könige von Babelsberg. Fritz Lang und die Akte Rosenthal, Hamburg, Rowohlt, 2024, S. 256.

30 *Grob*, Fritz Lang (wie Anm. 5), S. 83; *McGilligan*, Fritz Lang (wie Anm. 5), S. 79.

31 *McGilligan*, Fritz Lang (wie Anm. 5), S. 79.

32 *Grob*, Fritz Lang (wie Anm. 5), S. 85.

33 *Lotte H. Eisner*, Ich hatte einst ein schönes Vaterland. Memoiren, Geschrieben von Martje Grohmann. Heidelberg, Wunderhorn, 1984, S. 113 f.

Und als Beweis ist in ihrem Buch eine Seite aus seinem Notizblock abgebildet, auf der er im März 1966 ihre und seine Aktivitäten mit Uhrzeit handschriftlich dokumentiert hat[34].

Sei es durch eine grundsätzliche pessimistische Einschätzung der gewalttätigen menschlichen Natur, sei es durch eine philosophische Grundhaltung, die die Existenz des Menschen untrennbar mit Schuld und mit der (häufig vergeblichen) Suche nach Ausgleich oder Gerechtigkeit verbindet, oder sei es durch das persönliche Erlebnis des Todes seiner ersten Frau Elisabeth und des Mordverdachts gegen ihn, Lang thematisiert in seinen Filme auffallend häufig und beständig Variationen der Fragen nach Schuld und Unschuld, nach Recht und Gerechtigkeit und begibt sich dabei weit hinein in das Gefüge gesellschaftlicher Normen, (Vor-)Urteile und Fallstricke, in die zwielichtigen Bezirke der Kriminalität und tief hinab in die dunklen Abgründe der menschlichen Seele.

III. Die Filme

1. Dr. Mabuse, der Spieler (1922): Faszination des Verbrechens

Langs großer Vorstoß in die Welt des Verbrechens und seine Schilderung der staatlichen Bemühungen um Recht und Ordnung nimmt in dem zweiteiligen Spielfilm *Dr. Mabuse, der Spieler* (1922), basierend auf dem gleichnamigen Roman (1920) von Norbert Jacques, epische Züge an und bringt die gereizte und krisenhafte Atmosphäre der Weimarer Republik und den Taumel der Gesellschaft zwischen Vergnügungen und Verzweiflung sinnfällig zum Ausdruck[35]. In einem der „ersten meisterlichen Kriminalfilme des Kinos“[36] sehen wir den genialen Superverbrecher Mabuse (Rudolf Klein-Rogge) und seine durchtriebenen Aktionen, Intrigen und Schachzüge als Spiegel der Zeit und als Abbild einer modernen, komplex vernetzten Kultur, in der das Böse in vielfachen Schattierungen und Abstufungen sowie vielfältige Möglichkeiten regelwidriger Verhaltensweisen und schuldhafter Verstrickungen scheinbar un-

34 Ebd., S. 114.

35 Teil 1 trägt den Untertitel *Der große Spieler – Ein Bild der Zeit*, Teil 2 heißt *Inferno – Ein Spiel von Menschen unserer Zeit*. Lang inszenierte auch einen dritten Teil, *Das Testament des Dr. Mabuse* (1933), seinen letzten Film vor der Ausreise aus Deutschland, der auch prompt von den Nazis verboten wurde und erst 1951 in deutschen Kinos gezeigt werden konnte. Einen letzten Teil, *Die 1000 Augen des Dr. Mabuse* (1960) drehte Lang nach seiner Rückkehr nach Westdeutschland. Dies war auch seine letzte Regiearbeit.

36 *Grob*, Fritz Lang (wie Anm. 5), S. 118.

trennbar mit den systemischen Strukturen, den wirtschaftlichen Mechanismen und den institutionellen Gefügen und Machtverhältnissen verknüpft sind. Mabuse ist ein Meisterverbrecher, der in immer neuen Masken und Verkleidungen auftritt, der seine Mitmenschen geschickt manipuliert und seine kriminellen Pläne konsequent und schonungslos umsetzt. Die moderne Großstadt mit ihren sozialen Spannungen und ihren moralischen Abgründen ist der ideale Ort für seine Verbrechen und konspirativen Umtriebe. Wie eine Spinne im Netz lauert Mabuse im Zentrum der Großstadt und sorgt auf allen Ebenen und in allen Bereichen des modernen Lebens für Angst, Unsicherheit und Chaos – in dunklen Gassen, in zwielichtigen Kneipen, in der feinen Gesellschaft, im Kulturbetrieb wie auch an der Börse. Sein Gegenspieler ist der Staatsanwalt Wenk (Bernhard Goetzke), der sich als Vertreter von Recht und Ordnung einiges einfallen lassen muss, um Mabuse zu verfolgen und zur Strecke zu bringen. Dabei bleibt Mabuse aber zweifellos die interessantere, die faszinierendere Figur. Eisner bezeichnet ihn als tragische Figur und vergleicht ihn mit Luzifer, dem gefallenen Engel[37]. Ein Antiheld ist er gewiss, und wie so viele ambivalente Figuren des modernen Kinos vermag auch Mabuse die Sympathie- und Empathiebereitschaft und das Rechtsempfinden der Zuschauerinnen und Zuschauer auf verstörende Weise zu unterlaufen. Man fühlt sich von ihm gleichzeitig angezogen und abgestoßen.

Wie bereits angedeutet, erschöpft sich die Wirkung des Films nicht allein in der spannenden Kriminalhandlung und in der Darstellung aktionsreicher Konflikte, sondern zeigt sich darüber hinaus auch in der überzeugenden Kraft als „Bild der Zeit“, als Zeitdokument der turbulenten 1920er Jahre in Berlin mit ihren politischen Unruhen und extremen Befindlichkeiten. Dr. Mabuse verkörpert dabei eine jener populären „Tyrannenfiguren“, die im Kino der Weimarer Republik häufig auftauchen und die höchst ambivalente Sehnsucht der deutschen Bevölkerung nach Autorität und nach stabiler Ordnung angesichts der Furcht vor wirtschaftlichem Elend, politischem Chaos und Anarchie in symbolischer Form zum Ausdruck bringen – so Siegfried Kracauers berühmte These in seiner „psychologischen Geschichte des deutschen Films“ von 1947[38].

---

37 *Eisner*, Fritz Lang (wie Anm. 5), S. 61.

38 *Siegfried Kracauer*, Von Caligari zu Hitler. Eine psychologische Geschichte des deutschen Films, 3. Aufl., Frankfurt am Main, Suhrkamp, 1995, S. 84 ff. Weitere Beispiele für diese symbolischen Tyrannenfiguren in Filmen der Weimarer Republik sind Dr. Caligari in *Das Cabinet des Dr. Caligari* (1920, Robert Wiene) und der Vampir Graf Orlok in *Nosferatu – Eine Symphonie des Grauens* (1922, Friedrich Wilhelm Murnau).

2. *Die Nibelungen (1924): Rache ohne Grenzen*

In *Die Nibelungen* (1924) gibt uns Lang ein anschauliches Beispiel für die zerstörerische Kraft der Rache in vormoderner, mythischer Zeit, das jedoch auch für moderne Zeiten Gültigkeit beansprucht. In diesem Film werden bereits das Spannungsfeld zwischen Rache und Gerechtigkeit sowie die Unversöhnlichkeit extremer Positionen hinsichtlich des Strebens nach Gerechtigkeit oder Vergeltung in ihrem unheilvollen Potential überaus deutlich, die er später in *M – Eine Stadt sucht einen Mörder* (1931) und in einigen seiner amerikanischen Filme auch in einem zeitgenössischen Setting darstellen sollte.

Die Nibelungen, ebenfalls in zwei Teilen gedreht – *Siegfried* und *Kriemhilds Rache* – und insgesamt fast 5 Stunden lang, basiert auf dem *Nibelungenlied*, dem mittelalterlichen Heldenepos, das zuweilen als Nationalepos der Deutschen gerühmt und gefeiert wurde[39]. Aus heutiger Sicht ließe sich der *Nibelungen*-Film eigentlich am treffendsten als eine Fantasy-Geschichte beschreiben, in der es großartige Helden und abgründige Schurken gibt, Könige und Königinnen, Drachen und Zwerge, fantastische Schätze und magische Wunderwaffen, Leidenschaft und Hass, Machtkämpfe, Hinterlist, Intrigen, Verrat und Mord[40].

Der monumentale Stummfilm zeigt eine fantastische, heroische Welt, die teilweise märchenhaft gestaltet, teilweise fast abstrakt stilisiert erscheint. Landschaftsaufnahmen, Studiokulissen und Architektur deuten über sich selbst hinaus auf eine inhärente Gesetzmäßigkeit und eine kulturelle wie auch soziale Weltordnung. Ob die düster-erhabene Wildnis der germanischen Mythenwelt oder die strenge symmetrische Pracht des Wormser Königshof, die erdachten Welten und konstruierten Räume, in denen die Geschehnisse stattfinden und durch die sich die Helden und Heldinnen bewegen, strahlen eine bedeutungsvolle Aura aus und vermitteln je spezifische, vermeintlich unangreifbare Welt- und Menschenbilder. Vor allem die archaisch wirkende Architektur des Königshofs mit seinen gewaltigen Formen und Rundbögen, mit Thronsaal, Dom und Freitreppe erhebt sich zur Repräsentation von (starren) Machtstrukturen und zeigt mythische Größe und dekorativen Pathos. Auch die Figuren und deren häufig ornamentale Anordnung im Raum, ver-

---

39 Vgl. zur Entstehung, Struktur, Bedeutung und Rezeptionsgeschichte des Nibelungenlieds *Otfrid Ehrismann*, Nibelungenlied. Epoche – Werk – Wirkung, München, C.H. Beck, 1987.

40 In gewisser Weise kann man das *Nibelungen*-Epos als Vorläufer oder als frühe, prototypische Form der Romantrilogie *Der Herr der Ringe* (*The Lord of the Rings*, 1954/1955) von J.R.R. Tolkien oder der Buchreihe *Das Lied von Eis und Feuer* (*A Song of Ice and Fire*, seit 1996) von George R.R. Martin bezeichnen.

einzelt als Individuen oder kollektiv als Massen, versinnbildlichen den Symbolcharakter der Bilder und Szenen.

Im ersten Teil des Films dominieren Symmetrie und die geordnete Welt des Wormser Königshofs. Im zweiten Teil aber bricht die geordnete Welt des Films unter dem Einfluss eines unversöhnlichen Rechtsverständnisses auseinander und mündet in blutiges Chaos.

Siegfried (Paul Richter) erwirbt sich Ruhm als heldenhafter Drachentöter und wird Teil der burgundischen Königsfamilie in Worms, nachdem er König Gunther (Theodor Loos) treu gedient hat und dessen Schwester heiraten darf, die sanfte, liebliche Kriemhild (Margarethe Schön). Aber Eifersucht, Neid und machtpolitische Erwägungen führen dazu, dass Siegfried im Auftrag des Königs Gunther heimtückisch ermordet wird, um dessen Herrschaftsanspruch nicht zu gefährden. Die höfische Weltordnung, die Machtverhältnisse und das monarchische Denken, die hier vorgeführt werden, sind durchaus nicht ideal und nicht gerecht, sondern – wie alles Menschenwerk – anfällig für Schwäche, Lüge, Korruption und Gewalt. Ausgeführt wird die frevelhafte Mordtat von Gunthers treuem Vasallen, dem grimmigen Krieger Hagen von Tronje (Hans Adalbert Schlettow). Mit diesem Mord innerhalb der Königsfamilie endet der erste Teil der *Nibelungen*. Das folgenschwere Szenario lässt an den biblischen Brudermord – Kain tötet Abel – denken, den Buchka als Erklärung für Langs pessimistische Haltung gegenüber dem Wesen der Menschen und dem Glauben an eine positive kulturelle Entwicklung heranzieht. Denn in gewisser Weise könnte man in der Ermordung Siegfrieds eine symbolische Variante der mythologischen Geschichte des ersten Mordes sehen.

Im zweiten Teil des Films schwört Kriemhild, die Witwe Siegfrieds, bittere Rache an Hagen sowie an der königlichen Familie, also an ihren eigenen Brüdern, an Gunther, der den Mord an Siegfried geplant und befohlen hat, und an Gernot und Giselher (Hans Carl Müller, Erwin Biswanger), die den Mord nicht verhindert haben und im Rückblick sogar Hagen in Schutz nehmen. Alle Versöhnungsversuche zwischen Kriemhild und ihren Brüdern scheitern; nicht einmal der christliche Priester, Repräsentant einer auf Vergebung und Nächstenliebe basierenden Moralvorstellung, kann die trauernde Frau dazu bewegen, sich mit ihrer Familie zu versöhnen, obschon sie selbst durch ihren eigenen Hochmut nicht ganz unschuldig ist an den Verwicklungen, die zu Siegfrieds Ermordung geführt haben. Sie isoliert sich und heiratet den mächtigen Hunnenkönig Etzel[41] (Rudolf Klein-Rogge), jedoch nicht aus Liebe, sondern aus Kalkül. Denn das

41 Hinter der Figur Etzels verbirgt sich als historisches Vorbild der Hunnenkönig Attila des 5. Jahrhunderts.

große Heer des Hunnenkönigs, über das sie als neue Königin und Mutter des neugeborenen Thronfolgers gebietet, gibt ihr die Möglichkeit, sich erfolgreich gegen ihre Brüder zu stellen und ihre Rachepläne zu verwirklichen. Zu diesem Zweck lädt Kriemhild ihre Brüder und deren Gefolgsleute – unter ihnen natürlich auch Hagen von Tronje – in ihr neues Königreich im Osten ein. Die Einladung zu einem großen Familienfest ist aber nur der Vorwand, um einen Streit zwischen Etzel und den Burgundern zu provozieren, somit einen Kampf zu entfachen und dadurch blutige Rache an den Mördern ihres ersten und immer noch unvergessenen und geliebten Mannes Siegfried zu nehmen. Dabei opfert sie sogar ihr eigenes Kind, den Thronfolger Etzels.

Ihre Rachsucht kennt keine Grenzen, und mit Schrecken stellen alle Betroffenen fest, dass Kriemhild nicht nur ihre Sanftmut, sondern auch ihre Menschlichkeit verloren hat. „Blut schreit nach Blut! Das alte Gesetz", insistiert sie, und das alte Gesetz scheint die Rechtfertigung zu liefern für das Blutbad, das nun folgt. In Kriemhilds Rechtsempfinden lassen sich Recht und Gerechtigkeit nur durch Rache verwirklichen. Ein Mord muss mit vielfachem Tod gesühnt werden, und Erbarmen, Abstufungen der Schuld oder mildernde Umstände scheint es in dieser archaisch anmutenden Denkweise nicht zu geben. Um den Schuldigen zu strafen, nimmt Kriemhild das Leid und den Tod von vielen Unschuldigen billigend in Kauf.

Fritz Lang inszeniert Kriemhilds Rache in den letzten vierzig Minuten des Films als eine brutale Schlacht zwischen den Burgundern und dem zahlenmäßig weit überlegenen Heer der Hunnen, ein gnadenloses Gemetzel, in dem die zuvor etablierte Welt und Weltordnung zerfällt und im Chaos versinkt. Die in der Festhalle belagerten Burgunder lehnen die Aufforderung ab, Hagen an Kriemhild auszuliefern, um dadurch selbst freizukommen und ihr Leben zu retten; die Loyalität gegenüber ihrem stets treuen Vasallen überwiegt ihre Furcht vor der Niederlage. Und so befiehlt Kriemhild ohne Gnade und ohne Skrupel den Tod ihrer Brüder und ihrer Gefolgsleute. Die Bilder des Films zeigen sinnfällig die Unordnung, in die Kriemhilds Rache die einst geordnete Welt nun gestürzt hat: Die unablässig heranstürmenden Krieger, der verzweifelte Verteidigungskampf der Belagerten, die Choreografie der gewalttätigen Gefechte und des massenhaften Sterbens – all das gipfelt in einer apokalyptisch anmutenden Vision des Untergangs. Die Halle, in der die Burgunder belagert werden, wird angezündet und brennt ab. In den Flammen gehen die Menschen und deren Welt und Ideale zugrunde.

Lang lässt keinen Zweifel an der destruktiven Kraft und Sogwirkung der Rache, deren Vollzug keine Sieger zurücklässt, sondern nur Opfer und Leichenberge. So berechtigt die Trauer Kriemhilds um ihren ermordeten Mann auch sein mag und so sehr wir auch ihre Verzweiflung und ihren Hass verstehen mögen, der Film zeigt deutlich, dass Rache in letzter Konsequenz zu nichts Gutem führt und jegliche moderne Vorstellung von Recht oder gar Gerechtigkeit verzerrt und ins Absurde und Verderbliche abrutschen lässt. Rachsucht vergiftet die Seele, tötet innerlich und lässt uns unsere Menschlichkeit verlieren ...

„Ich starb, als Siegfried starb", gibt Kriemhild zu und begründet dadurch auch ihre kalte, unerbittliche Rachsucht. Innerlich und emotional ist sie bereits tot, und zuletzt stirbt sie auch physisch, als Hildebrand (Georg August Koch), einer der letzten noch lebenden Krieger, sie niederstreckt, um das sinnlose Massaker zu beenden.

3. M – Eine Stadt sucht einen Mörder (1931): Schuld oder Schuldunfähigkeit?

M – Eine Stadt sucht einen Mörder (1931) ist Fritz Langs erster Tonfilm und eine der ersten filmischen Darstellungen eines Serienmörders, die sich ernsthaft mit dem Problem der Schuldfähigkeit bei Triebtätern auseinandersetzt[42]. Als zwanghafter Kindermörder Beckert, der die Großstadt durch seine grausamen Taten in Angst und Schrecken versetzt, liefert Peter Lorre eine beeindruckende Leistung ab, die gleichermaßen Abscheu wie auch Mitgefühl für den Täter hervorzurufen vermag. Schauplatz der Geschichte ist, obschon nicht explizit genannt, die Stadt Berlin.

Ein aktueller und aufsehenerregender Kriminalfall scheint Lang, der auf der Suche nach Filmstoffen stets aufmerksam die Zeitungen studierte[43], als Inspiration für diesen Film gedient zu haben oder verlief zumindest parallel zu den Filmvorbereitungen: Der Fall des Serienmörders Peter Kürten, des sogenannten „Vampirs von Düsseldorf", der im Mai 1930 nach monatelanger Fahndung verhaftet und am 22. April 1931 wegen Mordes an neun Menschen und Mordversuchs in sieben weiteren Fällen vom Düsseldorfer Schwurgericht zum Tode

42 Vgl. zur Tradition und Entwicklungsgeschichte des Serienmörder-Films *Stefan Höltgen*, Schnittstellen. Serienmord im Film, Marburg, Schüren, 2010.

43 „Ich bin ein mehr als aufmerksamer Zeitungsleser, lese nicht nur die Zeitungen eines Landes und versuche vor allem, zwischen den Zeilen zu lesen. Ich habe mich in meinem Leben für tausend Dinge interessiert, und aus diesen Interessen für tausend Dinge kam ein Hauptinteresse: der Mensch." (*Gandert / Gregor*, Fritz Lang. M. [wie Anm. 18], S. 123.)

„Lang war ein gewissenhafter Zeitungsleser. Alles Informationsmaterial, was ihm unter die Finger kam, wurde abgeklopft nach seinem humanistischen Gehalt. Aus Zeitungsnotizen holte er sich Anregungen zu seinen Filmen." (*Eisner*, Ich hatte einst ein schönes Vaterland [wie Anm. 33], S. 116.)

verurteilt wurde. Das Todesurteil wurde am 2. Juli 1931 in Köln vollstreckt[44]. Und über all das – die Morde, die Ermittlungen, die Verhaftung, den Prozess, die Verurteilung und schießlich die Hinrichtung – wurde selbstverständlich landesweit in den Medien berichtet. Langs Serienmörder-Film *M* feierte am 11. Mai 1931 seine Premiere in Berlin, d.h. zeitlich zwischen der Verurteilung Kürtens und seiner Hinrichtung. Ein besserer Termin für den Filmstart in Bezug auf Aktualität und Werbewirksamkeit ließe sich kaum vorstellen. Einige Jahre zuvor hatte bereits der Massenmörder Fritz Haarmann die Weimarer Republik schockiert; er hatte zwischen 1918 und 1924 in Hannover über zwanzig Knaben und junge Männer getötet und war dafür 1925 hingerichtet worden[45]. Und 1929 war die elfjährige Hilde Zäpernick aus Charlottenburg einem damals noch unentdeckten Täter zum Opfer gefallen, so dass es nicht zwingend nur ein Vorbild für den Triebtäter in Langs Kriminalfilm und nur einen spezifischen Fall als Modell geben muss[46]. Tatsächlich berief sich der Regisseur hinsichtlich der Gestaltung seines Films, des Täters und der dargestellten Reaktionen der Öffentlichkeit auf „eine sonderbare Übereinstimmung der Geschehnisse (…), eine fast gesetzmäßig sich wiederholende Erscheinung der Begleitumstände" von Serienmorden und betont, dass

> „die künstlerische Reproduktion eines solchen Mordfalles nicht nur die Gedrängtheit der Ereignisse, sondern auch das Herausschälen von typischen Dingen und die Typisierung des Mörders (bedingt)."[47]

Während der Mörder Beckert also „typisiert" erscheint, Lorre ihm aber gleichwohl durch sein intensives Spiel eine überzeugende Identität verleiht, ist der ermittelnde Kommissar Lohmann (Otto Wernicke) im Film *M* seinerseits dem bekannten Berliner Kriminalkommissar, Regierungs- und Kriminalrat Ernst Gennat (1880–1939) nachempfunden, der den Begriff des „Serien-Mörders" Anfang der 1930er Jahre im Zusammenhang mit den Ermittlungen

---

44 Vgl. dazu ausführlich die Zeitungsberichte, Protokolle und Gerichtsakten in *Elisabeth Lenk / Katharina Kaever* (Hrsg.), Peter Kürten, genannt der Vampir von Düsseldorf, Frankfurt am Main, Eichborn, 1997.

45 Vgl. *Christine Pozsár / Michael Farin* (Hrsg.), Die Haarmann-Protokolle, Reinbek, Rowohlt, 1995.

46 Tatsächlich beginnt Langs Film mit den Kindern, die beim Spielen auf der Straße eine Variation des damals bekannte Haarmann-Lieds als Abzählreim aufsagen: „Warte, warte nur ein Weilchen, bald kommt der Schwarze Mann (Haarmann auch) zu dir, mit dem kleinen Hackebeilchen, macht er Schabefleisch aus dir".

47 *Fritz Lang*, „Mein Film M – ein Tatsachenbericht", in: Die Filmwoche, Nr. 21, 20.5.1931. Zitiert nach *Wolfgang Jacobsen*, „Wie Angst entsteht. Fritz Lang: M (1931)", in: Stefan Keppler-Tasaki / Elisabeth K. Paefgen (Hrsg.), Was lehrt das Kino? 24 Filme und Antworten, München, edition text + kritik, Richard Boorberg Verlag, 2012, S. 69–89, hier S. 74.

im Fall Peter Kürten populär machte[48] und den Lang und Drehbuchautorin Thea von Harbou bei den Vorbereitungen für ihren Film auch zu Rate gezogen haben[49].

In diesem Zusammenhang sei nochmals kurz auf den Spielfilm *Fritz Lang – Der andere in uns* (2016, Gordian Maugg) verwiesen, der als Mischform aus Fiktion, Dokudrama und Biografie Langs Recherchen im Vorfeld der Produktion des Films *M* thematisiert und in kunstvoll verflochtenen Schwarz-Weiß-Bildern und Szenen den Weg von einem Gefühl oder einer unverarbeiteten Erinnerung zu einer obsessiven Fixierung und einer lebensnotwendigen Ermittlung und Selbstanalyse assoziativ erkundet. Heino Ferch spielt Fritz Lang, der, getrieben von seinen traumatischen Erinnerungen an den Tod seiner ersten Frau Elisabeth Rosenthal, Kontakt aufnimmt zu Kommissar Gennat (Thomas Thieme) und den Mörder Kürten (Samuel Finzi) im Gefängnis besucht und befragt, um so viel wie möglich über die Gedanken, Emotionen, psychischen Dispositionen und den biographischen Hintergrund des Serienmörders zu erfahren. Mauggs Interpretation dieses zeitlichen Abschnitts der Biographie von Lang und der Produktionsgeschichte von *M* deutet somit die Neugier des Regisseurs nicht nur als gewissenhafte Aufklärungsarbeit, die zur Grundlage für ein Drehbuch und einen überzeugenden Kriminalfilm wird, und seine Filmarbeit nicht nur als kinematographische Repräsentation oder Erforschung des Serienmörder-Phänomes, um den Publikumsgeschmack der Zeit zu treffen, sondern vielmehr auch als intensive Auseinandersetzung mit persönlichen Schuldgefühlen, mit den dunklen Abgründen der Seele und mit den aggressiv-destruktiven Kräften, die jeden Menschen in ihren unheilvollen Bann ziehen können. Damit unterstützt Mauggs Film die Deutungen jener Filmhistoriker, die einen ursächlichen Zusammenhang sehen zwischen Langs Biografie, speziell dem Todesfall seiner ersten Frau, und dem thematischen Schwerpunkt vieler seiner Filme, ja er liefert geradezu den (fiktionalen) Beweis für den Konnex zwischen Langs zutiefst erschütternder Erfahrung und seiner permanenten filmischen Verarbeitung von Schuld und Unschuld, Recht und Gerechtigkeit.

M stellt die kriminalistische Polizeiarbeit und die Vielfalt der Ermittlungsmethoden – d.h. Spurensuche und -sicherung, Fingerabdrücke, graphologische Untersuchung, Erstellung eines psychologischen Täterprofils, Überprüfung von Hinweisen aus der Bevölkerung und Zeugenaussagen, Razzien in einschlägig bekannten Kneipen und Verhöre von Verdächtigen – in nahezu

---

48 *Höltgen*, Schnittstellen (wie Anm. 42), S. 12.

49 Ebd., S. 71; *Jacobsen*, „Wie Angst entsteht“ (wie Anm. 47), S. 78.

dokumentarischer Weise dar und bedient sich dabei der Stilmittel der Neuen Sachlichkeit, die den Expressionisums als künstlerische Bewegung im Laufe der 1920er Jahre abgelöst hatte[50]. Zu der von Lang beobachteten „Übereinstimmung der Geschehnisse“ und der „gesetzmäßig sich wiederholende(n) Erscheinung der Begleitumstände“ der Mordserie zählen

> „die entsetzliche Angstpsychose der Bevölkerung, die Selbstbezichtigung geistig Minderwertiger, Denunziationen, in denen sich der Hass und die ganze Eifersucht, die sich im jahrelangen Nebeneinanderleben aufgespeichert hat, zu entladen scheinen, Versuche zur Irreführung der Kriminalpolizei teils aus böswilligen Motiven, teils aus Übereifer.“[51]

So zeigt er eindrücklich die Entstehung einer Atmosphäre der Bedrohung und der Angst, der allgemeinen Beunruhigung und eines fast schon paranoiden Zustands der großstädtischen Gesellschaft. Denn: Jeder kann der Mörder sein. Niemand traut niemandem mehr. Und Unschuldige werden zuhauf verdächtigt und denunziert.

Filmhistorisch wurde diese Schilderung einer zutiefst verunsicherten und innerlich zerrissenen Gesellschaft als Zustandsbeschreibung Deutschlands kurz vor der Machtergreifung der Nationalsozialisten interpretiert. Die in *Dr. Mabuse* bereits deutlich werdenden Zerfallserscheinungen haben sich zugespitzt, die Weimarer Republik und ihre Bürgerinnen und Bürger haben sich dem Rande des Abgrunds noch weiter angenähert.

> „Ein grenzenloser Relativismus prägte das gesellschaftliche Bild der Zeit, bestimmt von einer kollektiven Verwirrtheit hinsichtlich tragender Werte und Institutionen. Man könnte von einer Tendenz hin zu einer psychosozialen Ortlosigkeit sprechen. (…) die Nation selbst erscheint in ihrer Identität gestört.“[52]

Dadurch erhält die spannende kriminalistische Geschichte der Suche nach einem Serienmörder eine zusätzliche soziohistorische und politische Dimension, und das Porträt eines triebhaften Verbrechers, der ein Doppelleben führen muss und immer wieder die Kontrolle über sich verliert, erscheint gleichsam symbolisch wie das Spiegelbild einer ganzen Nation im geistigen Ausnahmezustand –

---

50 Vgl. dazu *Christoph Hesse / Oliver Keutzer / Roman Mauer / Gregory Mohr*, Filmstile, Wiesbaden, Springer VS, 2016, S. 61–68 und S. 81–87; sowie *Anton Kaes*, „Film in der Weimarer Republik. Motor der Moderne“, in: Wolfgang Jacobsen / Anton Kaes / Hans Helmut Prinzler (Hrsg.), Geschichte des deutschen Films, Stuttgart/Weimar, Metzler, 1993, S. 39–100.

51 *Lang*, „Mein Film M – ein Tatsachenbericht“ (wie Anm. 47), S. 74.

52 *Jacobsen*, „Wie Angst entsteht“ (wie Anm. 47), S. 75.

> „ohne Vertrauen auf die Ordnungsmacht des Staates, mißtrauisch, selbstzweifelnd, klaustrophobisch (…) und totalitär, eine Gesellschaft, die ebenso zerstörerisch ist wie die Sexualität des Kindermörders.“[53]

Während der Film anlässlich einer 1995 von deutschen Filmarchiven organisierten Umfrage nach den „100 wichtigsten deutschen Filmen“ von über 300 Filmhistorikern, Regisseuren, Produzenten und Filmkritikern „zum wichtigsten deutschen Film aller Zeiten“ gewählt wurde[54], stand die zeitgenössische Kritik ihm eher skeptisch gegenüber. Aus naheliegenden Gründen fehlte den Rezipienten damals die historische Perspektive, die den Spielfilm heute als Zeitdokument, soziales Stimmungsbarometer und Psychogramm so faszinierend macht. Gabriele Tergit warf Lang stattdessen „Konjunkturausnutzung (…) um guter Bilanz willen“ vor, d.h. eine bewusste sensationsheischende Vermarktung und Verharmlosung des ernsten Themas des Sexualstraftäters und Serienmörders, um davon finanziell zu profitieren[55].

Was den Film aber im vorliegenden Kontext auszeichnet, ist die Behandlung der Themen Schuld und Schuldfähigkeit, bzw. Schuldunfähigkeit und das umstrittene Strafmaß der Todesstrafe – Themen, die heute noch so aktuell sind und so kontrovers diskutiert werden wie zur Zeit der Filmproduktion in den frühen 1930er Jahren. Jacobsen betont zudem, dass sich die filmische Präsentation und Debatte dieser wichtigen Themen

> „vor dem Hintergrund einer Weimarer Justizkrise (abspielte), vornehmlich der Vernachlässigung einer Justizreform und geschuldet der Tatsache, dass viele Richter und Staatsanwälte noch vom Kaiserreich geprägt waren und der Republik ablehnend gegenüberstanden. Sinn und Zweck der Todesstrafe standen infrage, auch das Problem der Schuldfähigkeit eines Täters. Die Befürworter einer sogenannten Generalprävention, also überführte Straftäter im Sinne der Vergeltungstheorie abzuurteilen, trafen auf die Reformer, die einer Spezialprävention das Wort redeten, also ein individuelles Eingehen auf den Täter forderten.“[56]

Fritz Langs Kriminalfilm *M* führt die Problematik im Rahmen seiner spannenden Handlung vor Augen, ohne die Zuschauerinnen und Zuschauer durch übermäßigen juristischen Jargon oder die trockene Vermittlung von fachlichem Detailwissen zu überfordern oder zu langweilen. Auf packende Art und Weise entfaltet sich ein Szenario, in dem die strafrechtlichen Konzepte von Schuldfähigkeit und Schuldunfähigkeit sowie die Idee der Todesstrafe proble-

---

53 *Kaes*, „Film in der Weimarer Republik“ (wie Anm. 50), S. 68.

54 *Grob*, Fritz Lang (wie Anm. 5), S. 176.

55 *Gabriele Tergit*, „Der Film des Sadismus“, in: Die Weltbühne, Nr. 23, 23.9.1931, Zitiert nach: *Höltgen*, Schnittstellen (wie Anm. 42), S. 71 f.

56 *Jacobsen*, „Wie Angst entsteht“ (wie Anm. 47), S. 77.

matisiert werden und das abwägende Nachdenken der Rezipienten darüber angestoßen wird.

Der Kindermörder Beckert versetzt die ganze Stadt Berlin in Unruhe, verunsichert die Menschen und zwingt die Polizei zu außergewöhnlichen Maßnahmen, verschärfter Beobachtung, Razzien im kriminellen Milieu und Verhaftungen von Verdächtigen. Weil sich die kriminelle Unterwelt der Großstadt durch die erhöhte Wachsamkeit und die fieberhaften Aktivitäten der Polizei in der alltäglichen Ausführung ihrer Geschäfte empfindlich gestört sieht, beschließen die organisierten Verbrecher, Gauner und Ganoven, den Serienmörder auch zu verfolgen und unschädlich zu machen. Denn erst wenn der Täter gefasst wurde und sich die Lage beruhigt, können die „normalen" Verbrecher wieder ungestört arbeiten. So ergibt sich die durchaus logische, aber paradox anmutende Situation, dass sowohl die Polizei als auch die Verbrecher der Stadt Jagd auf den Serienmörder machen: Das Recht und seine Durchsetzung liegen plötzlich in den Händen der Rechtsbewahrer wie auch der notorischen Rechtsbrecher. Betont wird diese außergewöhnliche Konstellation durch Szenen, in denen nahtlos zwischen den Beratungen der Polizei im Präsidium und den Gesprächen der Kriminellen in ihrem Versteck hin und her geschnitten wird, und sich die Dialoge auf beiden Seiten zu einem quasi fortlaufenden Gesamtdialog über die Möglichkeiten, den Mörder zu identifizieren und zu finden, ergänzen. Bezeichnenderweise haben die Kriminellen bei der Suche nach Beckert mehr Erfolg als die Polizei; da sie auf Gesetze und Persönlichkeitsrechte keine Rücksicht nehmen müssen, gelingt es ihnen mithilfe der Bettler der Stadt und einem großflächig funktionierenden Überwachungs- und Spitzelsystem, den Serienmörder zu finden, in die Enge zu treiben und gefangen zunehmen[57].

Er wird gewaltsam vor ein „Gericht" geschleppt, das in einer verlassenen Fabrik zusammengekommen ist, um den Täter zu verurteilen – eine Gerichtsszene, die oberflächlich alle Merkmale eines ordentlichen Gerichts aufweist, aber dennoch eine Farce ist: Sämtliche Beteiligte, Vorsitzende wie Prozesszuschauer, sind Kriminelle, „lauter Sachverständige in Rechtsfragen", wie der selbsternannte Richter (Gustav Gründgens), ein mehrfacher Totschläger, der auf den Spitznamen Schränker hört, ironisch anmerkt. Die eisige Kälte, schneidende Schärfe und kontrollierende Autorität in Gründgens' Spiel stehen in wirkungsvollem Kontrast zu Lorres nervöser und fiebrig-emotionaler Darstellung des Triebtäters. Um den Anschein einer rechtmäßigen Verhandlung zu

57 Anklänge an Bertolt Brechts *Dreigroschenoper* (1928) finden sich vor allem bei der Darstellung des blinden Ballonverkäufers und der organisierten Bettler, die bei der Suche nach dem Serienmörder eine wichtige Rolle spielen.

wahren, wird dem Angeklagten sogar ein Verteidiger (Rudolf Blümner) aus den Reihen der Gauner und Verbrecher zugewiesen, doch der Prozess ist mehr Schauprozess als rechtmäßige und rechtskräftige Verhandlung. Das Tribunal der Kriminellen hat nur ein Ziel – den Kindermörder auszulöschen –, und das entsprechende Urteil steht eigentlich schon fest. „Hier kommst Du nicht mehr raus", kündigt der Schränker an, und als Beckert seine Rechte einfordert und sogar verlangt, an die Polizei ausgeliefert zu werden, schreit ihm eine Frau aus der Zuschauermenge entgegen: „Für 'nen Kerl wie dich gibt's nur ein Recht: Totschlagen! Totschlagen wie 'nen tollen Hund!"

Langs Inszenierung dieser Gerichtsszene ist der Höhepunkt des Films und taucht den Betrachter in ein Wechselbad der Gefühle. Man verabscheut den grausamen Kindermörder und hofft auf eine (gerechte) Bestrafung, aber man erkennt auch, dass er dem Willen des fragwürdigen Tribunals und der Vorverurteilung der anklagenden Menschenmenge hilflos – und eigentlich rechtlos – ausgeliefert ist. Darüber hinaus wird suggeriert, dass der Straftäter nicht nur Täter, sondern auch Opfer seines eigenen pathologischen Zwangsverhaltens ist und mitunter keine Kontrolle über seine Triebhaftigkeit ausüben kann.

> „Der Verbrecher ist nicht mehr der monumentale Machtmensch wie Dr. Mabuse, der die Stadt und die Welt beherrschen wollte, sondern ein jämmerlich weichlicher, umhergetriebener Kleinbürger, der durch seine gefährliche Andersartigkeit das faschistische Potential der Großstadt mobilisiert."[58]

Das Rechtsempfinden der Zuschauerinnen und Zuschauer wird auf eine harte Probe gestellt. Die Fragen nach der Schuldfähigkeit des Angeklagten und der angemessenen Strafe treten schnell in den Vordergrund, aber lassen sich nicht leicht beantworten.

Das Gericht konfrontiert den Mörder mit seiner Schuld, der Schränker zeigt ihm die Plakate der ermordeten Kinder und lässt keine Ausreden, keine Ausflüchte zu: Der Mörder muss „unschädlich" gemacht werden. „Und ganz sicher unschädlich bist du nur, wenn du tot bist." Nur zu leicht lässt sich die Zustimmung der Anwesenden, darunter auch Mütter und Väter von Kindern, als emotionale Reaktion des Zorns und der Vergeltung deuten. Rache statt Recht!

Um sich zu verteidigen, schildert Beckert seinen Wahn, der ihn immer wieder dazu zwingt, Morde zu begehen, ohne dass er sich dessen bewusst sei. Erst nach der Tat begreift er sein mörderisches Tun. „Ich kann doch nichts dafür! (...) Hab ich denn nicht dieses Verfluchte in mir? Das Feuer? Die Stimme? Die Qual ...?" Auf den Knien beschwört er das Gericht, erzählt sprunghaft von seiner inneren Qual und Zerrissenheit, seinem schizoiden Verfolgungswahn,

58 *Kaes*, „Film in der Weimarer Republik" (wie Anm. 50), S. 68.

seinen Versuchen, vor sich selbst davonzulaufen, seinem Zwang, töten zu müssen, und von seiner absoluten Unfähigkeit, etwas dagegen tun zu können. Er schreit, heult und winselt, greift mit seinen Händen in die Luft, als könne er das Unheimliche packen, das ihn bedrängt und quält, und er berichtet auch von den „Gespenstern" der Kinder und der Mütter, die ihn heimsuchen und nie mehr loslassen ... außer wenn er wieder einen Mord begeht.

> „Aber wer glaubt mir denn? Wer weiß denn, wie es in mir aussieht? Wie es schreit und brüllt da innen. Wie ich's tun muss! Will nicht! Muss! Will nicht! Muss!"

Bei seinem ergreifenden Geständnis blickt er auch immer wieder in die Kamera und konfrontiert die Zuschauer direkt mit seinem Wahnsinn. Kann man ihn für die begangenen Straftaten verantwortlich machen und zur Rechenschaft ziehen?

Für den Richter bedeutet das Zwangsverhalten des Mörders jedoch das Todesurteil: Eben weil er keine Kontrolle über seine gewalttätigen Triebe hat und seinem Zwang willenlos nachgeben muss, hat er sein Recht auf Leben verwirkt. „Du must unschädlich gemacht werden", urteilt der Schränker. „Dieser Mensch muss ausgerottet werden! Dieser Mensch muss weg!" Das Gericht fordert die Todesstrafe, wobei die brutale Ausdrucksweise weniger an einen Rechtsprozess erinnert, sondern für heutige Zuschauer vielmehr nach der unmenschlichen Ausgrenzungs- und Vernichtungsideologie der Nazis klingt. Der Schauprozess, in dem Verbrecher zu Anwälten und Richtern werden und von Ausrottung sprechen, scheint wie ein symbolisches Zerrbild die Gewaltherrschaft der NS-Diktatur und deren infame Justiz prophetisch vorwegzunehmen.

Der berufene Verteidiger des Kindermörders plädiert hingegen auf Unzurechnungsfähigkeit und Schuldunfähigkeit. Der Angeklagte sei nicht verantwortlich zu machen für seine unter Zwang verübten Taten und könne daher nicht dafür bestraft werden. Kein Mensch, auch nicht der Staat, habe das Recht, einen Menschen zu töten, der für seine Taten nicht verantwortlich sei: „Den kranken Menschen übergibt man nicht dem Henker, sondern dem Arzt!" Das Gesetz, das er zur Anwendung bringen möchte, ist § 51 des *Strafgesetzbuches für das Deutsche Reich vom 1. Januar 1872*:

> „Eine strafbare Handlung ist nicht vorhanden, wenn der Thäter zur Zeit der Begehung der Handlung sich in einem Zustande von Bewusstlosigkeit oder krankhafter Störung der Geistestätigkeit befand, durch welchen seine freie Willensbestimmung ausgeschlossen war."[59]

---

59 Strafgesetzbuch für das Deutsche Reich vom 1. Januar 1872, Nördlingen, C.H. Beck'sche Buchdruckerei (C.H. Beck), 1871, S. 11.

Der Schränker aber lehnt diesen Einwurf ab; er fürchtet, dass der Straftäter nur vorübergehend in eine Anstalt gesperrt wird, bald wieder als vermeintlich geheilt entlassen wird und dann wieder zu morden beginnt. Das könne man nicht zulassen, und daher müsse Beckert mit demTode bestraft werden. Gerade will die Meute über den Täter herfallen, um das verhängte Todesurteil zu vollstrecken, als die Polizei auftaucht und den Gerichtsspuk beendet.

Der Mörder wird vor ein ordentliches, staatliches Gericht gestellt, doch der offizielle Urteilsspruch wird am Ende des Films nicht gezeigt; Lang lässt das abschließende Urteil offen. Viel wichtiger für die Rezeption und die Wirkung des Film ist die Unsicherheit, die bleibt: Die Ungewissheit bezüglich der Schuldfähigkeit eines zwanghaften Gewalttäters sowie die Herausforderung eines jeden Rechtssystems, Verbrechen richtig und gerecht einzustufen und entsprechend zu verurteilen und zu bestrafen. Was ist die angemessene Strafe für Mord? Lässt sich die Todesstrafe (juristisch und/oder ethisch) rechtfertigen? Wie weit wollen oder können wir Unzurechnungsfähigkeit bei impulsivem oder wahnhaftem Verhalten akzeptieren? Wo endet die Unschuld, und wo beginnt die Schuld des Menschen?

4. Blinde Wut (Fury, 1936): Lynchjustiz

Langs erster amerikanischer Spielfilm, *Blinde Wut* (*Fury*, 1936), schildert eine gleichermaßen spannende wie auch sozialkritische Geschichte, die von Unschuld, Lynchjustiz, Rachegefühlen und Schuld handelt und ebenfalls von einem authentischen Fall inspiriert wurde. Am 9. November 1933 wurde Brooke Hart, der Sohn des wohlhabenden Eigentümers des Kaufhauses L. Hart & Son Department Store in San José, Kalifornien, entführt. Zwei Verdächtige, Thomas Harold Thurmond und John Holmes, wurden am 16., bzw. 17. November verhaftet und in San José in Untersuchungshaft genommen, wo sie teilweise widersprüchliche Geständnisse unterzeichneten. Als man am 26. November die Leiche des Entführten fand, überfiel ein Lynchmob noch in der gleichen Nacht das Gefängnis, zerrte die beiden verdächtigen Männer ins Freie und hängte sie auf, ohne dass ihre Schuld gerichtlich bestätigt worden war. Beim anschließenden Gerichtsverfahren konnte lediglich ein Beteiligter des Mobs eindeutig identifiziert werden; niemand war zu Aussagen bereit. Im Februar 1934 wurde das Verfahren schließlich ohne Verurteilung eingestellt. Aus diesem Fall entwickelten Joseph L. Mankiewicz und Norman Krasna im Sommer 1935 eine Filmidee und einen Entwurf mit dem Titel „Mob Rule“, aus dem Lang und Bartlett Cormack schließlich ein Drehbuch machten[60].

60 *McGilligan*, Fritz Lang (wie Anm. 5), S. 223 f.

„Sein großer und unvergeßlich eindrucksvoller Film *Fury*, der die Schrecken der Lynchjustiz zum Thema hat, ist technisch vollkommen“, urteilen Erika und Klaus Mann über Fritz Langs ersten Film in seiner neuen amerikanischen Heimat.

> „Außerdem aber und weit darüber hinaus ist er von einer Kühnheit der Konzeption, einer Echtheit im Milieu (die Kleinstadt des amerikanischen Südens wird von diesem Fremden mit traumhafter Genauigkeit erfaßt, vielleicht muß man von draußen kommen, um so präzise zu sehen!) und von einer Wärme im Menschlichen, die ihn aus den Niederungen des Sensationellen, glanzvoll ‘Gemachten’ in die Höhen heben, auf denen die wirkliche Kunst zu Hause ist.“[61]

Spencer Tracy spielt in *Blinde Wut* einen einfachen, aber herzensguten und sympathischen Mann mit Idealen und klaren Zielen im Leben: Joe Wilson ist fleißig und arbeitet gewissenhaft, um seine Verlobte Katherine (Sylvia Sidney) heiraten und ein gemeinsames Zuhause finanzieren zu können. Aber auf dem Weg zu seiner Verlobten wird er in der Kleinstadt Strand gestoppt und ins Gefängnis gesperrt, weil man ihn verdächtigt, ein gesuchter Kindesentführer zu sein. Tatsächlich sprechen einige Indizien gegen ihn – aber wir wissen natürlich, dass er unschuldig ist. Die übereifrigen Bürger und Bürgerinnen der Stadt hingegen wollen das Ergebnis einer genauen Untersuchung und Klärung des Falls nicht abwarten und das Gesetz in ihre eigenen Hände nehmen. In einem hasserfüllten Aufruhr, aufgestachelt von einem fehlgeleiteten Rechtsempfinden, werden sie zum unkontrollierbaren Lynchmob und stürmen das Gefängnis. Vergeblich versuchen der Sheriff (Edward Ellis) und seine wenigen Mitarbeiter den Mob aufzuhalten, erinnern an Recht und Ordnung und an die Prinzipien einer fairen Justiz, in der zunächst die Unschuldsvermutung gilt, aber ihre Worte dringen nicht durch. Die aufgebrachten Bürger setzen das Gefängnis in Brand, um Wilson, der seine Unschuld beteuert, aber ihrem wütenden Ansturm wehrlos ausgeliefert ist, in seiner Zelle auszuräuchern. Mit eindrucksvollen, expressiven Großaufnahmen ihrer zornigen, hassverzerrten Gesichter verdeutlicht Lang die irrationalen Triebkräfte, die den Mob wie in einem Blutrausch aufpeitschen und antreiben, um den vermeintlichen Täter zu bestrafen. Wie der Titel des Films bereits verrät, werden wir Zeugen von *blinder Wut* (bzw. *fury* im amerikanischen Originaltitel). Auch die Medien sind am Ort des Geschehens; ein Filmteam nimmt das grauenhafte Spektakel für die Wochenschau auf, und Sensationslust steht dabei an erster Stelle. Später allerdings werden die Aufnahmen ein wichtiges Beweisstück vor Gericht sein, um die Rädelsführer des Lynchmobs zu identifizieren. Die Belagerung

---

61 *Erika Mann / Klaus Mann*, Escape to Life. Deutsche Kultur im Exil, (1939) 2. Aufl., München, Edition Spangenberg, 1991, S. 294 f.

des Gefängnisses und das Feuer, in dem das Gebäude schließlich niederbrennt, erinnern an vergleichbare Filmszenen aus *Die Nibelungen*, in denen Kriemhild in ihrer Rachsucht die Festhalle belagern und durch Feuer zerstören lässt, in der ihre Brüder festsitzen. Außerdem ruft das beängstigende Szenario, in der eine ganze Gruppe von entrüsteten Menschen über einen wehrlosen Verdächtigen herfällt, ohne gesetzlich legitimiert zu sein, das Tribunal der Verbrecher in *M* in Erinnerung. Hier wie dort liegt das Schicksal eines Tatverdächtigen in den Händen einer empörten Masse, deren eigene Verhaltensweise von einem moralischen Standpunkt aus betrachtet extrem fragwürdig erscheint und aus rein rechtlicher Perspektive strafbar ist.

Als wenig später der wahre Kindesentführer gefunden und verhaftet wird, ist klar, dass Joe Wilson unschuldig war. Die an dem Aufruhr Beteiligten werden nun ihrerseits des Lynchmordes angeklagt, denn niemand weiß, dass Joe noch am Leben ist; er hat das Feuer im Gefängnis knapp überlebt und konnte sich unbemerkt in Sicherheit bringen. Aber er gilt offiziell als tot, und diesen Umstand möchte er nutzen, um seine Peiniger als Mörder vor Gericht zu bringen und sie die gleiche Todesangst spüren zu lassen, die er erleiden musste. Er erwartet und erhofft für sie „einen gerechten Prozess und einen gerechten Tod“. Hier nun nimmt der Film eine überraschende Wendung, die einmal mehr die verstörenden Grauzonen zwischen Unschuld und Schuld, zwischen Rache, Recht und Gerechtigkeit zum Thema macht.

Joe, traumatisiert und verbittert durch das Unrecht, das ihm angetan wurde, will das Gesetz und das Rechtssystem instrumentalisieren, um Rache zu nehmen. Solange er für tot gehalten wird, können die am Lynchmob beteiligten Bürger wegen Mordes angeklagt und verurteilt werden. Sein Plan scheint zu gelingen: Während er sich versteckt hält, werden 22 Bürger von Strand wegen Mordes vor Gericht gestellt, die Filmaufnahmen zeigen deutlich die Gesichter der Angeklagten am Tatort und entlarven ihre falschen Alibis als Lügen, und Joe manipuliert darüber hinaus Beweise, um über das Fehlen seines toten Körpers hinwegzutäuschen und den Schuldspruch wahrscheinlich zu machen. Als er sich seinen Brüdern (Frank Albertson, George Walcott) und seiner Verlobten Katherine offenbart und seinen perfiden Racheplan erläutert, wird deutlich, wie sehr er sich unter dem Eindruck des Erlebten verändert hat. „Ein Toter sitzt vor euch“, erklärt er, und damit verweist er nicht nur auf seinen offiziellen Status, der die Anklage gegen die vermeintlichen Mörder ermöglicht, sondern gleichsam auch auf seine Gemütsverfassung, auf den Verlust seines Lebensglücks und Seelenheils, die durch seine Verbitterung und nicht zuletzt auch durch seine Rachsucht ausgelöscht wurden. Auch äußerlich zeigt sich die Veränderung; sein ungepflegtes Äußeres und sein wilder Blick veranschaulichen seine innere Verfassung unübersehbar als physische Erscheinung. Sein Tonfall ist gereizt und aggressiv. Einst ein tugendhafter und idealistischer Mann, der seiner Verbindung mit Katherine und einem privaten Eheglück freudig entgegensah, kennt er nun nur noch Hass und den Wunsch nach Rache. Damit entfremdet er sich von seinen Brüdern und von Katherine, weist die um Verständnis und Nachsicht bittende Frau schließlich von sich und opfert bereitwillig und eigensüchtig seine Liebe und eine gemeinsame Zukunft, um einzig seinen Racheplan durchführen zu können. Katherines Aussage „Man kann nicht jemanden heiraten, der tot ist" erhält in diesem Kontext gleichfalls eine doppelte Bedeutung: Zum einen die rein juristische Bedeutung im Sinne einer standesamtlichen Regelung, zum anderen aber auch die psychologische und emotionale Bedeutung, den Mann nicht lieben zu können, der sein Leben und sein Glück gegen die Erfüllung seiner Rache eintauscht.

Neben der privaten Tragödie betont Langs Film aber auch die gesellschaftliche und politische Tragweite des Falls und nutzt den symbolträchtigen Schauplatz des Gerichts als Bühne für seine sozialkritische Botschaft. Vor den Dreharbeiten hatte Lang mehrfach Gerichtsverhandlungen besucht und Rechtsexperten zu Prozessverfahren befragt, um die amerikanische Rechtspraxis kennenzulernen, hielt sich dann aber nicht peinlich genau an die Vorgaben, um seine Intentionen besser umsetzen zu können[62]. Zu Beginn des Prozesses in *Blinde Wut* weist der Staatsanwalt Adams (Walter Abel) mit Ausführungen über die Häufigkeit von Lynchjustiz und Lynchmorden ausdrücklich darauf hin, dass dieses Übel bekämpft werden müsse, um ordentliches Recht, die geregelte Anwendung von Gesetzen und die ungestörte Arbeit des Justizsystems zu gewährleisten und somit Gerechtigkeit für alle zu ermöglichen. Es steht mehr auf dem Spiel als nur das Schicksal der Angeklagten. „Hier vor Gericht steht heute die amerikanische Demokratie und ihre Verfassung", betont er. Und wie bereits in *M* ruft der folgende Gerichtsprozess unterschiedliche Zuschauerreaktionen hervor: Einerseits möchte man natürlich, dass der Lynchmob nicht ungestraft davonkommt, andererseits ist klar, dass kein Mord begangen wurde, dass Joe Wilson die Öffentlichkeit täuscht und den Prozess unter falschen Voraussetzungen nutzt, um seine Rache zu verwirklichen. Die Unschuld der Schuldigen und die Schuld des Unschuldigen entfalten und verwirren sich auf irritierende, aber auch faszinierende Weise.

In Gerichtsfilmen geht es meist um die Wahrheitsfindung und um die entsprechende Erwartungshaltung der Zuschauerinnen und Zuschauer, zu einer objektiven Wahrheit hinsichtlich der Schuldfrage zu gelangen. Der Hergang eines

62 *Eisner*, Fritz Lang (wie Anm. 5), S. 173.

Verbrechens erscheint unklar und muss im Verlauf der Verhandlungen geklärt werden. In Fritz Langs Film jedoch liegen die Wahrheit, der Sachverhalt und Hergang des Verbrechens für die Rezipienten offen zutage. Die Frage nach Schuld scheint bereits eindeutig beantwortet, bevor das Verfahren beginnt, und so dient die Darstellung des Prozesses also nicht dazu, den Sachhergang zu rekonstruieren und dadurch einen Schuldigen zu finden. Schuld bzw. Unschuld stehen fest. Die zentralen Fragen in diesem Film – wie auch in anderen seiner Filme – lauten hingegen: Wie gehen wir mit der Wahrheit um? Wie gehen wir mit unserer Schuld und mit der Schuld der Anderen um? Und wie und durch wen erlangen wir Gerechtigkeit, wo doch alle nicht frei von Schuld sind?

Am Ende des Films besinnt sich Joe Wilson noch rechtzeitig und betritt während der Urteilsverkündung überraschend selbst den Gerichtssaal, um die Situation aufzuklären und die Angeklagten dadurch vom Mordverdacht freizusprechen. Katherine ist Zeugin seines Geständnisses und fällt ihm glücklich in die Arme. Doch das Ende ist ambivalent: Zwar überwindet Joe seine Rachsucht – geht nicht daran zugrunde wie Kriemhild – und gewinnt auch Katherine zurück, aber seinen Glauben an Gerechtigkeit, an Menschlichkeit und an sein Land hat er verloren. All das ist in dem Feuer verbrannt, dem er selbst nur knapp entkommen konnte. *In dubio pro malo*: Nicht nur die Enttäuschung in Bezug auf die Menschen und deren niederträchtigen Verhaltensweisen, inklusive der Einsicht in die eigenen Verfehlungen, bleibt als schmerzende Wunde zurück, auch die Kritik an Amerika und das Misstrauen gegenüber den staatlichen Institutionen, dem Rechtssystem und der Demokratie sorgen für eine tiefe und nachhaltige Erschütterung und machen ein glückliches Ende unmöglich.

Die Bilder des unschuldig Verhafteten in seiner Zelle prägen sich ein; der ängstliche Blick zwischen Gitterstäben hindurch, die unüberwindlichen Hindernisse, die die Bewegungsfreiheit einschränken und keine weitere Flucht mehr zulassen. Gefängniszellen, Gitterstäbe, kerkerähnliche Orte, reale und symbolische Gefängnisräume sind wiederkehrende Bildmotive in vielen Filmen von Fritz Lang. Sie repräsentieren in sinnfälliger Weise die inneren und die äußeren Zwänge und die Unfreiheit des Menschen, nicht nur in der konkreten Situation des Gefangenseins, sondern generell als Ausdruck einer unfreien und von Schuld überschatteten Existenz. So wie bei Franz Kafka Recht und Gesetz zu Metaphern für das normierte Leben, für Erstarrung und für die Entfremdungserscheinungen der Moderne werden, so erscheinen Gefängniszellen und vergitterte Räume bei Lang als Symbole für das Dasein, das dem Menschen immer und immer wieder seine Grenzen aufzeigt und ihn mit der schmerzhaften Erkennntnis der Unvermeidbarkeit moralischer Schwächen und schuldhaften Verhaltens konfrontiert. „Die Auswege, die vielleicht manchmal auf dem dunklen Weg vom Mutterschoß zum Grab aufscheinen mögen, sind allemal von Gittern versperrt", erkennt Buchka und verbindet seinerseits die existentielle Symbolik in Langs Werk mit dem juristischen Diskurs, der sich auch ganz konkret immer wieder als Thema in den Filmen zeigt.

> „Bei Lang setzen sich die Eisenstäbe der unterirdischen Kerker oben fort als griechische Säulen vor der Hall of Justice. Die Kultur hat auch oben ihre Zellen, sie sind nur nicht so leicht zu erkennen, weil Zivilisation den Anschein erweckt, das Recht erst noch abzuwägen. Aber verdammt sind sie alle bei Lang. Drum gibt's für ihn auch oben kein Entrinnen. Da alle schuldig sind, müssen alle verurteilt werden."[63]

5. Rache für Jesse James (The Return of Frank James, 1940): Outlaw-Legenden

Rache für Jesse James (1940) ist die Fortsetzung des 1939 produzierten Westernfilms *Jesse James, Mann ohne Gesetz* (*Jesse James*) von Henry King, in dem es um den berühmten Banditen des Wilden Westen geht, der zusammen mit seinem Bruder Frank und seiner Bande in den Jahren 1866 bis 1882 in Missouri Banken ausgeraubt und Eisenbahnen überfallen hat. Jesse James ist aber kein gewöhnlicher Bandit: Er gilt als ehrenhafter Mann, der durch äußere Umstände dazu gezwungen wurde, kriminell zu werden. In der romantisierten Version seiner Lebensgeschichte werden sein verbrecherisches Potential und seine eigene Schuld an Mordtaten und Raubzügen bagatellisiert. Vor allem die skrupellose Politik der St. Louis Midland Railroad Company, die sich auf verbrecherische Weise privaten Landbesitz für den Schienenbau aneignet, indem sie Landbesitzer durch Gewaltandrohung enteignet und in Armut stürzt, ist in dieser Darstellung dafür verantwortlich zu machen, dass aufrechte Männer wie Jesse und Frank James den Glauben an die Politik, an faire Wirtschaftsbedingungen und an das Justizsystem verloren haben und zu Outlaws wurden. In zahlreichen Büchern und Filmen wurden Jesse James und sein Bruder Frank James zu Helden stilisiert, die sich gegen die kapitalistischen Ausbeuter der Eisenbahngesellschaft zur Wehr setzen und wie Robin Hood stets für die Rechte und die Würde der kleinen Leute kämpfen[64].

Rache für Jesse James war Fritz Langs erster Westernfilm und erster Farbfilm. Der amerikanische Originaltitel des Films lautet *The Return of Frank James* (also *Die Rückkehr von Frank James*), aber der deutsche Verleihtitel wurde vermutlich gewählt, weil der Name des legendären Outlaws Jesse James

---

63 *Buchka*, Ansichten des Jahrhunderts (wie Anm. 19), S. 53 ff.

64 Eine historisch korrekte Darstellung des Lebens und der Verbrechen von Jesse James bietet *Bill O'Neil*, Gunfighter. Alle Revolvermänner des Wilden Westens. Eine Enzyklopädie, 8. Aufl., Zürich, Oesch Verlag, 2007, S. 186–189.

in Deutschland doch bekannter und populärer ist als der Name seines Bruders Frank und man somit unmittelbar an den erfolgreichen Vorgängerfilm anknüpfen konnte[65]. Sicherlich auch, weil *Rache* in einem Filmtitel viel spannender und aufregender klingt als *Rückkehr*. Zudem ist das Motiv der Rache ein durchaus häufiges Thema von Westernfilmen und somit ein werbewirksames und erfolgversprechendes Signal, um Westernfans ins Kino zu locken.

Am Ende des ersten Films wurde Jesse James (Tyrone Power) hinterrücks von den feigen Brüdern Bob und Charles Ford (John Carradine, Charles Tannen) ermordet, um ein Kopfgeld zu kassieren. Das beruht soweit auf historischen Tatsachen. Im Fortsetzungsfilm nun erfährt Frank James (Henry Fonda), der sich zurückgezogen hat und unerkannt ein ehrliches Leben als Farmer führen möchte, dass die Ford-Brüder des Mordes an Jesse James zwar angeklagt und verurteilt wurden, aber dann plötzlich begnadigt wurden und schon wieder auf freiem Fuß sind. Eigentlich will Frank nichts mehr mit seiner kriminellen Vergangenheit zu tun haben, aber enttäuscht von der Wirkungslosigkeit der Gerichtsbarkeit beschließt er, das Gesetz in die eigene Hand zu nehmen und die Mörder seines Bruders eigenmächtig zu bestrafen – ein klassischer Fall von Selbstjustiz! Und natürlich ein Narrativ, das ganz typisch ist für das Westerngenre. Im Western geht es ja nicht selten und mitunter prinzipiell um die Bejahung von Gewalt und Selbstjustiz im Namen der guten Sache und der Gerechtigkeit, die ohne solche Gewalt und Selbstjustiz auf der Strecke bleiben würde. Denn im sogenannten Wilden Westen, in dem die staatliche Gewalt und die offizielle Gerichtsbarkeit noch keine vollständige Kontrolle ausüben, in dem der Rechtsstaat also noch nicht etabliert oder konsolidiert ist, hängt die Durchsetzung des Rechts häufig von der Initiative und dem Mut des Einzelnen ab. Entsprechend werden die Bereitschaft des Individuums, auch ohne gesetzlichen Auftrag für Recht und Ordnung zu sorgen, sowie die Fähigkeiten, dies entschlossen und erfolgreich tun und die kriminellen Elemente wirkungsvoll beseitigen zu können, in zahllosen Heldengeschichten geschildert und glorifiziert.

Fritz Lang nutzt das Format des Westerns, um wiederum eine Geschichte von Rache, Recht und Gerechtigkeit zu erzählen. Aber hinter der Fassade eines spannenden und unterhaltsamen Westernfilms verbergen sich wichtige und kritische Kommentare des Regisseurs zu Aspekten der Rechtsprechung sowie zu den Herausforderungen und Gefahren der persönlichen Rache und Selbst-

65 *Jesse James* (1939) von Henry King wurde in der BRD erst im Oktober 1950 gezeigt; Langs *Rache für Jesse James* (1940) wurde in der BRD im März 1952 veröffentlicht.

justiz. Schon zu Beginn des Films tritt ein skurriler Wanderprediger (Victor Kilian) auf der Durchreise auf und warnt Frank James vor Gottes Strafgericht. Sein Wagen ist plakativ dekoriert mit den mahnenden Worten „Beware the wrath of the Lord" („Hütet Euch vor dem Zorn Gottes") und „Repent, ye sinners, the day of judgment is near" („Bereut, ihr Sünder, der Tag des Jüngsten Gerichts ist nahe"). Kurz darauf verschwindet er wieder und spielt keine Rolle im weiteren Geschehen. Sein Auftritt ist bewusst humoristisch inszeniert, aber die Botschaft und der implizierte moralische Appell sind durchaus ernst gemeint und wirken nach. Dessen ungeachtet schnallt sich Frank James erneut einen Colt um und begibt sich auf seinen Rachefeldzug. Er beraubt einmal mehr die Eisenbahngesellschaft, um mit dem Geld seine Suche nach den Mördern und deren Verfolgung finanzieren zu können. Er macht zunächst Charles Ford ausfindig, jagt ihm zu Pferde in die Wildnis nach und stellt ihn schließlich. Die Konfrontation und Schießerei findet in einer kargen, archaisch anmutenden Berg- und Felsenlandschaft statt, weitab der Zivilisation: Hier herrscht nicht das Gesetz der Menschen, hier scheinen das rauhe, erbarmungslose Gesetz der Natur und das schicksalhafte, eherne Gesetz einer göttlichen Macht zu herrschen. Und so ist es auch nicht eine Kugel aus dem Revolver des Helden, die den Schurken zur Strecke bringt. Charles Ford rutscht von einem steilen, glatten Felsen ab und stürzt in den Abgrund. Es ist nicht Menschenhand, die ihn richtet, sondern … Zufall? Missgeschick? Oder doch göttlicher Wille und das Eingreifen einer höheren Macht? Auf alle Fälle macht sich Frank James im engeren Sinne nicht schuldig, denn er tötet Charles Ford nicht selbst. Seine Rache-Absichten muss er nicht selbst ausführen und zu Ende bringen, stattdessen kommt der Mörder seines Bruders durch den Sturz in die Tiefe zu Tode.

Um einem unschuldig Angeklagten zu helfen, unterbricht Frank seine Suche nach Bob Ford, stellt sich dem Sheriff in Liberty, Missouri, und wird seinerseits vor Gericht angeklagt, ein Büro der Eisenbahngesellschaft ausgeraubt und deren Angestellten dort getötet zu haben. Den Raub hat er zwar begangen, aber der Angestellte wurde nicht von ihm, sondern irrtümlich von seinen Verfolgern erschossen. Erneut macht Lang einen Gerichtsprozess zu einem entscheidenden Element und dramaturgischen Höhepunkt der Handlung und verlegt die Aktion von den offenen Landschaften, der Wildnis und den unberechenbaren Gefahren des amerikanischen Westens in einen Gerichtssaal. Hier wird (in der Regel) nicht mit Revolvern geschossen, sondern mit Worten und Argumenten debattiert, um das Recht durchzusetzen. Wiederum geht es um nichts Geringeres als die drohende Todesstrafe. Dabei nimmt der Prozess verschiedene Wendungen und präsentiert neben den ernsthaften Erwägungen von Schuld und Verantwortung und der Darstellung der bedrückenden sozialen und wirtschaftlichen Umstände, die zu den Straftaten geführt haben, auch durchaus humorvolle Momente. Franks Verteidiger (Henry Hull) gelingt es, die rücksichtslosen, teilweise kriminellen Machenschaften der Eisenbahngesellschaft aufzudecken, die bei dem Prozess als keineswegs unparteiischer Drahtzieher im Hintergrund mitwirkt, und deren ausbeuterische Politik als eigentlichen Grund für die Notlage des Angeklagten und die daraus resultierenden Straftaten verantwortlich zu machen. Durch seine geschickten Fragen und seine eindringlichen Reden gelingt es ihm, Frank zu entlasten. Und er appelliert zudem an das patriotische Gefühl der Geschworenen, indem er voller Leidenschaft Anekdoten aus dem Bürgerkrieg erzählt, in dem Jesse und Frank James auf der Seite der Südstaaten kämpften, nostalgisch-verklärende Erinnerungen an die gemeinsame Südstaaten-Vergangenheit weckt und bestehende Ressentiments gegen die Nordstaaten („Yankee scum") verstärkt und gezielt gegen die Ankläger richtet, die aus der Sicht der Geschworenen und der Zuschauer im Gerichtssaal in erster Linie als Repräsentanten der Nordstaaten-Industrie und -Ideologie wahrgenommen werden. Am Ende der Verhandlung steht der Freispruch. Was die Zuschauer des Films bereits wussten, wird gleichsam vom Gericht innerhalb des Films bestätigt: Frank ist unschuldig, einen Mord hat er nicht begangen und seine (im Vergleich dazu geringfügigen) Straftaten lassen sich durch die Umstände erklären und somit entschuldigen. Er handelte aus ehrbaren Gründen und seine Absicht, die Mörder seines Bruders zu stellen und zu bestrafen, wird vom Großteil der Bevölkerung als gerecht und gerechtfertigt betrachtet.

Bob Ford, der den Prozess als Zuschauer mitverfolgt und natürlich auf eine Verurteilung gehofft hat, flieht unmittelbar nach Franks Freispruch aus dem Gerichtssaal. Auf der Flucht gerät er in einen Schußwechsel mit Franks jugendlichem Freund Clem (Jackie Cooper), wird dabei verwundet und kann sich in einem scheunenartigen Mietstall verstecken. Clem seinerseits wird tödlich getroffen. Umringt von den Bürgerinnen und Bürgern der Stadt stirbt Clem vor dem Gerichtsgebäude in Franks Armen, und mit dem Revolver des Toten verfolgt Frank nun den flüchtigen Mörder. Die Menge teilt sich, lässt Frank passieren und sieht zu, wie er langsam auf den Mietstall zugeht, in dem sich Bob Ford verbirgt. Niemand hält ihn auf. Die Art und Weise, wie Lang diese Szene inszeniert und das Zusammenspiel und Einverständnis zwischen dem Protagonisten und der anwesenden Menschenmenge betont, macht deutlich, dass die Gemeinde durch ihr Verhalten und ihre Zeugenschaft Franks Absicht legitimiert und ihm die Bestrafung des flüchtigen Mörders überträgt. Sein aufrechter Gang zum Stall sieht mehr wie der Vollzug einer offiziellen Hinrichtung aus und weniger wie ein illegitimer Akt der Rache und Selbst-justiz. Und auch die nun folgende Szene im Stall gewinnt durch eine überraschende Wendung an besonderer Bedeutung hinsichtlich der Thematik von Schuld, Unschuld und Gerechtigkeit: Spannung entsteht, als Frank James den dunklen Mietstall betritt, in dem sein Gegenspieler lauert, und sich langsam durch die unheimlichen Schatten bewegt. Man erwartet das typische Finale eines Westernfilms, ein Duell, bei dem der Held den Schurken niederschießt. Das düstere Szenario, verdächtige Geräusche in den Schatten wie auch die bedrohlich wirkende Filmmusik steigern die Spannung vor der antizipierten finalen Konfrontation. Ford schießt mehrfach aus dem Hinterhalt auf seinen Verfolger, trifft aber nicht und zieht sich weiter in das verwinkelte Gebäude zurück. Als Frank ihn schließlich findet, ist er bereits tot, gestorben an der Schußwunde, die ihm Clem zuvor zugefügt hat. Frank selbst muss in dieser letzten Begegnung mit dem Mörder kein einziges Mal schießen. Diese geradezu subversive Variante des üblichen Showdowns entlastet Frank und befreit ihn davon, den schuldigen Täter selbst zu richten; seine Rache wird ihm gewissermaßen abgenommen. Wie schon im Kampf gegen Charles Ford findet auch hier Selbstjustiz de facto nicht statt – und Frank macht sich nicht schuldig, denn die beiden Mörder sterben nicht durch seine Hand. Selbst wenn er Bob Ford erschossen hätte, wäre diese Tat durch die Zustimmung der Bürgerschaft gerechtfertigt gewesen, aber soweit kommt es erst gar nicht. Im Unterschied zu Kriemhilds unerbittlicher und (selbst-)zerstörerischer Rache in *Die Nibelungen*, deren Vollzug sie allein zu verantworten hat, erscheint Franks Rache quasi „relativiert" und „entschärft". Die Umstände entheben ihn gleichsam der Verantwortung für den Tod seiner Gegenspieler, deren Schuld zwar außer Frage steht, aber deren Bestrafung er letztendlich nicht als persönlichen Akt der Rache durchführen muss. Stattdessen gewinnt er durch seinen Gerechtigkeitssinn an Sympathie, weil er sich zuvor dem Gericht freiwillig gestellt hat, um das Leben eines unschuldig Angeklagten zu retten. Frank James wird nicht das Opfer seiner eigenen Rachsucht, sondern bewahrt seine Menschlichkeit und gewinnt seinen Glauben an Recht und Rechtsordnung zurück. Mit dem Wissen, dass Gerechtigkeit erzielt wurde, auch ohne dass er sich selbst erneut in schuldhaftes Verhalten verstricken musste, überwindet er sein Schicksal als Outlaw und kann sein bürgerliches Leben guten Gewissens fortsetzen. Im Zusammenhang mit der besonderen Gestaltung von Westernfilmen und der versöhnlichen Darstellung von Westernhelden in den frühern 1940er Jahren erläutert Seeßlen, dass

> „der Wunsch nach einer Identitätsfindung (…) um so erklärlicher erscheinen (mag), als Amerika sich anschickte, vom inneren Feind, dem Gangstertum, zum äußeren, dem kommenden Kriegsgegner, zu blicken. Möglicherweise gehört es zur populären Mythologie in Zeiten vor einem Kriegseintritt, daß die eigenen Helden als friedliebende und eigentlich tolerante Menschen geschildert werden; genauso ist es aber auch möglich, daß sich in den vielen Western dieser Zeit, die

den Versuch des Helden zum Inhalt haben, den Frieden zu erhalten oder einen gewalttätigen Konflikt zu vermeiden, eine Hoffnung auf die Erhaltung des Friedens ausdrückte."[66]

Aber Buchka warnt angesichts des glücklichen und hoffnungsvollen Endes des Films:

„Die Happy-Ends sind bei Lang bittere Zuckerln für den illusionssüchtigen Zuschauer, weil sie sich als billige Tricks entlarven, auf die in der Wirklichkeit nicht zu hoffen ist."[67]

6. Gehetzt (You Only Live Once, 1937) und Jenseits allen Zweifels (Beyond a Reasonable Doubt, 1956): In der Todeszelle

Kann Lang in einem Westernfilm, der historische Wahrheit als Legende verklärt und die gewalttätige Vergangenheit des Landes mitunter als ein der Wirklichkeit entrücktes, abenteuerliches Spiel schildert, einen positiven Ausgang inszenieren und seinen Protagonisten Frank James vor dem Untergang oder anhaltender existentieller Verzweiflung bewahren, so scheint diese Option in den zeitgenössischen Filmen, die sich der sozialen Realität der Gegenwart stellen und diese kritisch beleuchten, nicht möglich zu sein. *Blinde Wut* ist dafür ebenso ein Beispiel wie *Gehetzt* (*You Only Live Once*, 1937). Auch hier spielt Henry Fonda einen Mann mit krimineller Vergangenheit, der wie Frank James versucht, das Gewesene hinter sich zu lassen und ein neues Leben zu beginnen. Nach drei Jahren Gefängnis ist Eddie Taylor fest entschlossen, seinen Lebensunterhalt auf ehrliche und anständige Art zu verdienen und mit seiner frisch angetrauten Frau Joan (Sylvia Sidney) eine bürgerliche Existenz aufzubauen. Schon die erste Einstellung des Films zeigt übermächtig die starre Front des Gerichtsgebäudes, der Hall of Justice, mit einer massiven Steinsäule im rechten Vordergrund und setzt damit einen wichtigen Akzent für die folgende Geschichte: Recht und Gesetz als imposante Architektur und einflussreiche Institution mit Macht über Menschen und Schicksale. Auf Eddie Taylor wird sich diese Macht – statuarisch, unbeugsam, in ihrer nachhaltigen Wirkung unerbittlich und dabei nicht frei von Irrtümern – zerstörerisch auswirken. Die Vorurteile seiner Mitmenschen, die einem ehemaligen Häftling grundsätzlich misstrauen, die erschwerte Resozialisierung und widrige Umstände sorgen dafür, dass Eddie erneut, aber schuldlos, mit dem Gesetz in Konflikt gerät.

---

66 *Georg Seeßlen*, Western. Geschichte und Mythologie des Westernfilms (Grundlagen des populären Films), Marburg, Schüren, 1995, S. 73.

67 *Buchka*, Ansichten des Jahrhunderts (wie Anm. 19), S. 52.

Er wird zu Unrecht verdächtigt, an einem Raubüberfall mit mehrfachem Mord teilgenommen zu haben, verhaftet, wieder eingesperrt und zum Tode verurteilt. Dass die Behörden von seiner Unschuld erfahren und ihn begnadigen, erfährt er zu spät. Bei seiner Flucht aus dem Gefängnis tötet Eddie den Pfarrer (William Gargan) und wird durch die tragische Entwicklung der Geschehnisse jetzt wirklich zum Mörder. Auf der gemeinsamen Flucht und nach der Geburt ihres Kindes, werden er und seine Frau schließlich von der Polizei erschossen. Das Ringen um eine lebenswerte Zukunft im verhängnisvollen Strudel von Verdacht, Strafverfolgung und Schuld endet in diesem Film mit dem Tod der Protagonisten. „Menschen im Räderwerk der Systeme, wie sie opponieren und rebellieren, klagen und kämpfen – und am Ende ihr Ziel doch nie erreichen", fasst Grob die tragische Handlung des Films *Gehetzt* zusammen und verweist damit gleichzeitig auf ein Hauptthema in Langs Gesamtwerk[68].

> „Zutiefst pessimistisch lotet Lang die Existenz seines Sisyphos-Helden aus, der alles versucht, um zurückzufinden in ein normales Leben, dem aber alles, was er unternimmt, zu Niederlagen und Katastrophen gerät. So wirkt alles in diesem Film aufs Äußerste zugespitzt: die Liebe zwar unerschütterlich, doch jedes Tun zwecklos, jede Flucht aussichtslos. (…) In (Langs) Kino geht es auch darum, wie Träume von der Welt sich (…) zu Alpträumen wandeln."[69]

Auf die Spitze treibt Lang das Spiel mit Schuld und Unschuld in seinem letzten amerikanischen Film *Jenseits allen Zweifels* (*Beyond a Reasonable Doubt*, 1956). Einerseits ist der Film ein Plädoyer gegen die Todesstrafe, wie zuvor bereits *M*. Andererseits ist er ein kriminalistisches Verwirrspiel, in dem sich der Schriftsteller Tom Garrett (Dana Andrews) absichtlich für den Mord an einer Tänzerin verhaften lässt, den er nicht begangen hat. Zusammen mit seinem zukünftigen Schwiegervater, dem einflussreichen Zeitungsverleger Spencer (Sidney Blackmer) hat er zuvor falsche Spuren gelegt und Indizienbeweise konstruiert, um den Verdacht bewusst auf sich zu lenken. Sinn des Ganzen ist es, zunächst einen Schuldspruch, inklusive Todesurteil, zu provozieren und dann den Schwindel aufzudecken und die Unschuld des Verurteilten nachzuweisen, um den ehrgeizigen Staatsanwalt Thompson (Philip Bourneuf) zu diskreditieren, der ein Befürworter der Todesstrafe ist, und gleichzeitig der Öffentlichkeit die mangelnde Glaubwürdigkeit von Indizienprozessen sowie das Risiko von Fehlurteilen anschaulich vor Augen zu führen. Allerdings funktioniert das Vorhaben nicht so wie geplant: Auf dem Weg zum Gericht, um am Tag der Urteilsverkündung die entlastenden Beweise für die Unschuld Garretts vorzulegen, stirbt Spencer bei einem Autounfall, und alle

68 *Grob*, Fritz Lang (wie Anm. 5), S. 238.

69 Ebd., S. 239.

Beweise werden in einem Feuer vernichtet. Der einzige Mensch, der außer Garrett die Wahrheit kannte, ist tot, und die Beweise für Garretts Unschuld, Photographien und Dokumente die zeigen, wie die für das Urteil ausschlaggebenden Indizien planmäßig von Spencer und Garrett vorbereitet und hergestellt wurden, sind verbrannt. Nun fürchtet Garrett, der inzwischen tatsächlich zum Tode verurteilt wurde, um sein Leben, aber natürlich glaubt ihm niemand die haarsträubende Geschichte von den gefälschten Indizienbeweisen und dem tollkühnen Plan, einen Unschuldigen zum Schein zum Tode verurteilen zu lassen. Als Zuschauer fiebern wir mit, ob es wohl trotzdem gelingen mag, den Unschuldigen vor der Todesstrafe zu retten. Prägnante Bilder von Tom Garrett hinter Gittern – der Mensch in der Todeszelle, eingerahmt, eingeengt und gezeichnet vom kontrastreich in schwarz-weiß gefilmten Gitterwerk, eine Reminiszenz an den visuellen Stil des expressionistischen deutschen Films der 1920er Jahre – verstärken die Dramatik und die existentialistische Symbolik der Situation.

Aber wiederum kommt es zu einer unerwarteten Wendung. Kurz vor Vollstreckung des Todesurteils wird im Nachlass des verunglückten Zeitungsverlegers ein Brief gefunden, der den Sachverhalt aufklärt, das juristische Täuschungsmanöver aufdeckt und Garrett somit entlastet. Während der Gouverneur sich anschickt, die Begnadigung zu unterzeichnen, begeht Garrett einen Fehler im Gespräch mit seiner Verlobten Susan (Joan Fontaine), als er unüberlegt den wahren Namen der ermordeten Tänzerin nennt – bisher war sie nur unter ihrem Künstlerinnennamen bekannt – und sich dadurch verrät. Wie sich herausstellt, war das Mordopfer seine erste Frau, die sich nicht von ihm scheiden lassen und ihn diesbezüglich erpressen wollte, während er auf eine neue Ehe mit Susan hoffte[70]. Garrett ist der Mörder! Und er glaubte, durch das geschickte Täuschungsmanöver – eine Schuld, die sich als Unschuld erweist, eine Verurteilung, die aufgehoben werden muss – der Strafe entgehen zu können. Die Begnadigung wird nicht unterzeichnet, und Garrett kehrt in die Todeszelle zurück.

Ein unglaublicher Fall, durchaus umständlich konstruiert, aber gleichzeitig eine durchdachte Konfusion und ausgeklügelte Augenwischerei, gleichsam eine experimentelle Versuchsanordnung, deren Abfolge von fabrizierter Schuld, vermuteter Unschuld und tatsächlicher Schuld auf denkwürdige Weise die kontingente Komplexität der existentiellen Schuldfrage sowie die potenziellen Fallstricke der Rechtsprechung verdeutlicht.

---

70 Die dieser Mordgeschichte zugrundeliegende Konstellation mag auch an die Umstände des Todes von Langs erster Frau Elisabeth Rosenthal erinnern.

„Mord“, so eröffnet Staatsanwalt Thompson den Prozess in *Jenseits allen Zweifels*, „kann von jederman begangen werden, reich oder arm, erfolgreich oder erfolglos, berühmt oder unbekannt.“ Einmal mehr formuliert eine Figur in einem Lang-Film die Überzeugung des Regisseurs, dass Menschen stets schuldig werden können, dass niemand absolut freizusprechen ist von der Möglichkeit, unmoralisch zu handeln oder ein Verbrechen zu begehen, und dass Unschuldsvermutung allein aufgrund einer idealistischen Weltsicht oder eines Rechtsprinzips nicht ohne weiteres akzeptiert und praktiziert werden kann. Statt *in dubio pro reo* gilt bei Fritz Lang also das Gegenteil: *In dubio contra reum*; oder als existentieller Grundsatz: *In dubio pro malo.* Hinsichtlich menschlichen Verhaltens und der Wahrscheinlichkeit ungünstiger, schicksalhafter Umstände ist immer mit dem Schlimmsten zu rechnen.

IV. Fazit

Trotz der unbestreitbaren Spuren von Pessimismus und Fatalismus, zeigen die Filme von Fritz Lang auch das: Wir kommen zu einer erträglichen und akzeptablen Form von Recht und Gerechtigkeit nur durch eine stabiles, auf Gleichheit und demokratischen Prinzipien begründetes Rechtssystem mit verlässlicher Gerichtsbarkeit. Es sind nicht zuletzt die Erfahrungen seines Lebens, die Lang zu dieser Einsicht gebracht haben, vor allem der Aufstieg und die Diktatur des Nationalsozialismus in Deutschland, seine Emigration in die USA und sein Leben in der amerikanischen Demokratie. Dabei blieben ihm aber auch die Widersprüche, die Schattenseiten und die Abgründe der amerikanischen Kultur und Gesellschaft nicht verborgen; er hat sie durchaus erkannt und in seinen Filmen thematisiert, wobei ihm die widrigen Elemente und moralischen Konflikte der amerikanischen Gesellschaft immer auch als exemplarischer Ausdruck der sozialen Spannungen und Antinomien der Moderne generell dienten. Es sind die historischen Erfahrungen und Verwerfungen des 20. Jahrhunderts, die in ihm die Überzeugung reifen ließen, dass Recht und Gerechtigkeit – wenn überhaupt – nur in einem entsprechend rechtsstaatlichen System zu erlangen sind.

Mit den Filmen, die hier skizziert wurden, macht es uns Fritz Lang aber nicht zu einfach. Ungeachtet der moralischen Vorgaben und der implizierten Appelle, gut zu sein, die Mitmenschen zu respektieren, das Recht zu achten und Verbrechen zu unterlassen sowie Gewalt und Rachsucht zu vermeiden, stellen sich dem Menschen unkalkulierbare Kräfte entgegen, die einerseits die Handlungsfreiheit einschränken und andererseits die eindeutigen Grenzlinien zwischen Recht und Unrecht sowie zwischen Unschuld und Schuld verwischen. Dazu drängt sich immer wieder das Gefühl einer existentiellen und unausweichlichen, tief im menschlichen Wesen verankerten Schuld in den Vordergrund. Die gute Absicht allein rettet den Menschen nicht vor schuldhaftem Verhalten. Vielmehr scheint der fatalistische Grundsatz *in dubio pro malo* zu gelten: Im Zweifelsfall muss das Schlimmste angenommen werden, und das Individuum muss erkennen, dass Unschuld möglicherweise nur eine Illusion oder eine kurze Station – ein vorübergehender Zustand, ein flüchtiger Augenblick – auf dem Weg in die Schuld ist. In Bezug auf gesetzliche Rechts- und Verfahrensfragen, auf Verurteilung und gerechtes Strafmaß werfen diese generellen, weltanschaulichen Annahmen wie auch die Darstellungen und fiktionalen Fallbeispiele in den Filmen Fritz Langs natürlich viele Fragen auf, die nicht leicht oder selten eindeutig zu beantworten sind. Und nicht alle offenen Fragen und Probleme im Spannungsfeld zwischen Schuld und Unschuld, Recht und Gerechtigkeit lassen sich durch ein filmisches *Happy End* lösen, sondern bleiben als Herausforderungen in juristischen, in gesellschaftspolitischen, in philosophischen und in psychologischen und psychopathologischen Diskursen bestehen.

2.

Fabian Odermatt

Recht im Film – der Versuch einer filmwissenschaftlichen Annäherung

I. Einleitendes

Dieser Beitrag widmet sich dem Themenbereich *Recht im Film*, oder – in anderen Worten – dem Aufscheinen rechtlicher Motive im filmischen Spiegel[1].

Es mag möglicherweise wenig einleuchten, inwiefern eine Auseinandersetzung mit filmischen Spiegelungen von Recht unter einem juristischen Blickwinkel lohnend oder erkenntnisfördernd sein soll. Zu verschieden und gegensätzlich scheinen die beiden Disziplinen auf den ersten Blick: Das Recht versteht sich als eine textbasierte Wissenschaft, welche sich der Ausformulierung und Interpretation von bestimmten allgemeingültigen Regeln sowie deren Anwendung auf diverse Lebenssachverhalte verschreibt und so die gesellschaftliche Realität strukturiert und reglementiert[2]. Es bietet den rechtsunterworfenen Personen Schutz und gewährleistet ihnen, gewisse Ansprüche gegenüber Dritten durchzusetzen[3]. Demgegenüber ist der Film eine Kunstform oder – nach anderer Ansicht – ein Massenmedium und findet seinen Ausdruck in der Produktion bewegter Bilder mittels Foto-, Kamera- und Tontechnik. Der Film dient der Ablenkung, der Zerstreuung, der Unterhaltung und nicht zuletzt der Imagination, indem er seinem Publikum ermöglicht, der vom Recht reglementierten Realität zu entfliehen und für den Moment der Rezeption in fiktive Welten einzutauchen. Besonders schön brachte diese dem Publikum durch den Film eröffnete Fluchtmöglichkeit etwa Walter Benjamin zum Ausdruck:

> „Unsere Kneipen und Großstadtstraßen, unsere Büros und möblierten Zimmer, unsere Bahnhöfe und Fabriken schienen uns hoffnungslos einzuschließen. Da kam der Film und hat diese Kerkerwelt mit dem Dynamit der Zehntelsekunden ge-

---

1 Der Aufsatz ist eine Kurfassung der im Jahr 2023 bei Nomos Verlag erschienenen Dissertationsschrift *Das Recht im filmischen Spiegel – Verführung, Mythos und Performanz.*

2 *Peter Forstmoser / Hans-Ueli Vogt,* Einführung in das Recht, 5. Aufl., Bern, Stämpfli, 2012, S. 176.

3 Ebd., S. 423.

https://doi.org/10.1515/9783112206744-003

> sprengt, so daß wir nun zwischen ihren weitverstreuten Trümmern gelassen abenteuerliche Reisen unternehmen. Unter der Großaufnahme dehnt sich der Raum, unter der Zeitlupe die Bewegung."[4]

Durch diese Flucht aus den einengenden Fesseln der gelebten Existenz hin zu einer die Grenzen der Imagination sprengenden Parallelwelt erschafft der Film folglich eine Distanzierung zu der von ihm reproduzierten Wirklichkeit. Diese Entfremdung beschlägt dabei zwangsläufig auch die rechtlichen Realitäten. Bereits aus dieser Grundannahme folgt, dass der Blick in den filmischen Spiegel nie ein exaktes Abbild des Rechts wiedergeben kann. Stattdessen neigt der Film dazu, komplexe rechtliche Fragestellungen in den Diensten der Inszenierung zu simplifizieren oder zu verfälschen[5]. So werden Werke wie *Anatomy of a Murder* (USA 1959) oder *Witness for the Prosecution* (USA 1957) der Komplexität eines angelsächsischen Gerichtsverfahrens kaum je gerecht und auch die sich wöchentlich wiederholenden Geschichten der deutschen Kriminalserie *Tatort* (seit 1970 bis heute) weichen regelmässig von den Vorgaben des deutschen Strafprozessrechts ab.

Diese mangelnde Realitätstreue des Filmes mag bisweilen auf den Umstand zurückgeführt werden, dass Regisseurinnen, Drehbuchautoren oder andere Beteiligte in der Regel keine ausgebildeten Juristen sind und es bei der Produktion eines Filmes am notwendigen Fachwissen mangelt[6]. Aber selbst der Einbezug von Rechtsgelehrten bietet, wie etwa das Beispiel des Fernsehfilms *Terror – Ihr Urteil* zeigt, nicht zwingendermassen Sicherheit für eine korrekte filmische Abbildung von Rechtsfragen[7]. Es scheint vielmehr, als müsse das filmische Artefakt ganz grundsätzlich – will es seinem Publikum die von Walter Benjamin postulierte Fluchtmöglichkeit ermöglichen – immer wieder gewisse Kompromisse an die von ihm reproduzierten Wirklichkeiten eingehen. All diese Abweichungen und juristischen Fehldarstellungen liessen sich aus

---

4 *Walter Benjamin*, „Das Kunstwerk im Zeitalter seiner technischen Reproduzierbarkeit", in: Gesammelte Schriften, Rolf Tiedemann / Hermann Schweppenhäuser (Hrsg.), Bd. I (Abhandlungen), 435–67, Suhrkamp Taschenbuch Wissenschaft, Frankfurt am Main, Suhrkamp, 1991, S. 499.

5 *Matthias Kuzina*, Der amerikanische Gerichtsfilm: Justiz, Ideologie, Dramatik, Göttingen, Vandenhoeck & Ruprecht, 2000, S. 8; *Michael Asimow / Shannon Mader*, Law and Popular Culture: A Course Book, 2nd ed, New York, Peter Lang, 2013, S. 5 f.

6 *Kuzina*, Der amerikanische Gerichtsfilm, S. 8.

7 Vgl. etwa die Kolumne von *Thomas Fischer*, „Die ARD, das Recht und die Kunst: 'Terror' – Ferdinand von Schirach auf allen Kanälen!", Die Zeit, 18.10.2016, Abschn. Gesellschaft. https://www.zeit.de/gesellschaft/zeitgeschehen/2016-10/ard-fernsehen-terror-ferdinand-von-schirach-fischer-im-recht, wonach das Publikum von Ferdinand von Schirach „nach Strich und Faden" belogen worden sei.

der Gegenüberstellung diverser filmischer Werke mit den jeweils einschlägigen gesetzlichen Grundlagen in grosser Breite nachweisen. Ein solches Unterfangen wäre freilich nicht nur ermüdend, sondern auch ohne jedweden wissenschaftlichen Gewinn, zumal mehr als die Erkenntnis, dass der Film und das Recht nun mal nach unterschiedlichen Mechanismen funktionieren und an unterschiedliche Adressatinnen gerichtet sind, nicht zu erwarten wäre[8].

Von grösserem Interesse sind deshalb die Gemeinsamkeiten von Film und Recht. Eine Gemeinsamkeit findet sich zunächst in ihrer jeweiligen gesellschaftlichen Funktion: Sowohl das Recht als auch der Film durchdringen das soziale Gefüge und tragen dazu bei, die Gesellschaft zu strukturieren. Zur Veranschaulichung der gesellschaftlichen Funktion des Rechts sei etwa auf den banalen Umstand hingewiesen, dass jeder Mensch im Laufe seines Lebens eine Vielzahl an Rechtsgeschäften abschliesst – von einfachen Kaufverträgen über Miet- und Arbeitsverträge bis hin zu vertraglich geregelten Lebensgemeinschaften – oder von verschiedenen, per Verfassung geregelten Grundfreiheiten Gebrauch macht. Aber nicht nur das Recht, sondern auch der Film durchdringt das gesellschaftliche Zusammenleben, indem er die von ihm vermittelten Inhalte einem unermesslich grossen Publikum zugänglich macht. Viele der im Fernsehen oder auch im Kino gezeigten Filme haben dabei – mehr oder weniger subtil eingebettet – rechtsbezogene Motive und Spiegelungen von Verbrechen und Strafe zum Inhalt: Sei es etwa in der Gestalt unzähliger Kriminalfilme, Thriller, Detektiv-, Gerichts-, Gangster- oder Polizeifilme. Diese ungebrochene Beliebtheit rechtsbezogener Inhalte hat sich mit dem Aufkommen neuer Medien und Produktionsmittel wie YouTube oder diversen Streamingdiensten, inzwischen auch auf neue Plattformen verlagert. Allein auf Netflix flimmern tagtäglich unzählige psychopathische Mörder (*The Fall, Bates Motel, American Crime Story*), gewiefte Anwältinnen und Anwälte (*Suits, How to Get Away with Murder*), gebrochene Polizistinnen (*Marcella, Broadchurch, Die Brücke – Transit in den Tod*), zwielichtige Drogenhändler (*Breaking Bad, Narcos*), obskure Sektengurus (*Wild Wild Country*) oder kriminelle Tierhändler (*Tiger King*) über den Fernsehbildschirm. Diese beispielhafte Aufzählung lässt erahnen, dass es immer wieder die Annäherung an bestimmte Kriminalitätsphänomene sowie der damit einhergehende Reiz für Fragen von Verbrechen, Strafe und Gerechtigkeit sind, die im popkulturellen Spiegel prominent auftreten und dort die Fantasie des Publikums anregen.

Die Frage, die sich dabei stellt, ist, wie das jeweilige Publikum die schiere Flut an Bildern sowie die darin medial vermittelten Inhalte verarbeitet.

---

8 So auch *Kuzina*, 8.

Haben solche filmischen Spiegelungen des Rechts möglicherweise gar einen Einfluss darauf, was wir als Publikum unter dem Recht oder dem Rechtsystem verstehen?

Wenn man diese Hypothese nicht für völlig ausgeschlossen hält, hat dies zur Konsequenz, dass sich Juristen der sie umgebenden Kultur nicht länger verschliessen dürfen, sondern gehalten sind, sich mit popkulturellen Inhalten vertiefter als bisher auseinanderzusetzen. Während die rechtswissenschaftliche Lehre und Forschung im deutschsprachigen Raum bislang eher zurückhaltend auf derartige Überlegungen reagiert, hat sich die Erforschung der Abhängigkeiten von Recht, Gesellschaft und Film im angelsächsischen Raum – unter dem Begriff von *Law and Film* – längst als Forschungsschwerpunkt etabliert[9].

II. Law and Film Movement

Law and Film ist, zumindest von einer historischen Warte aus betrachtet, das konsequente Weiterdenken der *Law-and-Literature*-Bewegung – einer geisteswissenschaftlichen Strömung, die sich Anfang der siebziger Jahre als Gegenbewegung zur zunehmenden Ökonomisierung des Rechts verstand[10]. Alternative Erklärungsmuster darüber, wie rechtliche Normen entstehen und wirken, fand man in der Literatur, der Philosophie oder der Rechtssoziologie. Auch wenn literarische Texte auf den ersten Blick mit Rechtstexten mehr gemein haben als die bewegten Bilder des Films, basiert das Verschieben des Fokus von Literatur auf Film auf denselben Grundgedanken, nämlich der Abkehr von ökonomischen Paradigmen und der Suche nach Erklärungsansätzen ausserhalb des Rechtssystems im engeren Sinne.

Einer der ersten Juristen, der diese Ideen von der Literatur auf andere Werke der Popkultur übertrug, war der amerikanische Rechtssoziologe Lawrence M. Friedman, der davon ausging, dass auch Werke der Popkultur als Quelle für das Verständnis des Rechts massgebend seien[11]. Für die Ergründung der wechselseitigen Abhängigkeiten von Recht, Rechtskultur und Popkultur schlug Friedman sodann eine soziale Theorie des Rechts vor, die angesichts des ihr zugrundeliegenden gesellschaftlichen Verständnisses jenen Ansätzen entge-

9 *Steve Greenfield / Guy Osborn / Peter Robson*, Film and the Law, 2nd ed, Oxford/ Portland, Hart Publishing, 2010, Abschn. Preface.

10 *Edward Schramm*, „Law and Literature“, Juristische Arbeitsblätter, 2007, S. 581; *Jean-Claude Ho*, „Law and Literature, Eine linke Antwort auf Law and Economics“, Forum Recht, Nr. 3 (2008), S. 86 f.; jeweils mit weiteren Nachweisen.

11 *Lawrence M. Friedman*, „Law, Lawyers, and Popular Culture“, The Yale Law Journal 98, Nr. 8 (1989): 1579–1606. https://doi.org/10.2307/796606, S. 1580.

genstand, die – wie etwa jene von Niklas Luhmann[12] – dem Recht weitgehenden autonomen oder selbstreferenziellen Charakter zubilligten[13]. Anders als Luhmann begriff Friedman das Recht nicht als ein auf sich selbst verweisendes System, sondern als eine abhängige Variable in einem grösseren gesellschaftlichen Kontext:

> „A social theory of law, in contrast, is 'social' to the extent that it denies or downgrades the autonomy of law, and insists instead that an analysis of social forces best explains why the legal system is as it is, what shapes and molds it, what makes it ebb and flow, contract and expand; what determines its general structure, and the products that it grinds out day by day."[14]

Diese Betrachtungsweise führt dazu, dass sich das Wirken und die Entstehung von Recht nicht aus dem Rechtssystem selbst erklären lässt, sondern erst aus der eingehenden Betrachtung der mit dem Recht zusammenhängenden Phänomene von Rechts- und Popkultur[15]. Mit seiner sozialen Theorie des Rechts lieferte Friedman die Initialzündung dafür, dass sich die rechtswissenschaftliche Forschung, zumindest im angelsächsischen Raum, zunehmend auch mit der Popkultur und deren Erzeugnissen zu beschäftigen begann.

In der Folge wurden die Ideen Friedmans von verschiedenen rechtswissenschaftlichen Autoren wie etwa Paul W. Kahn[16], Richard Sherwin[17] aufgegriffen und weitergeführt. Festzuhalten bleibt dabei, dass das *Law and Film Movement* ein offenes Forschungsfeld darstellt, dessen Ziele und Stossrichtungen keinesfalls einheitlich und homogen ausfallen, sondern sich vielschichtig gestalten[18]: Einige Autoren wie Denvir, Kuzina oder Greenfield, Osborn und Robson begreifen filmische Darstellungen als rechtliche Texte und untersuchen diese auf ihre gesellschaftlichen, rechtlichen und kulturellen Implikationen hin. Andere Autoren bemühen sich demgegenüber um einen sozialwissenschaftlichen Nachweis dessen, wie sich Personen in ihrer Vorstellung des

---

12 *Niklas Luhmann*, Ausdifferenzierung des Rechts, Beiträge zur Rechtssoziologie und Rechtstheorie, 2. Aufl., Frankfurt am Main, Suhrkamp, 2015.

13 *Friedman*, „Law, Lawyers, and Popular Culture", S. 1580 f.

14 Ebd., S. 1581.

15 *Friedman*, S. 1579.

16 *Paul W. Kahn*, The Cultural Study of Law: Reconstructing Legal Scholarship, Chicago, University of Chicago Press, 1999, S. 135.

17 *Richard K. Sherwin*, When Law Goes Pop: The Vanishing Line between Law and Popular Culture, Chicago, University of Chicago Press, 2000, S. 205, S. 235.

18 *Steve Greenfield / Guy Osborn / Peter Robson*, Film and the Law, 2nd ed, Oxford/Portland, Hart Publishing, 2010, S. 11 f.; *Orit Kamir*, „Why 'Law-and-Film' and What Does It Actually Mean? A Perspective", Continuum 19, Nr. 2 (Juni 2005), 255–78. https://doi.org/10.1080/10304310500084558, 256 ff.

Rechts von filmischen Darstellungen leiten lassen[19]. Ein letztes Untersuchungsfeld betrifft den Bereich der Rechtsdidaktik sowie das damit verbundene Postulat einer Loslösung einer allein schriftbasierten Vermittlung rechtlicher Inhalte hin zu einer vermehrten Einbindung von Filmen und anderen medialen Inhalten[20].

Etwas ist jedoch all diesen uneinheitlich scheinenden Zugängen gemein: die grundsätzliche Idee, dass Recht im Film einen Einfluss auf das Publikum ausübt, was insofern eine Grundvoraussetzung für die von Friedman postulierten Abhängigkeiten popkultureller Werke von der diese umgebenden Rechtskultur darstellt. Wenn der Film – in einem ersten Schritt – nämlich das Publikum zu beeinflussen vermag, so kann dieses seinerseits – quasi in einem zweiten Schritt – einen Einfluss auf die Rechtskultur, also die rechtlichen Vorstellungen der Gesellschaft, ausüben. In diesem Sinne halten etwa Greenfield, Osborn und Robson fest:

> „The suggestion that film can have an impact upon our perceptions of reality is crucial for an understanding of law and popular culture, and is a point made by many commentators such as Macaulay, Sherwin and Denvir.“ [21]

Diese Ansicht teilen auch Asimow und Mader, welche sich in Bezug auf die Repräsentation von unsympathisch gezeichneten Anwaltsfiguren im filmischen Spiegel die Frage stellen, ob das Publikum geneigt sei, die inszenatorisch vermittelten negativen Gefühle gegenüber dem Berufsstand unreflektiert zu übernehmen[22]. Sie kommen dabei zu folgendem Schluss:

> „In short we see popular culture (in the narrow sense) as a powerful 'teacher', and believe that everyone has acquired information or misinformation (popular legal culture in the broad sense) from this source. In other words, we 'construct' our view of reality by working with information that is derived in part from works of popular culture.“[23]

In anderen Worten lässt sich festhalten, dass der Einfluss rechtlicher Motive im Film auf das Publikum Dreh- und Angelpunkt der bisherigen Forschungsbemühungen im Bereich von Recht und Film darstellt. Insofern ist die Beeinflussung des Publikums denn auch eine notwendige Bedingung dafür, dass der

---

19 *Stefan Machura / Michael Asimow*, „Das Ansehen von Anwälten bei Jurastudenten. Einflüsse von sozialem Hintergrund, Anwaltsfilmen und TV-Anwaltsserien“, Zeitschrift für Rechtssoziologie 25, Nr. 1 (2003), 3–33, S. 10 f.

20 *Greenfield / Osborn / Robson*, Film and the Law, S. 27 ff.; *David A. Black*, Law in Film: Resonance and Representation, Urbana, University of Illinois Press, 1999, S. 129.

21 *Greenfield / Osborn / Robson*, Film and the Law, S. 6, mit weiteren Hinweisen.

22 *Asimow / Mader*, Law and Popular Culture, S. 64.

23 Ebd., 65.

Film in einem grösseren Kontext einen Einfluss auf die Rechtskultur auszuüben vermag. Fraglich ist allerdings, mit welchen wissenschaftlichen Methoden, sich eine solche potentielle Einflussnahme des Filmischen auf das Publikum überhaupt messen lässt. Als Möglichkeiten fallen dabei einerseits die Medienwirkungsforschung als Teilbereich der empirischen Medien- und Kommunikationswissenschaften sowie andererseits filmwissenschaftliche Theorieansätze in Betracht.

Von diesen beiden Zugängen nehmen insbesondere empirische Erhebungen im Bereich des interdisziplinären Felds von *Law and Film* eine prominente Rolle ein und werden etwa in den Monografien von Greenfield, Osborn und Robson und Asimow und Mader wie auch in den Aufsätzen von Machura vorgestellt und diskutiert[24]. Im Zentrum solcher Untersuchungen steht dabei regelmässig der heuristische Nachweis einer Kultivationshypothese – also der These, dass Personen, die regelmässig Gerichtsfilme oder Anwaltsserien konsumieren, durch diese kultiviert werden und die Welt demnach so sehen, wie sie in den jeweiligen Produktionen vermittelt wird[25]. So verweisen Asimow und Mader auf eine amerikanische Studie, welche zum Schluss gekommen ist, dass regelmässige Zuschauer der amerikanischen Fernsehserie *L.A. Law* (1986–1994) davon ausgehen, dass Anwälte mächtiger, charakterstärker, attraktiver und sozialer erscheinen, als es dem Bild von Personen ohne Bezug zur Serie entspricht[26]. Eine weitere Studie förderte zu Tage, dass amerikanische Geschworene, welche die Gerichtsshow *Judge Judy* (1996–2020) gesehen haben, eine andere Wahrnehmung der Rolle des Richters haben als diejenigen Jurorinnen ohne Kenntnis der Serie: 83% des regelmässigen Publikums nahmen demnach an, dass Richter während einer Gerichtsverhandlung Fragen stellen und gegenüber den Parteien aggressiv auftreten, während bei den Personen ohne Kenntnis der Serie diese Vorstellung nur bei 38% der Juroren vertreten war[27]. Greenfield, Osborn und Robson verweisen ihrerseits auf ein international vergleichendes Forschungsvorhaben, welches zum Schluss kam, dass das Bild, welches Studien-

24 *Greenfield / Osborn / Robson*, Film and the Law, S. 10 f.; *Asimow / Mader*, Law and Popular Culture, S. 66 f.; *Machura / Asimow*, „Das Ansehen von Anwälten", S. 3 f.

25 *Asimow / Mader*, Law and Popular Culture, S. 66.

26 *Michael Pfau / Lawrence J. Mullen / Tracy Deidrich / K. Garrow*. „Television Viewing and Public Perceptions of Attorneys", Human Communication Research 21, Nr. 3 (1995), 307–30, S. 231.

27 Asimow und Mader, Law and Popular Culture, S. 67; mit Verweis auf *Kimerlianne Podlas*, „Please Adjust your Signal: How Television's Syndicated Courtrooms Bias our Juror Citizenry", American Business Law Journal 39, Nr. 1 (2008), 1–24.

anfänger der Rechtswissenschaften vom Anwaltsberuf haben, immer auch mit dem Medienkonsum der befragten Personen zusammenhängt[28].

Gemein ist diesen beispielhaft aufgezählten Untersuchungen ihre jeweils pragmatische und konkrete Ausrichtung, die nach einem aufgeklärten und sich seiner Emotionen, Kognitionen und Verhaltensweisen bewussten Publikum verlangt. Nicht immer liegt freilich eine derartige idealtypische Situation vor, kann sich die Wirkung von Recht im Film doch auch auf einer unbewussten und dem Publikum gar nicht fassbaren Ebene entfalten. Einer Person, die sich der täuschenden Wirkung filmischer Inhalte nicht bewusst ist, ist es aber gar nicht erst möglich, sinnvolle und empirisch verwertbare Angaben zu tätigen beziehungsweise über diese unbewusst verlaufenden Vorgänge zu berichten. Zudem können empirische Herangehensweisen zwar Hinweise geben, dass rechtlichen Motiven im Film eine Wirkung zukommt, die konkrete Ausgestaltung und die Funktionsweise dieser Einflussnahme aber nicht abbilden. Ein solcher Nachweis ist aufgrund ihres einseitigen Fokus auf die rezipierende Person sowie des gleichzeitigen Auslassens der Eigenschaften der jeweils rezipierten Produkte gar nicht erst möglich.

Nebst den erwähnten sozialwissenschaftlichen Zugängen liegen diversen im Forschungsbereich von *Law and Film* anzusiedelnden Arbeiten im weitesten Sinne filmtheoretische Überlegungen zugrunde. Bei einer groben Durchsicht der bisherigen Untersuchungen – seien es jene von Kuzina, Chase, Black, Lenz, Asimow und Mader oder Greenfield, Osborn und Robson – fällt auf, dass solche Zugänge aber beinahe ausschliesslich eine Befassung mit den narrativen Elementen von Recht im Film, weniger aber eine Untersuchung der konkreten inszenatorischen Vermittlung rechtlicher Inhalte zum Gegenstand haben. Im Mittelpunkt der Untersuchungen stehen deshalb immer die rechtlichen Geschichten an sich und die damit verbundene Frage, wie das Recht darin abgebildet wird. Der konkreten Ausgestaltung der filmischen Inszenierung – etwa mittels der überwältigenden Möglichkeiten von Kamera, Schnitt, Montage und Klang – wird kaum Beachtung geschenkt. Diese Lücke wird von verschiedenen Autoren denn auch kritisch hervorgehoben. So stellt Seymour fest, dass innerhalb des Forschungsbereichs die zunehmende Tendenz bestehe, Filme als Quelle zur Veranschaulichung bestimmter Rechtsfragen zu betrachten, wobei die spezifischen Eigenschaften des Mediums regelmässig vernach-

28 *Greenfield / Osborn / Robson*, Film and the Law, S. 10 f.; *Michael Asimow / Steve Greenfield / Stefan Machura / Guy Osborn / Peter Robson / Robert Sockloskie / Cassandra Sharp / Guillermo Jorge*, „Perceptions of Lawyers – A Transnational Study of Student Views on the Image of Law and Lawyers", Rochester, NY, Social Science Research Network, 24.2.2020, S. 407.

lässigt würden[29]. In diesem Sinne hält auch Kamir dafür, dass sich die überwiegende Mehrheit der Werke im Bereich von Recht im Film auf die filmischen Handlungen und Figuren konzentrierten und dabei Aspekte wie Schnitt, Kamera, Bewegung, Ton oder weitere filmspezifische Charakteristika weitestgehend ignorierten. Kamir führt diese Feststellung auf den Umstand zurück, dass es den meisten in diesem Feld tätigen Wissenschaftlern schlicht an dem entsprechenden filmwissenschaftlichen Know-how fehle[30]. Tatsächlich fällt auf, dass der Bereich von *Law and Film* vorrangig von Arbeiten diverser Rechtswissenschaftlerinnen dominiert wird. Da die Arbeit mit und an Texten innerhalb der juristischen Forschung die primäre Arbeitsweise darstellt, erklärt sich möglicherweise, weshalb der bisherige Fokus im Bereich von *Law and Film* auf der Analyse von rechtlichen Erzählungen und weniger auf den Eigenheiten der Inszenierung liegt. Ungeachtet dieser Erklärung ist der in der Literatur geäusserten Kritik beizupflichten. Möchte man die Prämisse von Sherwin, der einen multidisziplinären Ansatz zur Ergründung des Zusammenspiels von Recht und Popkultur anregte, ernstnehmen, dürfen filmwissenschaftliche Methoden, die über rein deskriptive Ansätze hinausgehen, nicht weiter aussen vorbleiben.

III. Seduktionstheorie des Filmes

Vorliegend wir unter Zugrundelegung der vom österreichischen Filmwissenschaftler Marcus Stiglegger entwickelten Seduktionstheorie des Filmes ein filmtheoretischer Ansatz vorgestellt, mit welchem sich die im Forschungsfeld von *Law and Film* bestehende konzeptionelle Lücke schliessen lässt. Denn auf der Grundlage der Seduktionstheorie lässt sich die aufzeigen, wie rechtliche Motive im Film gegenüber dem Publikum eine Wirkung entfalten und weshalb Inszenierungen von Recht bis heute eine derartige Faszination zukommt.

Die Seduktionstheorie bildet eine neuere Strömung innerhalb der Filmtheorie, welche das Medium Film im weiteren Sinne als ein Medium der Verführung erfasst und die klassische Filmanalyse mit psychoanalytischen Ansätzen sowie der auf der Filmphänomenologie aufbauenden Performance-Theorie des Filmes verbindet[31]. Der Begriff der Verführung erschien in einem filmwissenschaftlichen Kontext erstmals bei Dianne Hunter sowie Patrick Fuery, welche sich

29 *David M. Seymour*, „Film and Law: In Search of a Critical Method". In Law's Moving Image, Leslie J. Moran / Emma Sandon (Hrsg.), 107–20. London, Cavendish Pub, 2004, S. 107.

30 *Kamir*, „Why 'Law-and-Film' and What Does It Actually Mean?", S. 261.

31 *Marcus Stiglegger*, Ritual & Verführung: Schaulust, Spektakel & Sinnlichkeit im Film, Berlin, Bertz und Fischer, 2006, S. 9, S. 109 f.

ihrerseits wiederum auf das philosophische Werk Jean Baudrillards bezogen, der mediale Kommunikationsprozesse als verführerisches Spiel verstand[32]. Eine eingehende Theoriebildung unter Zugrundelegung des Prinzips der Verführung erfolgte sodann im Rahmen des von Marcus Stiglegger veröffentlichten Habilitationsprojektes *Ritual und Verführung*. Stiglegger entwickelte darin, basierend auf den Gedanken der genannten Autoren, einen Analyseansatz, welcher die Ergründung und Freilegung von verschiedenen verführerischen Strukturen im Zusammenspiel von Publikum und Film ermöglicht. Gemäss Stiglegger zeigt sich das Prinzip der Verführung dabei auf drei unterschiedlichen Ebenen: Auf einer ersten Ebene verführt der Film das Publikum zu sich selbst, um dessen Interesse für den Film zu wecken. Auf der zweiten Ebene kann der Film konkrete Aussagen propagieren und gegenüber dem Publikum vorgeben. Auf der dritten Ebene, welche den Hauptteil von Stigleggers Untersuchung darstellt, kann der Film sein Publikum schliesslich zu unterschwelligen, sich dem Bewusstsein entziehenden Botschaften verführen oder spezifische Begehrensstrukturen anrufen, wodurch die verführerischen Strukturen zu einer Herausforderung des Publikums werden[33]. Die Triebfeder dieser dritten Möglichkeit der filmischen Verführung erkennt Stiglegger zum einen im performativen Potenzial der Inszenierung und zum anderen in der Eigenschaft des Filmes als Transformator klassischer und filmbezogener Mythen[34].

Nachstehend ist anhand einiger Beispiele filmischer Inszenierungen die Wirkmöglichkeiten dieser Verführung mittels Mythos und Performanz aufzuzeigen und daran anknüpfend zu erörtern, wie die entsprechenden Erkenntnisse für die Frage Wirkmechanismen von Recht im Film nutzbar gemacht werden können.

IV. Mythos und Recht

Ein auf die Möglichkeiten der Narration zurückgreifendes verführerisches Mittel des Filmes stellt das Spiel mit dem Mythos dar. Stiglegger versteht das Kino dabei ganz grundsätzlich als Mythenreservoir der Moderne;[35] er meint damit, dass der Film auf ein Reservoir verschiedener, im kulturellen Verständnis weithin

---

32 *Patrick Fuery*, New Developments in Film Theory, New York: St. Martin's Press, 2000, S. 168 f.; *Dianne Hunter* (Hrsg.), Seduction and Theory: Readings of Gender, Representation and Rhetoric, Urbana, University of Illinois Press, 1989, S. 8, S. 10, S. 58, S. 68 f., S. 214–55, S. 237, S. 240.

33 *Stiglegger*, Ritual & Verführung, S. 9.

34 Ebd.

35 Ebd., S. 26; *Marcus Stiglegger*, Verdichtungen: Zur Ikonologie und Mythologie populärer Kultur, Hagen-Berchum, Eisenhut, 2014, S. 39 f.

verankerter Geschichten und Bilder zurückgreifen kann. Der Film befriedigt damit die Sehnsucht seines Publikums nach einer Wiederbegegnung mit dem Bekannten und gerne Gesehenen. Der Mythos ist freilich nicht eine eigenständige Entdeckung der Seduktionstheorie, sondern ein in der Film- und Literaturtheorie breit untersuchter Begriff.

Einer grundsätzlichen, der Ethnologie entliehenen Annahme zufolge ist ein Mythos zunächst eine mündlich, schriftlich oder in anderer Weise überlieferte Erzählung mit sakralem Gehalt[36]. Stiglegger fasst die wichtigsten Elemente des Mythos, die er aus Mircea Eliades *Die Religionen und das Heilige* entnimmt[37], dabei wie folgt zusammen:

> „1. Der Mythos erzählt in letzter Instanz eine wahre, ewige Geschichte; damit kann unter Umständen eine so elementare, unleugbare Wahrheit wie die Geburt oder der Tod gemeint sein. 2. Die mythische Fabel ist heilig, das heißt, ihr Gehalt ist dem profanen Bereich entzogen. 3. Der Mythos ist stets der Zeit des Ursprungs oder der Schöpfung zugeordnet; dieser Ursprung muss nicht einer früheren Zeit angehören, sondern kann jede Form des Neubeginns bezeichnen. Folglich ist der gelebte Mythos eine Zeit, in der alle Zeiten in eine fallen. 4. Der Mythos enthält die Begründung und Basis der Rituale; der Mythos hat daher moralisch bindende normative Kraft. 5. Die Protagonisten der mythischen Fabel sind übermenschliche Wesen. Der Mythos bezeichnet insofern den Einbruch des Heiligen ins Alltägliche – oder auch umgekehrt: den Moment des Alltäglichen im Heiligen.“[38]

Als zentral erweist sich hiervon insbesondere der Gedanke, dass im Mythos eine Aussage formuliert und verdichtet werden kann[39]. Dies gilt nicht nur für den klassisch-anthropologischen Mythos-Begriff, sondern auch für dessen modernes, von seinem sakralen Ursprung befreites Verständnis nach Roland Barthes: Barthes versteht den Mythos nämlich als sinnstiftendes Mitteilungssystem, „als System der Kommunikation“, innerhalb dessen kraft gesellschaftlicher Aneignung grundsätzlich alles zum Mythos erhoben werden kann, „was in einen Diskurs eingeht“[40]. Ernst Cassirer und Claude Lévi-Strauss erblickten im Mythos wiederum eine Denkform im Sinne eines archaischen, auf die Anfänge der Zivilisation zurückgehenden *mythischen* oder *wilden* Denkens[41]. Wenn der Mythos

---

36 *Stiglegger*, Ritual & Verführung, S. 26.

37 *Mircea Eliade*, Die Religionen und das Heilige: Elemente der Religionsgeschichte (Traité d'histoire des religions), Übersetzt von Mohammed Rassem und Inge Köck, 3. Aufl., Frankfurt am Main, Insel Verlag, 1994, S. 470–501.

38 *Stiglegger*, Ritual & Verführung, 26 f.

39 Ebd., S. 27.

40 *Roland Barthes*, Mythen des Alltags (Mythologies), Übersetzt von Horst Brühmann, 5. Aufl., Berlin, Suhrkamp, 2020, S. 251.

41 Vgl. zum Charakter dieses archaischen Denkens *Ernst Cassirer*, „Das mythische Denken“, in: Philosophie der symbolischen Formen, Zweiter Teil, Darmstadt, Wissen-

folglich auch der Verdeutlichung von Aussagen oder als eine Art von Denken dient, bildet dies bereits einen Hinweis darauf, weshalb sich die Literatur oder der Film, die konzeptionell immer der Vermittlung von bestimmten Botschaften und Denkweisen dienen, als potenzielle Mythen-Träger anbieten.

Ein weiterer Wesensinhalt des Mythos stellt sein ritueller, stetig auf Wiederholung gerichteter Kern dar. Bereits einem anthropologischen Verständnis zufolge wird der Mythos durch sich wiederholende Handlungen, die Riten, verkörpert. Der Mythos ist also zyklisch angelegt und zielt auf eine ständige Wiederholung eines Schlüsselereignisses ab, was zu einer „Beschwörung der Dauerhaftigkeit der Welt im Ritual" führt[42]. Auch Eliade wies darauf hin, dass es sich beim Mythos „nicht um eine 'Geschichte' im modernen Sinn des Ausdrucks – um irreversible und unwiederholbare Ereignisse –" handle, „sondern um eine exemplarische Geschichte, die sich (periodisch oder nichtperiodisch) wiederholen kann, deren Bedeutung und Sinn gerade in ihrer Wiederholung liegt"[43]. Hier schliesst sich der Gedanke von Ritual, Mythos und filmischem Rezeptionsakt: Denn auch die filmische Rezeption ist ein ritualisierter und stetig auf Wiederholung gerichteter Vorgang, anlässlich dessen wiederkehrende Geschichten, Erzählungen und Motive einer zyklischen Betrachtung unterzogen werden. Durch diese Ritualisierung – im Sinne einer wiederkehrenden Beschäftigung mit solchen strukturellen Merkmalen – ermöglicht der Film den von ihm transportierten Mythen eine Dauerhaftigkeit.

Die Funktion des Filmes als Mythenträger ist dabei eine doppelte: So kann der Film – im Sinne eines Mythenreservoirs – klassische Mythen (biblische Geschichten, griechische Tragödien, Sagen, Legenden, Volksmärchen, Fabeln oder andere vergleichbare Erzählungen) transportieren oder aber – im Sinne eines Mitteilungssystems – selbst seine eigenen Mythen erschaffen[44]. Diese zweite Funktionsweise erkannte zu Stummfilmzeiten schon der Filmtheoretiker Béla Balász, der bemerkte, dass das neue Medium des Films mittlerweile die Rolle übernommen habe, die früher einmal Legenden und Volksmärchen gespielt hätten[45]. Unter solche vom Film selbst produzierten Mythen fallen nicht nur gewisse mittlerweile zu Prototypen von Filmgenres gewachsenen Erzählstruk-

---

schaftliche Buchgesellschaft, 1973, S. 39–77; *Claude Lévi-Strauss*, Das wilde Denken (La pensée sauvage), Übersetzt von Hans Naumann, Frankfurt am Main, Suhrkamp, 1973, S. 11–48.

42 *Hans Blumenberg*, Arbeit am Mythos, 7. Aufl. Frankfurt am Main, Suhrkamp, 2021, S. 108.

43 *Eliade*, Die Religionen und das Heilige, S. 497.

44 *Stiglegger*, Ritual & Verführung, S. 28.

45 *Béla Balázs*, Der sichtbare Mensch oder die Kultur des Films, Frankfurt am Main, Suhrkamp, 2001, S. 21

turen (die Genres von Western, Kriminalfilm, Horrorfilm oder dergleichen), sondern auch die vom Kino reproduzierten ikonischen Heldenfiguren sowie das damit verbundene Star-System. Dabei ist es nicht zuletzt der Körper der jeweiligen Stars selbst, der für das Publikum gewissermassen als Sehnsuchtsspiegel fungiert. Die Begegnung mit den von Bruce Lee, James Dean oder Marilyn Monroe verkörperten Figuren befriedigt immer auch den Wunsch des Publikums nach der Konfrontation mit dem Übermenschlichen, wozu nicht zuletzt auch die mysteriösen Todesumstände der Stars massgeblich beigetragen haben; übrig bleibt von ihnen bis heute ihr phantomhaftes, ewig gleichbleibendes Abbild, das sich längst von den dahinterstehenden Personen gelöst zu haben scheint[46]. Bei Romy Schneiders Interpretation der Figur der Kaiserin Sissi zeigt sich der Mythos damit gleich in einem doppelten Sinne: in jenem der Schauspielerin, die ein Leben lang gegen das ihr durch die Rolle zugeschriebene Image kämpfen musste, als auch in jenem der überlebensgrossen, tragischen Figur der Kaiserin von Österreich. Dem Film kommt – indem beispielsweise die Sissi-Filme immer zur Weihnachtszeit einer zyklischen Betrachtung unterworfen werden – die Funktion zu, seine eigenen Legendenbilder am Leben zu erhalten, sie quasi zu erretten.

Der Mythos im doppelten Sinne: Romy Schneider als Kaiserin Sissi (*Sissi*).

Und wenn sich mittels des Mythos – um nochmals auf dessen Funktion als Verständigungsbegriff zurückzukommen – elementare Antworten auf die grossen Fragen des Menschseins formulieren lassen, lässt sich bereits erahnen, dass dieser einen irgendwie gearteten Bezug zum Recht aufweisen muss.

46 *Stiglegger*, Ritual & Verführung, S. 28 f.

Denn auch das Recht dient, ähnlich wie der Mythos, als sinn- und ordnungsstiftender Kommunikationsbegriff des gesellschaftlichen Zusammenlebens, mit welchem sich Aussagen oder Bedeutungen formulieren lassen. Hierzu hat das Recht verschiedene Regeln, Prozesse und Verfahren entwickelt, mit welchen es auf bestimmte Lebenssachverhalte reagiert. Solche Verfahren, insbesondere jene der Rechtsschöpfung und Rechtsanwendung, sind aufgrund ihres auf Wiederholung abzielenden Wesens dabei eng mit der Idee des mythischen Denkens verknüpft: So werden gesellschaftliche Übungen und Regeln durch ihre Wiederholung zu Gewohnheitsrecht und alsdann zu Gesetz, welches wiederum auf immer neue Lebenssachverhalte angewandt wird. Das Recht schafft insofern seine eigenen exemplarischen Wahrheiten und reproduziert diese in der Gestalt von Urteilen, Rechtsprechungen, Gesetzestexten oder Lehrmeinungen fortwährend weiter. Bisweilen ähnelt der Ablauf solcher vom Recht geschaffenen rituellen Verfahren, zum Beispiel was den prozessual vorgeschriebenen Ablauf einer gerichtlichen Hauptverhandlung anbelangt, selbst mythischen Erzählstrukturen wie jener der klassischen griechischen Tragödie, die sich – wie eine gerichtliche Verhandlung auch – durch eine Einheit von Ort, Zeit und Handlung auszeichnet. Zu alledem gehört auch, dass das Recht seine eigenen exemplarischen Figuren und Objekte wie beispielsweise die ikonografischen Bilder von Justitia und der Waage oder – ganz grundsätzlich – prozessuale Figuren wie Richter, Anwältinnen, Zeugen, Geschädigte, Täterinnen und Opfer hervorbringt. All diese Objekte und Figuren entfalten ihre Bedeutung aufgrund ihrer konzeptionellen und funktionalen Zuschreibung und damit weitestgehend losgelöst von konkreten individuellen Personen. Solche vom Recht erschaffenen Prozesse, Rituale, Verfahren, Objekte und Bilder können deshalb – im Sinne eines gesellschaftlichen Verständigungsbegriffs – als rechtliche Mythen in einem engeren Sinne bezeichnet werden.

Nebst solchen konzeptionellen Ähnlichkeiten lässt sich – im Sinne einer weiteren Überschneidung von Mythos und Recht – feststellen, dass vielen klassischen Mythen mehr oder weniger deutlich rechtsbezogene Themen, Topoi und Motive zugrunde liegen. Man denke beispielsweise an die einen solchen Bezug bereits begrifflich herstellende, den abrahamitischen Religionen immanente Vorstellung eines das Weltgeschehen abschliessenden Jüngsten Gerichts oder an die klassischen Erzählungen von Orestie, Ödipus und Elektra, die immer auch rechtsbezogene Topoi wie Inzest, Mord, Rache, Schuld und Gewalt zum Inhalt haben. Solche urtypischen Geschichten zeugen von einem bis in die Antike zurückreichenden Drang des Menschen, sich mit den grossen, ewigen Fragen des Menschseins – und damit auch mit jenen über Recht und Unrecht oder über Schuld und Sühne – zu befassen. Entsprechende Geschichten lassen sich, in Abgrenzung zu den erwähnten rechtlichen Mythen, als klassische Mythen mit einem Bezug zum Recht bezeichnen.

Wie gesehen, kommt dem Film die Funktion eines Mythenträgers zu. Ableitend aus dieser Funktion gehen – um die verschiedenen Überlegungen zu Mythos und Recht nunmehr auf den Film zu übertragen – folgende, seduktiven Inszenierungstypen hervor: Der Film kann rechtliche Mythen (in einem engeren Sinne wie auch klassische Mythen mit einem Bezug zum Recht) aufgreifen und transportieren oder sich zur Inszenierung des Rechts an anderweitigen, vom Recht losgelösten Spielarten des Mythos (narrative Codes oder ikonografische Figuren ohne direkten Bezug zum Recht) bedienen.

Der Film kann zur Vermittlung des Rechts also zunächst auf klassische Mythen zurückgreifen, ohne dass diese zwingend einen Bezug zum Recht aufweisen müssen. Vielen Inszenierungen von Recht liegen letztlich biblische Geschichten (*The Devil's Advocate*), alte Legenden und Volksmärchen (*Jungfrukällan, The Last House on the Left*), Erzählstrukturen aus der Antike (*Terror – Ihr Urteil*) oder aber die ewigen Erzählungen über das Böse und das Heilige (*Touch of Evil*, *Bad Lieutenant*) zugrunde, und damit archaische Modelle, die ihre seduktive Wirkung losgelöst von einem genuin rechtlichen Kern entfalten. Es sind allerdings nicht nur solche rein erzählerischen Mythen, die im kulturellen Gedächtnis des Publikums weithin verankert sind, die für die verführerische Kraft bestimmter Inszenierungen von Recht ursächlich sind, sondern es ist bisweilen auch das von Stiglegger erwähnte Star-System: Sei es Marlene Dietrich als Zeugin der Anklage in *Witness for the Prosecution*, Orson Welles als missmutiger, dem Tod geweihter Ermittler in *Touch of Evil* oder Al Pacino als diabolischer Anwalt in *The Devil's Advocate* – die mythische Aura dieser Figuren befriedigt jeweils den Wunsch des Publikums, seine überlebensgrossen Stars in neuen Rollen – und damit auch jener als Repräsentantinnen des Rechts – zu entdecken. Insofern beruht die verführerische Kraft der Inszenierungen von Recht oftmals weniger auf der Beschaffenheit des Rechts an sich als vielmehr auf den das Recht umkleidenden und von diesen losgelösten mythischen Erzählformen oder Figuren.

Mythische Repräsentationen des Rechts: Marlene Dietrich in *Witness for the Prosecution* (oben) und Orson Welles in *Touch of Evil* (unten).

Andererseits kann der Film auch genuin rechtliche Mythen (in einem engeren Sinne sowie klassische Mythen mit einem Bezug zum Recht) aufgreifen und diese in der Gestalt verschiedener Motive und Figuren wiedergeben. Rechtliche Mythen (in einem engeren Sinne) wie Gerechtigkeit, Verbrechen und Strafe, Schuld und Sühne oder materielle Wahrheitssuche wie auch die diese Konzepte vollziehenden Figuren (Polizisten, Richterinnen oder Verbrecher) finden sich beispielsweise dominant in den Genres des Kriminal- oder Gerichtsfilmes – im Sinne von nach bestimmten Codierungen verlaufenden und vom Film hervorgebrachten Geschichten – wieder. Der Film dient also nicht nur als Spiegel von rechtlichen Mythen, sondern er schafft sich bisweilen seine eigenen, diese vermittelnden Erzählformen und damit seine eigenen Mythen, innerhalb deren entsprechende rechtliche Botschaften eingebunden werden. So ist auch der Mythos des klassischen Western, die Entstehung einer staatlichen Ordnung durch die Kraft eines mythologischen Helden, wie er sich in den filmischen Werken John Fords wiederfindet, in letzter Konsequenz nichts anderes als die grundsätzliche Frage nach der Entstehung von Recht und Rechtsstaatlichkeit. Zu solchen selbst erschaffenen Mythen gehören auch die vom Film hervorgebrachten, rechtsbezogenen Figuren, deren Strahlkraft diejenige der diese imitierenden Schauspieler bisweilen in den Hintergrund drängt: Verbrechertypen wie Leatherface („The Texas Chain Saw Massacre"-Filme), Blofeld („James Bond"-Filme), Darth Vader („Star Wars"-Reihe) oder Michael Myers („Halloween"-Filme) oder selbst Verbrecherjäger wie Batman haben im kulturellen Verständnis längst eine eigenständige, ikonografische Bedeutung erlangt, die sich losgelöst von den die jeweiligen Figuren imitierenden Schauspielern entfaltet. Möglicherweise hängt diese Aura letztlich auch damit zusammen, dass die konkreten Personen und Stars hinter den maskenhaften Antlitzen der Figuren regelmässig zurücktreten müssen. All diese in den jeweiligen Geschichten und Figuren auftretenden rechtlichen Mythen appellieren immer auch an das latente Verlangen des Publikums auf eine rituelle Wiederbegegnung mit den vertrauten Repräsentationen des Rechts, welchen durch die fortwährende Betrachtung eine Dauerhaftigkeit ermöglicht wird.

Christian Bale hinter der Maske Batmans (*The Dark Knight Rises*).

Maskenhafte Antlitze des Bösen: Joker (Joaquin Phoenix) und Michael Myers (Nick Castle) in *Joker* und *Halloween.*

Diese verschiedenen Spielarten von Mythos und Recht lassen sich schliesslich in offensichtliche oder eher verdeckt ablaufende Prozesse unterteilen. Auf einer offensichtlichen Ebene konstituiert der Mythos als ideologisches Modell die Erwartungshaltung des Publikums, die vertrauten Repräsentationen des Rechts im Gewande diverser filmischer Bilder und Geschichten sowie unter Aufbietung der jeweiligen Heldenfiguren neu zu erkunden. Zwangsläufig gehen solche mythischen Modelle – insbesondere dann, wenn sie derart offensichtlich operieren – immer auch mit einer gewissen Tendenz zur Vereinfachung und Simplifizierung der transportierten Botschaften einher. Diese Vereinfachung von Komplexität zeigt sich beispielsweise darin, dass komplizierte formelle Punkte wie Teilnahmerechte von Parteien oder der Beizug eines Verteidigers der ersten Stunde sowie die hieraus folgenden Beweisfragen nur selten Thema von Kriminalfilmen sind. Dasselbe gilt für die eigentliche juristische Arbeit: die mühselige Interpretation von Gesetzestexten per Analogien; Analysen von Rechtsprechung und Konsultation von Lehrmeinungen finden kaum je Repräsentation im Film. Der Film als Mythenreservoir bietet durch die Vereinfachung und Durchbrechung von Komplexität dem Publikum damit eine Fluchtmöglichkeit[47], verschafft Orientierung und fördert die Zugänglichkeit rechtlicher Fragestellungen. Es lässt sein Publikum letztlich im trügerischen Glauben, das Recht sei ein intuitiv durchschaubares, jedermann zugängliches System. Gerade sein simplifizierender Gehalt hat dem Mythos deshalb auch wiederholt den Vorwurf der Regression und des Rückschritts eingebracht, wie ihn etwa Hartmut Heuermann formulierte:

> „Wir entdecken Erfahrungsmuster, die gewissermassen Verrat am geschichtlich erreichten Entwicklungsstand begehen. Themen werden wiederbesetzt, die wir in der mentalen und kulturellen Evolution 'abgehakt' wähnten. Symbole tauchen wieder auf, von deren geistigem Ableben wir schon überzeugt waren. Vertreter sowohl der 'hohen' als auch der populären Kultur fallen in ihren Kreationen auf archaische Stufen der Menschheitsentwicklung zurück, die wir als überschritten ansahen."[48]

Solche kulturpessimistischen Sichtweisen greifen freilich zu kurz. Entscheidend ist, wie von Stiglegger treffend festgestellt, ob man das Publikum effektiv entmündigen oder den Mythos nicht vielmehr als eine kreative Möglichkeit begreifen möchte, um das Publikum in ein kommunikatives Spiel über dessen Begehren nach dem Vertrauten und gerne Gesehenen miteinzubeziehen[49]. Solche kreativen Prozesse zwischen Film und Publikum finden sich insbesondere dort, wo der Mythos nicht derart offensichtlich, sondern im Verdeckten und Unbewussten, also im Subtext der Erzählung operiert – beispielsweise, wenn die Inszenierung zur Vermittlung von rechtlichen Botschaften auf althergebrachte Erzählformen zurückgreift. Bisweilen lässt sich sogar die Tendenz ausmachen, dass rechtliche Mythen selbst zum Diskurs erhoben werden – etwa, wenn das Publikum seine Erwartungshaltung in der Dekonstruktion von mythischen Erzählformen betrogen sieht und der Film damit zu einer Herausforderung wird. Ein solches Konzept der Herausforderung liegt beispielsweise dem französischen Skandalfilm *Irréversible* (Frankreich 2002) zugrunde, wo dem Publikum durch die Inversion von Sein und Zeit der Erzählung letztlich die Abhängigkeit rechtlicher Konzepte von einer zeitlichen Bedingung illustriert wird. Ganz grundsätzlich ist deshalb festzustellen, dass der Mythos kei-

---

47 Vgl. zum ideologischen Gehalt des Films auch *Stiglegger*, Ritual & Verführung, S. 14, mit Verweis auf *Kracauers* „Theorie des Films".

48 *Hartmut Heuermann*, Medienkultur und Mythen: Regressive Tendenzen im Fortschritt der Moderne, Reinbek bei Hamburg, Rowohlt Taschenbuch Verlag, 1994, S. 9 f.

49 *Stiglegger*, Ritual & Verführung, S. 29.

nen kulturellen Rückschritt, sondern vielmehr einen unerschöpflichen kreativen Fundus darstellt, um neue und alte Bilder und Erzählungen (des Rechts) jeweils neu miteinander zu verbinden und zu diversen, verführerischen Ausdrucksformen und Geschichten zusammenzuführen. Das Kino wäre in all seinen Ausprägungen – sei es das überwältigende Mainstream-Kino Amerikas oder seien es kleine Nischenproduktionen – ohne solche Rückgriffe auf bereits Bestehendes denn auch schlicht gar nicht mehr denkbar; wie auch generell die Verführung ohne Rückgriff auf seine bewährten und eingespielten Strategien nicht mehr denkbar ist.

V. Performanz und Recht

Ein weiteres seduktives Mittel, um sich des Publikums zu bemächtigen, liegt in den performativen Eigenschaften des Filmes begründet – also darin, dass sich der Film von den eben erwähnten narrativen Elementen weitestgehend befreit, seine medienspezifischen Mittel bewusst ausschöpft und dadurch zu einer genuinen sinnlichen Erfahrung wird. Diese oberflächlichen und insofern nichterzählerischen Aspekte erkannte zu Stummfilmzeiten bereits Béla Balász in seinen Ausführungen zum Geist des Films, als er feststellte, dass die „Kamera überhaupt von einer ganz anderen Seite an das Leben" heranwolle. Die Kamera wolle „nicht Romane illustrieren, sondern selbst dichten auf ihre eigene Art". Insofern suche sie ihren Stoff nicht „in der Begebenheit, sondern in der Erscheinung" selbst[50]. Seinen Endpunkt findet dieser Gedanke im *cinéma pur* im Sinne eines von sämtlichen narrativen Mustern befreiten und insofern nichtliterarischen Experimentalfilm[51].

Für das Konzept der Seduktion sind solche nichtnarrativen Aspekte der Inszenierung insoweit von Bedeutung, als das Publikum in den Bereichen der sinnlichen Erfahrung anfällig für emotionale Affektreaktionen, Manipulationen und Suggestionen scheint – etwa, indem dem Publikum eine Positionierung zu der über sie hereinbrechenden Bilder- und Tonflut abgenötigt wird. Diese Ebene der Seduktion bezeichnet Stiglegger deshalb als jene der Performanz[52]. Entscheidend für diese performative Kraft des Filmischen ist dabei das Potenzial der Inszenierung, aufgrund ihrer Materialität eine „Verwandlung" oder

---

50 *Balázs*, Der Geist des Films, S. 70.

51 *Stiglegger*, Ritual & Verführung, S. 19.

52 *Stiglegger*, „Die Seduktionstheorie des Films", in: Methoden der Populärkulturforschung: Interdisziplinäre Perspektiven auf Film, Fernsehen, Musik, Internet und Computerspiele, Marcus S. Kleiner / Michael Rappe (Hrsg.), 85–113. Berlin/Münster, LIT, 2012, S. 88.

Veränderung des Publikums zu bewirken, die sich in dessen unmittelbarer körperlicher Wahrnehmung – im Sinne von affektiven, physiologischen, energetischen und motorischen Reaktionen – niederschlägt[53]. Zur Verdeutlichung solcher Reaktionen können die Ausführungen der Filmwissenschaftlerin Vivian Sobchack zu ihrer Rezeption des Films *The Piano* (Australien/Neuseeland/Frankreich 1993) herangezogen werden:

> „Watching *The Piano*, for example, because I might feel it too intensely on both my body and hers (both bodies, to a degree, 'mine'), I could not literally bear to see Stewart figurally chop off Ada's finger with an ax. I therefore not only cringed in my seat but also covered my eyes with fingers that again foresaw – in urgency rather than thought – the impending violation.“ [54]

Mitleidendes Publikum: affektive Gewalt in *The Piano*.

Die drastische Darstellung, wie einer Frau ein Finger mittels einer Axt abgehackt wird, zwingt Sobchack also, im Sinne einer affektiven und nicht kontrollierbaren Reaktion die Hände vor die Augen zu halten. Die Emergenz und damit die „Ästhetik des Performativen“ des Filmes offenbart sich in anderen Worten darin, dass gewisse nichtnarrative Aspekte der Inszenierung das affektive Gedächtnis des Publikums ansprechen und bei diesem die von Sobchack

53 *Thomas Morsch*, Medienästhetik des Films: Verkörperte Wahrnehmung und ästhetische Erfahrung im Kino, Paderborn, Wilhelm Fink Verlag, 2011, S. 113.

54 *Vivian Carol Sobchack*, Carnal Thoughts: Embodiment and Moving Image Culture, Berkeley, University of California Press, 2004, S. 79.

beschriebenen Bewegungen, intuitiven Gefühlsausbrüche und psychosomatischen Affekte provozieren[55]. Der Film ist diesem Verständnis nach mehr als nur ein Objekt beziehungsweise ein Werk, welches nach bestimmten narrativen Codes entschlüsselt werden kann, nämlich – ähnlich der Performance – ein aus dem Moment erwachsendes Ereignis[56]. Eine solche Ereignishaftigkeit ist gemäss Stiglegger dann erreicht,

> „wenn Film nicht mehr als erzählendes Medium begriffen wird, sondern die Grenze überschreitet: wenn er die sichere Membran der Leinwand sprengt und sich über den Zuschauer ergiesst, diesen konfrontiert wie ein performativer Akt. Film besteht dann nur noch in seiner Unmittelbarkeit, lässt die ursprüngliche Distanz und die Dimension der Zeit vergessen. Der performative Film berührt den Zuschauer förmlich physisch über die Netzhaut, er dringt durch den Sehnerv in den Körper vor und aktiviert rückhaltlos das affektive Gedächtnis.“[57]

Dieser eloquent formulierte Gedanke des performativen Potenzials ist für die Inszenierungen von Recht insofern bedeutend, als solche nichtnarrative, direkt die Sinne des Publikums ansprechenden inszenatorischen Strategien es ermöglichen, das Publikum von seinen angestammten (rechtlichen) Vorstellungen und Positionen zu lösen und zu bislang verborgenen Einsichten zu verbringen. Durch eine solche Affizierung des Publikums können beispielsweise bestimmte rechtsbezogene Begehren verdeutlicht oder aber gewisse Ambivalenzen – im Sinne von rechtlich-moralischen Konflikten – erzeugt werden. Die performativen Aspekte der Inszenierung dienen insofern immer der Vermittlung und Intensivierung von bestimmten rechtsbezogenen Botschaften.

Wie dies im Konkreten aussehen kann, lässt sich anhand der von Stiglegger besprochenen berühmten Verfolgungsszene aus dem Film *The French Connection* (USA 1971) illustrieren. Stiglegger legt dar, wie ein „obsessiver Drang nach Bewegung“[58] – er meint damit die Bewegung im Sinne eines performativen Mittels – das Publikum zu einem simulierten „Übertreten der Gesetze“[59], also zu einem verdeckten, rechtsbezogenen Ziel verführt. Hieraus lassen sich einige für die Inszenierung von Recht mittels Performanz, wenn nicht ganz generell für den Prozess der filmischen Verführung, grundsätzlichen Prämissen aufzeigen.

In der ersten Stunde von *The French Connection* nimmt das Publikum wahr, wie die von Chefermittler Doyle (Gene Hackman) geleiteten, langwierigen

---

55 *Stiglegger*, „Die Seduktionstheorie des Films“, S. 91.

56 Ebd., S. 94.

57 Ebd., S. 93 f.

58 *Stiglegger*, Ritual & Verführung, S. 121.

59 Ebd., S. 124.

Ermittlungen gegen einen in New York agierenden Drogenring kaum voranschreiten. Die Wut und Frustration von Doyle darüber, nicht an die Hintermänner des Kartells zu gelangen, wird zum mimetischen Spiegelbild eines zunehmend frustrierten Publikums, das selbst keinen Fortgang innerhalb der Handlung zu erkennen vermag. Erst als ein Auftragskiller auf den sich auf dem Nachhauseweg befindlichen Doyle schiesst, kurz nachdem dieser vom Fall abgezogen wurde, diesen aber nicht trifft, eröffnet sich dem Ermittler die Chance, dem Begehren des Publikums nachzukommen: Doyle nimmt – stellvertretend für das nach einem Fortgang der Geschichte dürstenden Publikum – die Jagd nach dem Killer auf. In der anschliessenden Verfolgungsjagd, welche sich unter anderem zwischen Automobil und Hochbahn austrägt, wechselt dabei nicht nur das Verhältnis von Jäger und Gejagtem, sondern der Wunsch nach der Überführung der Täterschaft spiegelt sich plötzlich auch in der Kinetik des Filmes wider. Dabei involviert die Inszenierung das Publikum in geradezu physischer Weise in das Geschehen, treibt es – unterstützt durch den monotonen Rhythmus der Montage – fortwährend voran, reisst es durch Strassenzüge und den verengten Raum eines Hochbahn-Waggons, lässt es in einer gänzlich subjektiven Einstellung gar mit einem heranfahrenden Zug kollidieren – die Jagd nach dem Täter und das Begehren nach der Durchsetzung des materiellen Strafrechts in der Form kompletter kinetischer Entäusserung.

Die Durchsetzung des Strafrechts als kinetische Erfahrung des Publikums.

Im Rahmen dieses Prozesses übertragen sich die körperliche Anstrengung sowie die Erschöpfung von Doyle zunehmend auf das Publikum, das, eigentlich untätig auf dem Kinositz sitzend, passiv das Sinnesspektakel aufnimmt und dennoch angesichts der Flut an Eindrücken selbst der Entkräftung nahe sich die finale Ergreifung des gejagten Täters herbeisehnt. Er habe die Verfolgungsszene als Ventil für die Frustration des Publikums ob der zu diesem Zeitpunkt minimalen polizeilichen Erfolge inszeniert, meinte der Regisseur William Friedkin rückblickend[60]. Und schliesslich, in Anbetracht des konstanten körperlichen Einbezugs und der Affizierung des sich abreagierenden, aber selbst zunehmend erschöpften Publikums wird dieses plötzlich zu etwas Anderem verführt, was Stiglegger wie folgt beschreibt:

> „Und tatsächlich stehen sich Jäger und Gejagter schliesslich unten und oben an der Hochbahntreppe gegenüber. Doyle hat seine Pistole auf den Unbewaffneten gerichtet und scheint entschlossen, doch dann übermannt ihn ein Schwächeanfall, er kippt zur Seite weg. Friedkin hat sein Publikum in einem eisernen Griff: Er zwingt dem Zuschauer förmlich ein destruktives Begehren auf, als solle dieser denken: 'Drück endlich ab!' – Doyle tut es: Er schiesst dem Flüchtenden entgegen seinen Dienstvorschriften in den Rücken.“ [61]

Das Publikum akzeptiert also in seiner Erschöpfung nicht nur die Übertretung des Gesetzes, sondern sehnt sich regelrecht nach einer finalen Elimination des zu diesem Zeitpunkt längst unbewaffneten Gejagten. Das in der Inszenierung gespiegelte Jagdfieber – als eine sinngemässe Bebilderung des Untersuchungsgrundsatzes – wandelt sich im performativen Mittel der Bewegung also zum Wunsch nach der Überschreitung der Gesetzesgrenze und damit zu einem neuen, rechtsbezogenen Begehren. Diese Verführung zu etwas Anderem könnte alsdann – was in der Inszenierung von *The French Connection* allerdings nicht derart ausgeprägt der Fall ist – wiederum die Grundlage für weitere verführerische Strategien sein; etwa dann, wenn die Inszenierung das Publikum mit seinem destruktiven, die Selbstjustiz bejahenden Begehren konfrontiert und den Film so zu einer ambivalenten Erfahrung beziehungsweise zu einer ethisch-moralischen Herausforderung erhebt.

---

60 Ebd., S. 121, mit Verweis auf das Bonusmaterial der DVD.

61 Ebd., S. 124.

Die Übertretung der Gesetzesgrenze.

Aus diesem Beispiel lassen sich deshalb die folgenden, für die Vermittlung rechtlicher Botschaften mittels Performanz wesentlichen Prämissen ableiten: (1) Rechtsbezogene Botschaften (wie der Topos der Jagd als pervertierte Form des Untersuchungsgrundsatzes) lassen sich im performativen Mittel des Filmes unmittelbar aufgreifen und durch dieses vermitteln. (2) Durch das Aufbringen performativer Mittel (wie der Bewegung) wird das Publikum unmittelbar in die fiktiven Geschehnisse einbezogen und scheint mit den Objekten auf der Leinwand zu interagieren beziehungsweise es wird von diesen affiziert und tritt während der Rezeption folglich in eine Art diskursives Spiel mit dem Film ein. (3) Durch diese Affizierung ist das Publikum wiederum anfällig für seduktive und manipulative Strategien; es lässt sich deshalb auch zu neuen, ihm bislang verdeckten und insofern unbewussten rechtsbezogenen Begehren verführen, die nicht zwingend seinen angestammten (rechtlichen) Vorstellungen entsprechen (Bejahung von Selbstjustiz). (4) Diese Verführung zu etwas Anderem stellt, soweit die Inszenierung sein Publikum mit dessen (destruktiven) Begehren konfrontiert, die Basis für weitergehende seduktive Strategien dar (der Film als [rechtliche] Herausforderung durch die Inszenierung von Ambivalenz).

Nicht immer müssen nämlich derart unmittelbar rechtsbezogene Begehren (die sich zum Wunsch nach Selbstjustiz wandelnde Tätersuche) im sinnlichen Mittel der Inszenierung (dem affizierenden Drang nach Bewegung) aufgegriffen und gespiegelt werden wie im Beispiel von *The French Connection*. Stattdessen kann eine die Sinne des Publikums affizierende Inszenierung auch dazu dienen, das Publikum auf eine mögliche rechtliche Herausforderung vorzubereiten oder ihm Hinweise auf den Fortgang der Rezeption zu geben, innerhalb derer rechtliche Motive bedeutsam sein könnten. So findet sich – wiederum in Bezug auf die kinetischen Eigenschaften des Filmes – beispielsweise die Gefahr einer zunehmenden Überforderung des jungen, ehrgeizigen Anwalts Kevin Lomax (Keanu Reeves) in *The Devil's Advocate* (USA 1997) in der Erfahrbarmachung eines physischen Schwindels, als der Anwalt vom Hochhaus der Kanzlei in die Tiefe blickt, wieder oder die völlig entfesselte, die Wahrnehmung überfordernde Eröffnungssequenz von *Touch of Evil* (USA 1958) gibt dem Publikum eine Vorahnung über den kommenden Verlust von Ordnung und Gerechtigkeit. In ähnlicher Weise fallen auch lautliche und damit das Gehör des Publikums affizierende Elemente, nicht zwingend unmittelbar mit rechtlichen Botschaften zusammen, sondern können als versteckte Hinweisgeber fungieren; etwa, wenn in *The Devil's Advocate*, als Kevin Lomax einen seiner Klienten in einem kerkerartigen Verliess besucht, unheilvolle Klangwelten dem Publikum die drohende Ankunft des Bösen ankündigen oder die umfassende Stille in *Jungfrukällan* (Schweden 1960) das Publikum auf den Einbruch einer transzendentalen Gerechtigkeit vorbereitet[62].

Gänzlich zum (rechtlichen) Diskurs werden lautliche Elemente hingegen in Brian de Palmas *Blow Out* (USA 1981): Sie stehen für das Begehren des Publikums an der Ergründung einer möglichen Straftat und dem in den filmischen Ton transportierten Wunsch nach Wahrheit, wobei im Rahmen der Inszenierung mit der Ambivalenz der Wahrnehmungsform gespielt wird.

---

62 All diese kurz umrissenen Beispiele werden – nebst vielen anderen – in der Dissertationsschrift *Das Recht im Filmischen Spiegel – Verführung, Mythos und Performanz* eingehend analysiert.

Lautlichkeit als Diskurs: *Blow out.*

Wenn sich also mittels Bewegung oder Lautlichkeit – als die sinnliche Wahrnehmung des Publikums (namentlich das Gehör, den Gleichgewichtssinn und das Auge) ansprechende, inszenatorische Strategien – rechtliche Botschaften vermitteln lassen, dann muss dieses Konzept sinngemäss für sämtliche Sinneswahrnehmungen gelten. Eine vorrangige Stellung kommt bei der Wahrnehmung von Filmen aber sicherlich dem Organ des Auges zu; so spricht man doch regelmässig davon, einen Film „zu sehen“. Das Auge stellt insofern den Ort des Zusammentreffens verschiedener Strukturen von Sichtbarkeit und Blicken dar, die sich im Film jeweils über die Einstellung und die Montage artikulieren[63]. Um sich den Blick und damit auch die Aufmerksamkeit des Publikums zu sichern, kann die Inszenierung auf verschiedene, kraft ihres visuell überwältigenden Charakters direkt das Auge ansprechende Strategien zurückgreifen. Insbesondere kommt dem Film, um auf die Vermittlung von rechtsbezogenen Botschaften zurückzukommen, die Kraft der Ästhetisierung von rechtlichen Mythen zu. So wird in vielen Gerichtsfilmen – beispielsweise in der Eröffnungssequenz von *12 Angry Men* (USA 1957) oder dem ersten Gang vor Gericht in *Witness for the Prosecution* (USA 1957) – das Gerichtsgebäude als etwas Monumentales, Grosses und Sinnliches inszeniert – als überlebensgrosser, mythologischer Ort, an dem Gerechtigkeit als Wesensfrage des Menschseins ausgefochten wird.

63 *Thomas Elsaesser / Malte Hagener*, Filmtheorie zur Einführung, 5. unveränd. Aufl., Hamburg, Junius, 2017, S. 105.

Das Gerichtsgebäude als ästhetische Erfahrung: *12 Angry Men* (links) und *Witness for the Prosecution* (rechts).

Aber nicht nur diese für den Zuschauerblick aufbereiteten Örtlichkeiten, sondern auch die vom Film erschaffenen mythischen Figuren des Rechts wie etwa Clint Eastwood als *Dirty Harry* richten sich regelmässig an das ästhetische Empfinden des Publikums. Allein die bildhafte Begegnung mit solchen beinahe heiligen Charakteren regt die Imagination an und stiftet Identität. Aufgrund ihrer suggestiven Wirkung verzeihen wir diesen Figuren nicht nur Gesetzesübertretungen, Norm- und Tabubrüche, vielmehr ersehnen wir solche herbei. In ähnlicher Weise kann die Inszenierung auch schwere Verbrechen, insbesondere jene des Mordes, in der Rezeption zur ästhetisch-visuellen Erfahrung wandeln – ein Konzept, das nicht nur im Film, sondern auch in der bildenden Kunst oder der Literatur eine lange Tradition hat. Schon Joel Black bemerkte in seiner Studie über die Literatur der Romantik, dass der

Mord als ästhetische Erfahrung des Erhabenen und der Mörder folglich als ein Performance- oder Anti-Künstler, dessen Spezialität in der Zerstörung liege, betrachtet werden könne[64]. In ähnlicher Weise hielt auch der britische Schriftsteller Thomas de Quincey in *On Murder Considered as One of the Fine Arts* (1827) fest:

> „Everything in this world has two handles. Murder, for instance, may be laid hold of by its moral handle ... and that, I confess, is its weak side; or it may also be treated aesthetically, as the Germans call it – that is, in relation to good taste."[65]

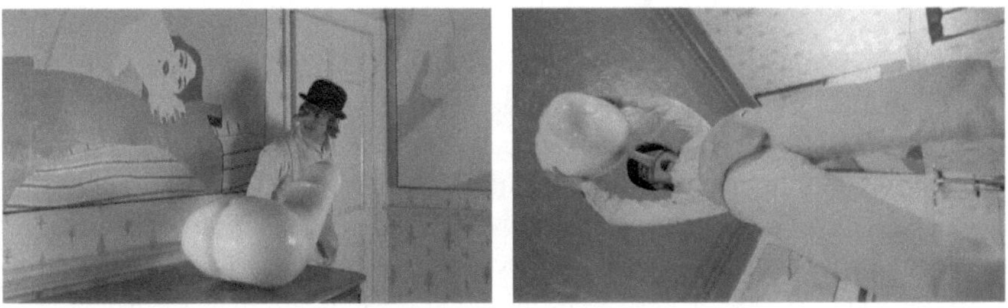

Die Ästhetik des Mordes in *A Clockwork Orange*.

Gerade das Medium Film bietet sich angesichts seiner direkt auf das Auge abzielenden inszenatorischen Möglichkeiten, vielleicht mehr noch als die Literatur oder die Musik, dafür an, diese Ästhetisierung zu einer genuinen Erfahrung des Publikums zu erheben. Veranschaulichen lässt sich dies an jener überwältigenden Szene aus Stanley Kubricks *A Clockwork Orange* (USA 1971), als der Bandenführer Alex (Malcolm McDowell) eine Frau – fast schon im Sinne einer künstlerischen Tanz-Performance – zur Musik von Gioachino Rossinis *La gazza ladra* mittels eines phallischen Kunstwerks erschlägt. Die Stilisierung des Mordes zeigt sich dabei deutlich in der Gestaltung des Tatorts, der mit verschiedenen Werken moderner Kunst geschmückt ist, die jeweils Szenen expliziter sexueller Gewalt zum Inhalt haben. Es ist nicht zuletzt diese Differenz zwischen einem postmodernen Kulturverständnis, welches sexualisierte Gewalt längst zur autonomen Kunstform erhoben hat und dem vordergründig dargestellten, eigentlich verabscheuungswürdigen, aber angesichts seines

64 *Joel Black*, The Aesthetics of Murder: A Study in Romantic Literature and Contemporary Culture, Baltimore, Johns Hopkins University Press, 1991, S. 14.

65 *Thomas De Quincey*, „On Murder Considered as One of the Fine Arts", 1827. https://super-vert.com/elibrary/thomas-de-quincey/on-murder-considered-as-one-of-the-fine-arts.php.

artifiziellen Charakters visuell-faszinierenden Verbrechens[66], das dem Publikum einen diskursiven Zugang zur Rezeption eröffnet.

Die Szene aus *A Clockwork Orange* verdeutlicht damit, dass die wechselseitigen Blickstrukturen zwischen visuell-überwältigenden Bildern sowie den mit diesen im Subtext einhergehenden sinnlichen Erfahrungen des Publikums auf der einen und dem oberflächlich Abgebildeten auf der anderen Seite immer auch Grundlage für diskursive, ambivalente und insofern verführerische Strategien der Rezeption sein können. Gerade die vom Auge ausgehende Wahrnehmungsform ist für solche Zugänge denn auch prädestiniert, geht doch der Vorgang des Sehens regelmässig mit der Vorstellung einher, dass die wahrgenommenen Bilder mit einer wie auch immer gearteten Realität korrespondieren – eine Illusion, die sich in der künstlichen Welt des Filmes nur allzu leicht widerlegen lässt. Gerade dieser Wunsch des Publikums, filmische Bilder als wahr oder real sehen zu wollen, bietet, wenn man sich die Beispiele von *Rashōmon* (Japan 1950) oder *Blow Up* (Vereinigtes Königreich/Italien 1966) vergegenwärtigt, ein ganzes Arsenal an verführerischen Strategien der Vermittlung von rechtsbezogenen Botschaften – beispielsweise über die Abhängigkeiten von Wahrheit und Recht und die Frage nach dem Vertrauen in die Aussagekraft von vermeintlich objektiven Bildern oder Beweismitteln.

VI. Abschliessendes

Zusammenfassend ist festzuhalten, dass sich auf der Grundlage einer Analyse der mythischen Erzählformen wie auch der performativen Kraft der filmischen Inszenierung Erklärungen formulieren lassen, wie rechtliche Motive im Film gegenüber dem Publikum ihre Wirkung entfalten und warum von derartigen Spiegelungen des Rechts bis heute eine uneingeschränkte Faszination ausgeht. Einschränkend sei jedoch gesagt, dass sich aus der Seduktionstheorie allein keine über das Verhältnis von filmischem Artefakt und Publikum hinausgehenden Kausalitäten ableiten lassen. So lässt sich mit der Theorie zwar darlegen, wie die Inszenierung von Recht dem Publikum dominante Lesarten vorgibt, nicht aber, inwiefern diese Lesarten einen effektiven Einfluss auf die Rechtsvorstellung einer konkreten rezipierenden Person ausüben oder – nochmals in einem grösseren Kontext – gar die Rechtskultur formen und verändern können. Für den Nachweis solcher Abhängigkeiten ist

---

66 Vgl. *Alexander J. Cohen*, „A Clockwork Orange and the Aestheticization of Violence", UC Berkeley Program in Film Studies, 1998. http://www.visual-memory.co.uk/amk/doc/0025.html.

eine über das Erarbeitete hinausgehende Beschäftigung mit den rezipierenden Personen sowie dem Phänomen der Rechtskultur gemäss der Methodik der Rechtssoziologie und Medienwirkungsforschung notwendig. Auch wenn sich die Seduktionstheorie für sich allein demnach als unvollständig erweist, bildet sie jedoch eine mögliche theoretische Basis für eine darüber hinausgehende Ergründung der gegenseitigen Wirkmechanismen von Film, Recht und Kultur. Insofern sind die hiesigen Ausführungen auch mit der Hoffnung verbunden, diese mögen als Ausgangspunkt für weitere Erkenntnisse in diesem interdisziplinären Forschungsfeld von Recht im Film Hand bieten oder aber Inspiration für andere Autoren sein, sich selbst Ergründung der mannigfaltigen Verflechtungen von Popkultur und Recht zu widmen. Denn ganz grundsätzlich würde mit einem vermehrten Befassen von Juristinnen mit der Kultur und ihren Erzeugnissen nicht nur der Horizont der Rechtswissenschaften eine Weiterung erfahren, sondern sich umgekehrt auch produktive Denkanstösse und Einsichten für die Kulturwissenschaften ergeben.

3.

Ralf Schmidt

Schusswaffengebrauch in Film und in der Realität – Praxisorientierte Analysen von Extremsituationen

Um die Wirkung, beziehungsweise Wirksamkeit von Schusswaffen und Projektilen ranken sich eine Vielzahl von Mythen und falschen Vorstellungen. Dabei lassen sich die meisten Folgen eines aus einer Waffe verschossenen Projektils mit einfachen physikalischen Überlegungen vorhersagen, bzw. im Nachhinein erklären. Das korrekte und emotionsfreie Wissen über Schusswaffensysteme muss dabei die Grundlage sein. Das polizeiliche Interventionspotential mit der Dienstpistole muss dabei realistisch eingeschätzt werden, denn es findet seine Grenzen in der Verfassung des Angreifers, der verwendeten Munition, der Trefferwirkung, der Magazinkapazität und der maximal möglichen präzisen Schussentfernung. Ein Hauptziel des polizeilichen Schusswaffengebrauches zur Abwehr einer gegenwärtigen Gefahr für Leib oder Leben ist die schnellstmögliche Handlungsunfähigkeit des Täters, wenn andere Mittel zuvor erfolglos eingesetzt wurden oder von vornherein keinen Erfolg versprechen. Bei über 220.000 Polizisten wird deutlich, dass die überwiegende Mehrheit während ihrer Dienstzeit nie von der Schusswaffe gebraucht macht haben und es prinzipiell ein seltenes Ereignis in Deutschland darstellt.

I. Der Hollywoodfaktor

Bei der überwiegenden Mehrheit der Bevölkerung ist das Phänomen der eingebildeten Kompetenz, basierend auf dem Konsum zahlloser Polizei- und Actionfilme und Gesprächen mit gleichgesinnten „Experten“, festzustellen. Der Hollywoodfaktor beschreibt als Begriff die Wahrnehmung der Wirklichkeit unter dem Einfluss der Dauerberieselung durch ausschließlich auf Effekt abzielende Hollywoodfilme und Krimiserien. Effekt geht im Filmgeschäft immer vor Realität. Ein ganz typisches Beispiel: Wenn im deutschen Krimi Polizeibeamte in eine Wohnung eindringen wollen, laden sie ihre Waffe vor der Tür äußerst effektvoll und deutlich sicht- und hörbar durch. Danach wird sie möglichst nah mit beiden Händen parallel zum Kopf gehalten und der Polizist schaut mit verwegenem Gesicht in die Kamera. Ein unschlagbarer Effekt für Großaufnahmen. Fiktion und Realität verschmelzen beim Zuschauer

https://doi.org/10.1515/9783112206744-004

zu einer Meinung, mit der reale polizeiliche Einsatzlagen nichts mehr zu tun haben. So sah in den fünfziger bis siebziger Jahren die Trefferdarstellung nach Schusswaffengebrauch in Kriminalfilmen so aus, dass Getroffene theatralisch umfielen und dabei noch „famous last words“ von sich gaben. Manchmal sah man danach ein wenig Kunstblut durch die Hand sickern, die dramatisch auf der Verletzung lag. Seit den siebziger Jahren, als die Superzeitlupe als effektsteigerndes Mittel erfunden wurde, ließen sich die Trickspezialisten etwas Neues einfallen. Schwere Treffer darstellend, spritzte plötzlich viel Kunstblut bei den Sequenzen in Superzeitlupe. Die Möglichkeit, spezielle, unter der Bekleidung angebrachte, ferngezündete Minibehälter mit Kunstblut zum richtigen Zeitpunkt regelrecht explodieren zu lassen, erweckte beim Zuschauer wiederum einen höchst „realistischen“ Eindruck. Sie glaubten nun die Geschosswirkung aus Faustfeuerwaffen genau zu kennen. Von den großen Blutflecken in Film und Fernsehen beeinflusst, nimmt nicht nur der Laie an, dass bei einem Schusswaffengebrauch durch Polizeibeamte immer sofort erkennbar sein muss, ob der Angreifer schwer getroffen und damit angriffsunfähig ist. Weitere Schussabgaben wären dann in der realen Welt nicht zulässig. Es wird erwartet, dass der Polizeibeamte das sofort erkennt, bewertet und die Entscheidung trifft, nicht mehr zu schießen. Polizisten müssen beim Schusswaffengebrauch dann auch genauso treffsicher und cool reagieren wie die Hauptdarsteller in den Actionfilmen und TV-Serien, denkt der Fernsehzuschauer. Der Darsteller im Film ist selbstverständlich ein perfekter Schütze. Die sich schnell bewegende, messerführende Hand des bösen Angreifers wird immer mit dem ersten Schuss getroffen und der Messerstecher sinkt bitter jammernd zusammen. Stets entspricht die abgegebene Schusszahl einer 100-prozentigen Trefferquote. Zu viele Fehlschüsse sind nicht actiontauglich und schaden der Reputation des Filmhelden.

II. Unbeabsichtigter Schusswaffengebrauch

Nicht nur im Training fallen unbeabsichtigt abgegebene Schüsse. Bis heute stehen Staatsanwaltschaft, Gerichte und Rechtsanwälte einer häufig alles entscheidenden Frage skeptisch gegenüber: ist es möglich den Abzug einer Schusswaffe unbeabsichtigt zu überwinden. „Wir sprechen hier immerhin über einen Abzugswiederstand bei Selbstladepistolen von 5kp, bei Revolvern kann dieser noch deutlich höher liegen“, das sagt Professor Dr. Roger Enoka, einer der renommiertesten Sportphysiologen in den USA. Er war der Erste, der sich umfassend mit dem Thema beschäftigt hat („Involunatry muscle contractions and the unintentional discharge of a firearm“). In Deutschland folgte ihm der Hochschullehrer und Sportwissenschaftler Dr. Dietmar Schmidtbleicher nach.

Zusammen mit hessischen Einsatztrainern forschte er intensiv zu dem Komplex und veröffentlichte die Ergebnisse (Policing: International Journal of Police Strategies and Management). Alle Bewegungen des Menschen, insbesondere auch die filigrane Krümmung des Fingers beim Betätigen eines Waffenabzuges, gehen auf Aktionen der Muskulatur und offensichtlich auf willentlichen Befehl des menschlichen Gehirns zurück. Die Wissenschaftler und Trainer stellten bemerkenswertes fest. In Ausnahmefällen und als Reaktion auf unvorhergesehene Ereignisse, können Muskelaktionen auch auf „spinaler Ebene“, das heißt ohne Beteiligung des Gehirns ausgelöst werden können.

III. Erschrecken

Als Reaktion auf Erschrecken vollzieht sich beim Menschen ein gut erforschter und immer gleicher Bewegungsablauf. Je nach Heftigkeit des Reizes beginnt das mit dem Schließen der Augen und in stärkerer Ausprägung mit dem Zusammenziehen der Arme am Körper und dem Ballen der Hände zu Fäusten. Hat nun ein Polizist seine Waffe in der Hand, kann durch diese unbewusste Körperreaktionen, insbesondere das Zusammenballen der Hände auch der Zeigefinger gekrümmt und der Abzug „unwillentlich“ betätigt werden. Bei nicht vorhandener Kontrolle des Abzugsfingers sind dann schwerwiegende und lebensgefährliche Konsequenzen die unvermeidliche Folge.

IV. Maximale Kraftanstrengung einer Extremität

In der wissenschaftlichen Literatur ist ein weiteres Phänomen beschrieben, das von Dr. Schmidtbleicher und den Einsatztrainern aus Wiesbaden unter die Lupe genommen wurde. Eine Impulsübertragung von einer Körperextremität auf eine andere, weiter entfernte Extremität, ist bei maximaler Kraftanstrengung möglich. Hält also ein Polizist eine Waffe in der einen, während er mit der anderen Hand oder den Beinen maximale Kraft einsetzt – etwa beim Kämpfen mit einem Gegner oder dem Aufreißen oder etwa Eintreten einer Tür – ist die ungewollte Kontraktion der Finger der waffenführenden Hand und somit eine Schussabgabe eine mögliche Folge.

V. Balanceverlust

Weitere Beobachtungen der Studie belegen, dass der Mensch beim Verlust des Gleichgewichtes automatisch Bewegungen unter Anderem der Arm-, Bein,- und Rumpfmuskulatur ausführt, um einen Sturz abzuwenden. Dabei wirken eine große Anzahl verschiedener Muskelgruppen zusammen, um das Gleichgewicht wiederherzustellen. Man versucht sich dabei an allem festzuhalten, was auch nur im entferntesten Halt bietet. Wird in einer solchen Situation eine schussbereite Waffe in der Hand geführt, kann es zu Handkontraktion der schon beschriebenen Art und zur Schussabgabe kommen.

VI. Ein Blick in die reale Welt

Die Trefferquote im polizeilichen Schießtraining beträgt zwar durchschnittlich gesehen 80–90%. Erfahrene Schießausbilder wissen warum – die Übungen orientierten sich bis Ende der 1990iger Jahre nicht immer an der Realität, sondern daran, dass sie von einem durchschnittlichen Schusswaffenträger, in einem angemessenen Zeitrahmen, erfüllt werden müssen. Es wurde vor allem Wert auf die sichere Handhabung der Dienstwaffe und auf die Grundelemente des Schießens gelegt. Das resultierte historisch auf dem Einfluss von Sportschützen innerhalb der Polizei. Neue und moderne, auf realistischen Zeitdruck ausgelegte Trainingsszenarien verlangen einen wesentlich höheren Zeitansatz und verringern dadurch gravierend die häufig von übergeordneter Stelle angeordnete Durchlaufquote. Auch die Ergebnisse werden dabei zunächst (!) deutlich schlechter. Tatsächlich eigene Entscheidungen unter hohem Druck, wurden von den Polizisten so gut wie nicht abverlangt. Nur ein geübter Entscheider ist aber in der Lage schwierige Einsatzsituationen zu meistern. Das bilden mittlerweile einige Trainings ab. Die Trefferquote im realen Einsatz hingegen liegt über Jahrzehnte hinweg bei circa 20%, vielleicht sogar darunter[1]. Welche Ursache hat die geringe Quote wirksamer Treffer? Es ist der Extremstress in lebensbedrohenden Lagen, wenn der Puls, verursacht durch psychische und physische Höchstleistung, in Höhen jenseits der 140 (bpm) schießt und die Produktion besonderer Stresshormone dann auf Hochtouren läuft. Gerichte, die nach einem umstrittenen Schusswaffengebrauch die Schießergebnisse betroffener Beamte anfordern, um daraus relevante Schlüsse ziehen zu können, sind sich dieser lebensfernen Bedeutung anscheinend nicht bewusst. Diese Ergebnisse haben mit der Realität des Schusswaffengebrauchs im Einsatz fast nichts zu tun. Selbst bestens trainierte Spezialeinheiten geraten in Situationen, in denen die Trefferleistung extrem hinter den Trainingsleistungen zurückbleibt. Ein scharfer Schusswechsel mit tödlicher Gefahr für die eingesetzten Beamten stellt auch für trainierte Spezialisten eine psychische und physische Ausnahmesituation dar. So wurden, 1988, beim Zugriff auf die sogenannten „Gladbecker Geiselgangster", Rösner und Degowski von SEK-Beamten insgesamt 62 Schuss abgegeben – nur einer davon traf. Rösner wurde am Bein

---

1 *Pokojewski*, Polizeitrainer Magazin Nr. 10, 2006, S. 31.

verwundet. Silke Bischoff, eine der zwei Geiseln stirbt durch ein Geschoss aus Rösners Waffe. Beim Zugriff der GSG 9 im Juni 1993, in Bad Kleinen auf die RAF-Terroristen Birgit Hogefeld und Wolfgang Grams stirbt nicht nur der GSG 9 Angehörige Michael Newrzella, sondern der Zugriff endet in einem regelrechten Desaster. Medien berichten von einer „lebensgefährlichen Blamage". Im Buch von Martin Herzog – „GSG 9, Ein deutscher Mythos und Abschlussbericht der Bundesregierung zur Polizeiaktion in Bad Kleinen" – ist der Ablauf dokumentiert:

> „Der siebenköpfige Zugriffstrupp schießt in ca. 15 Sekunden, 33-mal. Drei Geschosse treffen Grams, die anderen Geschosse verfehlen ihr Ziel – eine Bahnmitarbeiterin wird getroffen. Das ist nur zu erklären, dass die Kräfte auch ohne Sichtkontakt schossen und ihre Waffen einfach über die Deckung hoben. Wolfgang Grams schießt 11-mal. Er trifft zwei Einsatzkräfte insgesamt siebenmal."

Ob ein kaum erforschtes Phänomen in den Einsatzsituationen ebenfalls eine Rolle spielt kann nur vermutet werden – die biologische natürliche Hemmschwelle, auf Artgenossen zu schießen. Die sogenannte „Tötungshemmung" beschreibt dabei Situationen, in denen der mit an Sicherheit tödlich wirkende Schusswaffengebrauch rechtlich geboten wäre, der sich in Lebensgefahr Befindliche dennoch nicht schießt, um sein Leben zu retten. Die Hemmung Artgenossen schwer zu verletzen oder zu töten überlagert dabei den natürlichen und legitimen Selbsterhaltungstrieb. Dave Crossman beschreibt die „Tötungshemmung" detailliert in dem Buch „On Killing". Diese Erkenntnisse sind in Deutschland auch bei beruflichen Waffenträgern kaum bekannt, geschweige denn bei Staatsanwälten und Richtern, die lebensgefährliche Einsätze zu bewerten und zu beurteilen haben.

VII. „Mann-Stopp-Wirkung"

Nach wie vor hält sich hartnäckig die Idee, dass man mit im zivilen Bereich aus Handfeuerwaffen Projektile verfeuern kann, die beim Auftreffen gegen einen Angreifer diesen sofort und alleine aufgrund der mechanischen Wirkung aufhalten können. Dieses auch als „Aufhaltekraft", „Stopping Power" oder gar „Rückschleuderwirkung" bezeichnete Phänomen wird durch ebenfalls übertriebene filmische Darstellungen eindrucksvoll „belegt". In den entsprechenden Actionfilmen wird der Getroffene durch einen einzigen Schuss nicht nur aufgehalten, sondern oft zurückgeschleudert und nicht selten dabei durch Holztüren katapultiert. Dass dies mit der Realität nichts zu tun hat, zeigt die einfache physikalische Überlegung des „Impulserhaltungssatzes". Stellt man sich hierbei vor, dass aus einem Gewehr Modell G1 ein Teilmantelhohlspitzgeschoss im Kaliber 308 Winchester gegen eine 80 kg schwere Person abgefeuert wird, so würde nach Anwendung der Formel die Rückwurfgeschwindigkeit (9,9 cm/s) nicht ausreichen, die Person umzuwerfen. Allenfalls würde der Schuss für ein leichtes Zucken des Körpers sorgen. Selbst wenn die Person auf einem Bein gestanden hätte, wäre sie hierdurch keinesfalls umgefallen. Stellt man sich nun noch vor, dass der Angreifer sich auf den Schießenden zubewegt, so wird schnell deutlich, dass ein solches Geschoss kaum eine 8500-mal schwerere Masse eines entgegenkommenden Körpers wird aufhalten können. Bei einem Pistolenschuss im Kaliber 9 mm (Geschossgewicht ca. acht Gramm und Geschossgeschwindigkeit ca. 350m/s) liegt die Rückwurfgeschwindigkeit noch viel geringer (3,5 cm/s)[2]. Je nach Meinung und Wissensstand wird eine „Mann-Stopp-Wirkung" bestimmten Geschossen oder generell einem Kaliber unterstellt. Zum Beispiel werden dem Revolver Kaliber 38 Spezial Wunderdinge nachgesagt. Manche gehen davon aus, dass bereits ein Körpertreffer unabhängig von der Trefferlage einen Angreifer stoppt. Das gipfelt in der Behauptung, der Angegriffene dürfe zunächst nur einen Schuss auf den Angreifer abgeben, müsse die Trefferwirkung, also die Reaktion des Getroffenen, abwarten und die weitere Schussabgabe prüfen. Es gibt keine messbare und damit vorhersagbare Größe, die mit Mann-Stopp-Wirkung zu bezeichnen wäre[3]. Es ist daher grundfalsch und für die Polizisten auf der Straße lebensgefährlich, der Polizeimunition Wunderdinge, wie die beschriebene „Ein-Schuss-Wirkung" anzudichten.

VIII. Schießen auf Kraftfahrzeuge – Ballistische Wirkung der polizeilichen Munition

Von einem Schusswaffengebrauch gegen Kraftfahrzeuge verspricht man sich eine unmittelbare Wirkung auf das Kraftfahrzeug. In Actionfilmen wird häufig mit einer Kurzwaffe ein- oder zweimal in den Bereich des Motorkühlers geschossen, danach folgt eine actiongeladene Filmsequenz mit explodierenden Motoren, auffliegenden Motorhauben und außer Kontrolle geratenen über die Straße schlingernden Fahrzeugen – soweit das Drehbuch. In der Realität bleibt jedoch, insbesondere beim Gebrauch von Kurzwaffen und herkömmlicher polizeilicher Munition, der unmittelbar eintretende gewünschte Effekt aus. Der sofortige Stillstand oder die gewünschte Richtungsänderung eines fahrenden Kraftfahrzeugs können so nicht erreicht werden. Selbst mit luftleeren Reifen, Treffern in Kühlsystem und defekter Treibstoffversorgung sind noch Fluchtstrecken

---

2 Zum Ganzen *Kneubuehl*, in: Kneubuehl / Coupland / Rothschild / Thali (Hrsg.) 2008, S. 174 ff.

3 *Rothschild / Kneubuehl*, Rechtsmedizin 2010, S. 85 ff.

von mehreren Kilometern möglich. Aufgrund seiner Konstruktion stanzt etwa ein Geschoss einen Schusskanal in den Reifen. Reifenaufbau, Reifenzustand und Auftreffwinkel bedingen Schusswirkungen, die vom langsamen Entweichen der Luft bis zum Platzen und Zerlegen der Reifen reichen. Neue Reifentypen (u.a. Runflats) sind speziell so konstruiert, dass ein schnelles Entweichen der Luft verhindert wird bzw. die Fahrfähigkeit des Kraftfahrzeuges weitestgehend erhalten bleibt. Die Geschosse sind grundsätzlich geeignet, Karosserie, Kotflügel, Autoglasscheiben Felgen und Autoreifen zu durchdringen, abhängig vom Auftreffwinkel und Energie des Geschosses. So sind in den Türen moderner Fahrzeuge, insbesondere der Oberklasse, eine Vielzahl von Technikkomponenten verbaut (u.a. Fensterheber mit Motor und Gestänge – also unzählige Metallteile), so dass ein Durchdringen nicht sicher vorausgesagt werden kann. Durch die Entstehung von kleineren Sekundärgeschossen, das heißt Glassplittern, Karosseriefragmenten und Teilen des Geschosses sind alle Insassen des Fahrzeuges erheblich gefährdet, auch Unbeteiligte oder Geiseln. Da die Wirkung der meisten Waffen-Munitionskombinationen vom Durchschuss bis zu unkontrollierten Abprallern reicht, muss, um Schäden am Motor selbst hervorzurufen und hierdurch ein Anhalten zu erzwingen, auf alternative Waffensysteme oder Anhalte Methoden zurückgegriffen werden. Die Geschossenergie der üblichen Polizei-Einsatz-Munition ist i.d.R. zu gering, anders sieht es bei Geschossen aus Flinten, Jagd- oder militärischen Infanteriewaffen mit entsprechend konstruierten Geschossen aus. Treffer auf Motoranbauteile wie Vergaser, Einspritzpumpe oder Elektronik führen zwar zum verzögerten Anhalten des Fahrzeuges, setzen jedoch umfangreiche technische Kenntnisse, hervorragende Schießfertigkeiten oder auch nur zufällige Treffer voraus. Exakt kalkulierbar sind diese Schüsse, zumal bei sich bewegenden Zielen, auch für Spezialisten nicht. Die Entzündung von Treibstoff durch direkte Geschosseinwirkung ist unwahrscheinlich, auch regelrechte Explosionen im Motorraum sind Fiktion. Nicht auszuschließen ist eine Entzündung auslaufenden Kraftstoffs z.B. am Auspuffkrümmer bei Treffern der Versorgungsleitungen im Motorraum.

IX. Ist die Rechtslage actiontauglich?

Der Schusswaffengebrauch gegen Kraftfahrzeuge muss das Ziel haben, das Fahrzeug fahruntüchtig zu machen, da nur dadurch der Zweck der Maßnahme, z.B. die Festnahme der Straftäter, erreicht wird. Der Schuss oder die Schüsse sind grundsätzlich auf Bereifung, Motor oder den Kühler zu richten. Nach den meisten Polizeigesetzen der Bundesländer ist der Schusswaffengebrauch gegen Fahrzeuge nicht zulässig, wenn erkennbar Unbeteiligte gefährdet werden. Soweit sich in oder auf einem Fahrzeug (Krad) Personen befinden und auf diese Fahrzeuge geschossen wird, um den Fahrer zu stoppen, müssen die Voraussetzungen des Schusswaffengebrauchs gegen alle Personen greifen. Der Einsatz der Schusswaffe gegen Sachen, in diesem Fall gegen Fahrzeuge, ohne dass Personen gefährdet werden, ist als ein geringfügigerer Eingriff anzusehen[4]. Der Gebrauch ist weiter nur zulässig, wenn andere Maßnahmen des unmittelbaren Zwanges erfolglos waren oder offensichtlich keinen Erfolg versprechen. Der Schusswaffengebrauch kann ausnahmsweise zulässig sein, wenn der Einsatz der Waffe das einzige Mittel zur Abwehr einer gegenwärtigen Lebensgefahr ist. Der Schuss, der mit an Sicherheit grenzender Wahrscheinlichkeit tödlich wirkt, ist nur zulässig, wenn er das einzige Mittel zur Abwehr einer gegenwärtigen Lebensgefahr oder einer gegenwärtigen Gefahr einer schwerwiegenden Verletzung der körperlichen Unversehrtheit darstellt. Wenn das Fahrzeug erkennbar explosive oder ähnlich gefährliche Güter befördert oder nach seiner Kennzeichnung zur Beförderung solcher Güter bestimmt ist, verbietet sich der Schusswaffengebrauch in den allermeisten Fällen. Für Actionszenen in Film und Fernsehen würden sich solche Fahrzeuge perfekt für einen Schusswaffengebrauch eignen – entsprechende Explosionssequenzen inklusive. Wie auszugsweise dargelegt, ist die deutsche Gesetzeslage eine echte Spaßbremse für Actionfilm-Regisseure. In der Realität sind Schusswaffengebräuche gegen Fahrzeuge extrem reglementiert und machen in den wenigsten Fällen überhaupt einen Sinn.

---

4 Dazu VVHSOG: Zu § 60. Allgemeine Vorschriften für den Schusswaffengebrauch. 60.1 Zu Abs. 1. 60.1.1 Der Schusswaffengebrauch gegen Personen ist die schwerwiegendste Maßnahme des unmittelbaren Zwanges. Die Polizeivollzugsbeamtin oder der Polizeivollzugsbeamte hat vorher die Rechtmäßigkeit und Verhältnismäßigkeit besonders sorgfältig zu prüfen. Bestehen rechtliche oder tatsächliche Zweifel, ob die Voraussetzungen für den Schusswaffengebrauch vorliegen, ist von der Schusswaffe kein Gebrauch zu machen. Auch der Schusswaffengebrauch gegen Sachen ist auf das erforderliche Mindestmaß zu beschränken. Ein Schusswaffengebrauch gegen Sachen ist nicht zulässig, wenn mit Wahrscheinlichkeit damit gerechnet werden muss, dass hierdurch Personen verletzt werden. Der Schusswaffengebrauch gegen Kraftfahrzeuge ist daher nur zulässig, wenn die Verletzung von Personen unwahrscheinlich ist oder die Voraussetzungen des Schusswaffengebrauchs gegen Personen vorliegen. Beim Schusswaffengebrauch gegen ein Kraftfahrzeug ist anzustreben, das Fahrzeug fahruntüchtig zu machen, weil hierdurch in der Regel der Zweck der Maßnahme, nämlich die Festnahme der Rechtsbrecherin oder des Rechtsbrechers, erreicht werden kann. Daher ist grundsätzlich auf Bereifung, Motor oder Kühler zu zielen. Vom Schusswaffengebrauch ist abzusehen, wenn das Fahrzeug sich mit hoher Geschwindigkeit bewegt, erkennbar explosive oder ähnlich gefährliche Güter befördert oder nach seiner Kennzeichnung zur Beförderung solcher Güter bestimmt ist. Diese Einschränkungen gelten nicht, wenn durch die Weiterfahrt größere Gefahren zu entstehen drohen als durch den Schusswaffengebrauch. 60.1.2 Bei Wasserfahrzeugen ist die Schusswaffe nach Möglichkeit auf die Antriebsanlage oder die Ruderanlage, jedoch nicht auf Räume zu richten, in denen sich regelmäßig Personen aufhalten.

X. Angriffe mit Messern

Nahezu jeder Schusswaffengebrauch, vor allem gegen Messerangreifer, hat in der Öffentlichkeit eine breite, kontroverse Diskussion zur Folge, besonders über die Frage, welche Abwehrmöglichkeiten die Polizei hatte. Hier üben die sogenannten Actionfilme einen besonders negativen Einfluss aus. Filmisch hervorragend inszenierte Sequenzen, in denen laut Drehbuch „der Gute“ – völlig cool – den bösen Messerangreifer mitleidig anlächelt und mit wenigen Handgriffen souverän außer Gefecht setzt, lässt den Zuschauer im Voraus wissen, wer gewinnt. Alle Polizeibeamten haben, so wird vermutet, das entsprechende Training. Deshalb muss das auch jeder Polizist in Deutschland lässig hinbekommen, so die weitverbreitete Meinung.

XI. Die Fakten

Bei einer rein körperlichen Abwehr eines Messerangriffes liegt das Verletzungsrisiko bei nahezu 100%. Selbst ein Schusswaffengebrauch ist keine Garantie dafür, dass der Angriff sicher und sofort gestoppt wird. Dem Angreifer das Messer aus der Hand zu schießen – das funktioniert nur im Actionfilm. Bei der hohen Dynamik dieser Lagen, ist es nahezu Zufall Arme oder Beine sicher zu treffen. Und es reicht nicht aus, die Extremitäten nur zu treffen. Ohne Zerstörung von Knochen oder Gelenken, bleiben die Schüsse unter Umständen nahezu wirkungslos. Eine Bewegungs- und Handlungsfähigkeit ist dann vollständig vorhanden. Ein beabsichtigter Knochentreffer in die Extremitäten eines aggressiven Angreifers ist schießtechnisch eher als Glückstreffer zu werten. Außer im absoluten Nahbereich, basiert eine solche gezielte Trefferleistung auf Wunschdenken. Unschöne Tatsache: Eine sichere, sofortige und absolute Handlungsunfähigkeit durch Schusseinwirkung kann nur nach erheblicher Verletzung des Gehirns bzw. des verlängerten Markes am Übergang vom Gehirn zum Rückenmark beobachtet werden, was mit dem Tod der Person gleichzusetzen ist. Relative Angriffsunfähigkeit heißt dagegen durch massive Unterbrechung der Blutzufuhr zum Gehirn, mit einem Verzögerungseffekt von circa 4–5 Sekunden bis 30–40 Sekunden zu erreichen, etwa durch mehrere Treffer in Herz, Lunge, Leber, Milz, oder Niere. Oft wird nicht berücksichtigt, dass nicht jeder Getroffene, selbst bei letztlich tödlichen Treffern im Torso Bereich (bei Lungen- und Herztreffern) sofort aufgibt. Analysen und gerichtsmedizinische Untersuchungen haben ergeben, dass selbst bei einem Herz- oder Kopftreffer durch Faustfeuerwaffenmunition, noch bis zu 15 Sekunden eine umfassende Handlungsfähigkeit bestehen bleiben kann („The dead man’s five seconds“). Ein entschlossener und opferbereiter Mensch kann ein 15 Patronen

Pistolenmagazin in circa 4 Sekunden „leer“ schießen. Ist er im Besitz vollautomatischer Handfeuerwaffen oder Handgranaten, kann der Getroffene noch viele Menschen töten oder schwer verletzen. Das gleiche gilt für das Zünden von Sprengstoffrucksäcken oder Sprengstoffgürteln (u.a. Dr. med. J. Missliwetz, „Ungewöhnliche Handlungsfähigkeit bei Herzdurchschuss durch Schrotgarbe“, Archiv für Kriminologie, 1990). Zusätzlich können Alkohol, psychische Störungen oder Krankheiten, akute „psychosoziale“ Krisen oder Substanzmittelmissbrauch beim Angreifer zu einer veränderten Bewusstseinslage, Schmerzunempfindlichkeit, Entwicklung unerwarteter Kräfte, irrationalen Verhaltensweisen, aggressiven Impulsen und intensiven emotionalen Reaktionen – bis hin zu einem regelrechten Blutrausch – führen.

XII. Ein Schuss – Lage gelöst. Die „Einschusstheorie“

„Ein Schuss hätte doch genügt“, solche und ähnliche Überschriften in den Tageszeitungen führen beim geneigten Leser schnell zu einer Vorverurteilung von Polizisten, die im Einsatz schießen mussten (!). Die, unter Laien verbreitete, sogenannte „Ein-Schuss-Theorie“ besagt, dass in einer lebensbedrohlichen Situation als letztes und verhältnismäßiges Abwehrmittel immer ein einziger Schuss die gewünschte Wirkung erzielen muss[5]. Anders ausgedrückt – ein Polizeibeamter soll im Idealfall immer nur einen Schuss für die Abwehr benötigen, um das Gegenüber zu stoppen. Diese Idealvorstellung kann im realen Einsatz nur in seltenen Ausnahmefällen funktionieren. In einer Bedrohungssituation unter Lebensgefahr hat der Angegriffene kaum die Zeit und die Möglichkeit, nach jeder Schussabgabe die Trefferlage- und Wirkung exakt zu überprüfen. Anerkannte Experten, wie Prof. Dr. Rothschild und der Schweizer Ballistiker Beat Kneubuehl, wissen dass grundsätzlich hinter einem Geschoss beim Eindringen in den Körper zunächst ein Unterdruck beziehungsweise durch die entstehende temporäre Wundhöhle ein Vakuum herrscht, so dass durch die hieraus resultierende Sogwirkung zunächst Blut eher dem Geschoss folgend nachgezogen wird, als dass es sofort nach außen treten kann[6]. Je weniger Blutgefäße unmittelbar im Einschussbereich betroffen sind und je dicker die Kleidungsschichten sind, desto länger wird es dauern, bis ein Blutfleck im Einschussbereich sichtbar wird. Das Überprüfen der Trefferlage ist somit gar nicht ohne weiteres möglich und es kann durchaus einige Zeit in Anspruch nehmen, bis der Getroffene eine mehr oder weniger spezifische Reaktion zeigt. Stark Blut verspritzende Verletzungen, theatralisches Aufschreien oder das

5 Siehe *Rothschild*, Polizeitrainer Magazin Nr. 17, 2014.

6 *Kneubuehl*, in: Kneubuehl / Coupland / Rothschild / Thali (Hrsg.) 2008, S. 99 ff.

effektvolle betasten des Getroffenen im Trefferbereich, verbunden mit einem ungläubigen Blick, sind in der Realität nicht zu erwarten. Diese gefährlichen Einsatzsituationen sind zusätzlich von hoher Dynamik und einem extremen Informationsmangel geprägt. Durch den hohen Erregungszustand, Tunnelblick und Angst, kommt die Wahrnehmungsfähigkeit eines Menschen dabei an ihre Grenzen. Ein wohlüberlegter Entscheidungsfindungsprozess kann unter Umständen gar nicht mehr stattfinden.

XIII. Wie oft darf geschossen werden?

Diese Frage bringt so manchen Einsatztrainer in Verlegenheit. Die Antwort: So oft schießen, bis der rechtswidrige lebensbedrohende Angriff abgewendet ist und eine deutliche Trefferwirkung erkannt ist. Unabhängig davon, ob man bei der Beurteilung den Schwerpunkt auf das Polizeirecht oder das Notwehrrecht legt, lässt sich die ständige Rechtsprechung des Bundesgerichtshofs[7] heranziehen:

> „Eine in einer objektiven Notwehr- oder Nothilfelage verübte Tat ist nach § 32 Abs. 2 StGB gerechtfertigt, wenn sie zu einer sofortigen und endgültigen Abwehr des Angriffs führt und es sich bei ihr um das mildeste Abwehrmittel handelt, das in der konkreten Situation zur Verfügung steht."

Dabei sind alle Umstände der objektiven Kampflage zu berücksichtigen, etwa der konkrete Ablauf von Angriff und Abwehr, Stärke und Gefährlichkeit des Angreifers und die Verteidigungsmöglichkeiten. Auf unsichere Verteidigungsmittel muss man sich aber eben nicht verlassen. In diesem Zusammenhang sei nochmals angemerkt, dass ein beabsichtigter Knochentreffer in die Extremitäten schießtechnisch als Glückstreffer zu werten ist. Eine solche gezielte Trefferleistung basiert eher auf Wunschdenken und natürlich auch auf entsprechenden Darstellungen in Film und Fernsehen. Zur Frage der Handlungsunfähigkeit ist Experten bekannt, dass noch 20% von 62 Opfern direkt im Anschluss an eine letztlich tödliche Schussverletzung des Oberkörpers (Thorax) handlungsfähig, etwa 50% der Personen mit tödlichen Schussverletzungen waren noch zu bewussten und zielgerichteten Handlungen fähig. In der rechtsmedizinischen Fachliteratur gibt es reichlich Fallbeschreibungen, bei denen Personen trotz zentraler Herztreffer in der Lage waren, viele Meter zu laufen, Fahrzeuge zu starten, Waffen zu laden und weitere Schüsse abzugeben. Werden weder Teile des zentralen Nervensystems (Gehirn oder Rückenmark) noch der knöcherne Bewegungsapparat (vor allem im Beckenbereich) getroffen, ist der Angreifer überdies erheblich alkoholisiert oder steht massiv unter

---

7 BGH vom 7.12.2017 (2 StR 252/17), Rn. 7, 8 mit zahlreichen Rechtsprechungsnachweisen.

Drogen, ist eine unmittelbare Reaktion nach einmaligem Schusserhalt sehr oft unwahrscheinlich. Unter Einfluss von Alkohol oder stimulierenden Substanzen muss er überhaupt keine Reaktion zeigen. Psychische Störungen oder Krankheiten, akute psychosoziale Krisen oder Substanzmittelgebrauch können zu veränderter Bewusstseinslage, Schmerzunempfindlichkeit, Entwicklung unerwarteter Kräfte, irrationalen Verhaltensweisen, aggressiven Impulsen und intensiven emotionalen Reaktionen führen. Auch bei einem Herz- oder Kopftreffer durch Faustfeuerwaffenmunition kann noch bis zu 15 Sekunden eine umfassende Handlungsfähigkeit bestehen. Dabei sind auch die Trefferlage und mentale Verfassung des Getroffenen ausschlag-gebend. Glücklicherweise geben viele Verdächtige bereits bei der Androhung des Schusswaffengebrauchs auf. Andere kämpfen entschlossen, trotz mehrerer Treffer, bis zum Ende weiter. Bei einem überraschenden Angriff ist der Verteidiger ohnehin immer im Nachteil, denn Aktion (des Angreifers) schlägt in aller Regel die Reaktion.

XIV. Fazit

Internationale Experten sind überzeugt, dass Glück einen hohen Anteil darstellt, wenn es um den Ausgang eines Kampfes mit Schusswaffen geht. Sich allerdings auf sein Glück alleine zu verlassen, ist sicherlich die schlechteste aller Optionen. Anders als bei Soldaten, die in der Regel aus größerer Entfernung, mit weitreichenden militärischen Waffen kämpfen, finden polizeiliche Schusswaffengebräuche in der Mehrzahl im Nahbereich (0–4 Meter) statt. Das polizeiliche Interventionspotential mit der Pistole muss hierbei realistisch eingeschätzt werden und findet seine Grenzen in der verwendeten Munition, Magazinkapazität, der maximal möglichen präzisen Schussentfernung und der konkreten Kampflage. Ständiges interaktives Training nach neuesten Standards ist für die Bewältigung der brandgefährlichen „Schusswaffenlagen" auch in Zukunft unverzichtbar. Neuste VR/AR-Systeme (Virtual/Augmented Reality) könnten das Training sinnvoll ergänzen.

Quellen und Literatur

Kneubuehl, Beat P./Coupland, Robin M./Rothschild, Markus A./Thali, Michael J. (Hrsg.): Wundballistik. Grundlagen und Anwendung, 3. Aufl. Heidelberg 2008.

Kneubuehl, Beat P.: Allgemeine Wundballistik, in: Kneubuehl, Beat P./ Coupland, Robin M./Rothschild, Markus A./Thali, Michael J. (Hrsg.): Wundballistik. Grundlagen und Anwendung, 3. Aufl. Heidelberg 2008, S. 91–170.

Kneubuehl, Beat P.: Wundballistik der Geschosse und Splitter, in: Kneubuehl, Beat P./Coupland, Robin M./Rothschild, Markus A./Thali, Michael J. (Hrsg.): Wundballistik. Grundlagen und Anwendung, 3. Aufl. Heidelberg 2008, S. 171–266.

Schmidt, Ralf: Das Phänomen Zweikampf, Nürnberg (S.–Ka Verlag) 2017.

Pokojewski, Bernd: Irrtümer und Wunschdenken beherrschen ein brisantes Thema, Polizeitrainer Magazin Nr. 10, 2006, S. 31–35.

Rothschild, Markus: Die Ein-Schuss-Theorie aus rechtsmedizinischer Sicht, Polizeitrainer Magazin Nr. 17, 2014 (zugleich Vortrag Europäische Polizeitrainer Konferenz [EPTK] in Nürnberg 2013).

Rothschild, Markus A./Kneubuehl, Beat P.: Irrtümer in der Wundballistik, Rechtsmedizin April 2010, S. 85–90.

Rothschild, Markus A.: Wundballistik in der Rechtsmedizin, in: Kneubuehl, Beat P./Coupland, Robin M./Rothschild, Markus A./Thali, Michael J. (Hrsg.): Wundballistik. Grundlagen und Anwendung, 3. Aufl. Heidelberg 2008, S. 267–303.

4.

Anja Schiemann und Hannah Schulze Zurmussen

Wahrheit und Fiktion in den drei Dupin Erzählungen von Edgar Allan Poe

I. Kurze biographische Angaben

Edgar Allan Poe wurde am 19. Januar 1809 als Sohn des Schauspielerehepaars Poe in Boston geboren und hatte zwei Geschwister. Der Vater verließ die Familie noch vor Edgars Geburt, die Mutter starb, als er zwei Jahre alt war. Er wurde dann von dem kinderlosen Ehepaar Allan aufgenommen, jedoch nicht adoptiert. Poe nahm aber den Zweitnamen Allan an. Nach der Schulzeit studierte er an der Universität von Virginia alte und neue Sprachen, geriet jedoch in ein problematisches Umfeld, so dass es wiederholt zu Alkoholexzessen und Glücksspielen kam, was dazu führte, dass er schon im ersten Jahr Schulden anhäufte, die sich schließlich auf 2.500 Dollar summierten – ein für damalige Zeiten enorm hoher Betrag. Sein Ziehvater nahm Poe daher von der Universität und brachte ihn in der Buchhaltung der Firma Ellis & Allan unter. Poe allerdings war schon damals von seiner Berufung als Dichter überzeugt – für seinen Ziehvater waren das aber nur Flausen, so dass er ihn vor die Alternative stellte, entweder sein Leben anzupassen oder ohne weitere Unterstützung seinen eigenen Weg einzuschlagen. Letztere wählte Poe und verließ im März 1827 die Allans. Im Sommer 1827 veröffentlichte er auf eigene Kosten seinen ersten Gedichtband. Beruflich hatte er sich zunächst zum Dienst in der US Army verpflichtet, verließ diese aber nach 2 Jahren, um die Offizierslaufbahn einzuschlagen. Er wurde auch in der Militärakademie aufgenommen, musste diese aber dann wegen diverser Regelverstöße wieder verlassen. Er intensivierte dann seine schriftstellerischen Bestrebungen und finanzierte sich u.a. durch das Schreiben von Erzählungen für Zeitschriften und nahm an Preisausschreiben teil. Schließlich arbeitete er als Redakteur für die Zeitschrift Messenger, deren Auflage sich durch Poes Mitarbeit deutlich steigern ließ.

1836 heiratete er seine noch nicht 14 Jahre alte Cousine ersten Grades. Während seiner Arbeit für den Messenger veröffentlichte er darin nicht nur zahlreiche Erzählungen, sondern auch seine vielfach bewunderten, aber auch gefürchteten Literaturkritiken. Nachdem ihm der Herausgeber des Messengers

https://doi.org/10.1515/9783112206744-005

Ende 1836 gekündigt hatte, zog Poe mit seiner Frau nach New York. Viel ist aus dieser Zeit nicht bekannt, nur, dass die Lebensumstände wegen permanenter Geldsorgen, Depressionen und Alkoholproblemen desolat waren. Auch hier veröffentlichte er aber diverse Erzählungen und Gedichte in Literaturmagazinen. Im Sommer 1839 wendete sich das Blatt, als Poe eine Stelle als Redakteur der Zeitschrift das „Gentleman's Magazine" antrat. 1841 wechselte der Besitzer und wurde in Graham's Lady's and Gentlemen's Magazine umbenannt. Hier veröffentlichte Poe seine erste Detektivgeschichte „Der Doppelmord in der Rue Morgue", in der Dupin erstmals auftrat. Das Wort „detective" wurde durch diese Geschichte in die englische Sprache eingeführt, auch wenn es den Detektiv als polizeilichen Ermittler zu dieser Zeit noch gar nicht gab. Ein Jahr später veröffentlichte Poe in einer anderen Zeitschrift (Snowden's Ladie's Companion") die zweite Dupin-Geschichte „Das Geheimnis der Marie Rogêt". Nachdem Poe im April 1842 die Mitarbeit an Graham's Magazin beendete, hielt er sich mit diversen kleineren Anstellungen, Vorträgen und der Veröffentlichung von Erzählungen, Essays und Rezensionen über Wasser. Durch die Veröffentlichung der Erzählung „Der Goldkäfer" 1843 hat Poe endlich den lang ersehnten Erfolg, es wurde sogar ein gleichnamiges Bühnenstück in Philadelphia aufgeführt. 1844 schrieb Poe dann die dritte Dupin-Erzählung „Der entwendete Brief", die aber zunächst keinen Abnehmer fand. Schließlich erschien sie in der Jahrbuchreihe „The Gift". Ab Oktober 1844 ging Poe einer festen Tätigkeit am Evening Mirror nach. Im Januar 1845 erschien dann sein populärstes Gedicht „Der Rabe", das nach der Erstveröffentlichung innerhalb von sechs Monaten sechs Mal in großen Zeitschriften nachgedruckt wurde, bevor es dann im Herbst mit anderen Gedichten in Buchform herauskam. Außerdem wurde Poe immer wieder zu Rezitationen eingeladen.

Die Zeit danach war durchwachsen, vor allem durch seine Literaturkritiken verdarb er es sich mit vielen Autoren und Verlegern. Als es seiner Frau Virginia gesundheitlich immer schlechter ging, verschlimmerte sich auch der Zustand von Poe, der dem Alkohol immer mehr zusprach, während die oft behaupteten Opiumexzesse sich nicht belegen lassen. Seine Frau starb im Januar 1847. Er veröffentlichte in den beiden Jahren vor seinem Tod nur noch wenig und viel davon hatte er bereits vor dem Tod von Virginia verfasst. Poe starb unter dubiosen, bis heute nicht geklärten Umständen. Auf der Reise von Richmond nach New York strandete er in Baltimore. Dort wurde er im Oktober in heruntergekommenem, verwirrtem Zustand aufgegriffen und schien betrunken oder schwer krank zu sein. Zwar wurde er ärztlich versorgt, starb aber im Oktober 1849 mit nur 40 Jahren[1].

II. Dupin und Vidocq

Als Vorbild für Dupin gilt Vidocq. Eugéne Vidocq war zunächst ein französischer Krimineller, der nicht nur Poe, sondern auch Victor Hugo und Honoré de Balzac inspirierte. Vidocq wurde immer wieder zu Gefängnisstrafen verurteilt, bevor er der Polizei seine Dienste anbot und als Spitzel im Gefängnis arbeitete. Dort war er so erfolgreich, dass er außerhalb des Gefängnisses seine Tätigkeit als Geheimagent der Polizei fortsetzte. Schließlich organisierte Vidocq offiziell eine staatliche Sicherheitspolizei in Paris, die Sûreté nationale genannt wurde. Vidocq wurde der Chef dieser Behörde und bildete seine Agenten persönlich aus. Die Sûreté entwickelte sich zur Urzelle der französischen Kriminalpolizei und Vidocq gilt noch heute als Vater der modernen Kriminalistik[2]. Er etablierte bspw. ein Karteikartensystem, das Parameter wie Personenbeschreibung, Pseudonyme, Verurteilungen und typische Vorgehensweisen der Kriminellen enthielt[3].

Poe kannte die Memoiren von Vidocq, da diese in Burtons Gentlemen's Magazine als Fortsetzungsserie 1838 veröffentlicht wurden. In der ersten Folge beschrieb Vidocq einen Fall, bei dem es um einen Kriminellen ging, der mit einer Frau Namens Marie Dupin verheiratet war, und den Vidocq verhaften konnte. Man geht davon aus, dass Poe hier die Anregung nicht nur für den Namen seines Detektives erhielt, sondern wie gesagt, Vidocq als Vorbild Dupins diente[4].

Vidocq wird in der ersten Erzählung sogar namentlich erwähnt: „Vidocq zum Beispiel war ein Mann, der geschickt im Kombinieren und Erraten, dabei von großer Ausdauer war."[5] Es wundert aber nicht, dass Poe Dupin literarisch erhöhte, indem er die Leistungen Vidocqs schmälerte. Denn „sein Denken"

---

1 Alle biographischen Angaben sind folgenden Biografien entnommen: *Wolfgang Martynkewicz*, Edgar Allan Poe, 2003; *Hans-Dieter Gelfert*, Edgar Allan Poe, 2008; *Julian Symons*, Edgar Allan Poe, Leben und Werk, 1986; *Frank Zumbach*, Edgar Allan Poe, Eine Biographie, 1989.

2 *Manfred Lukaschewski*, Geschichte der Kriminalistik. Kriminalistik in Theorie und Praxis, 2. Aufl., 2021, S. 267.

3 Vgl. *Jürgen Thorwald*, Das Jahrhundert der Detektive. Weg und Abenteuer der Kriminalistik, 1964, S. 17 ff.

4 *Frank Zumbach*, S. 423.

5 *Edgar Allan Poe*, Der Doppelmord in der Rue Morgue – Die Kriminalfälle des C. Auguste Dupin, Benu 2023, S. 31 f.

hatte „nicht die nötige Schulung“[6]. Dagegen kreiert Poe mit Dupin einen Meisterdetektiv, der es perfekt versteht, sich in die Psyche und in das Denken anderer Menschen einzufühlen und entsprechende Handlungsabläufe zu rekonstruieren[7]. Dupin ist im Gegensatz zu Vidocq auch kein professioneller Detektiv. Er ist aber der erste völlig analytisch denkende Detektiv in fiktionalen Werken, der dank seines logischen Verstandes die Verbrechen löst. Dupin stammt aus einer „illustren“, jedoch verarmten Familie. Allerdings kann er von einem schmalen Rest seiner väterlichen Erbschaft leben und löst sozusagen hobbymäßig die Verbrechen.

III. Die Dupin Erzählungen

In der ersten Erzählung „Der Doppelmord in der Rue Morgue“ wird von Aufsehen erregenden Tötungen einer älteren Dame und ihrer Tochter in einer Zeitung berichtet, die Dupin liest. Nachbarn hatten des Nachts Schreie gehört, Stimmen, die sich nicht zuordnen ließen und brachen dann die von innen verschlossene Wohnungstür auf. Es ist insoweit die erste Kriminalgeschichte mit einem Mord im verschlossenen Raum[8], ihr folgten unzählige anderer Autoren. Beide Frauen wurden grausam ermordet, die Kehle der Mutter war so vollständig durchschnitten, dass beim Versuch, die alte Dame aufzuheben, der Kopf herabfiel. Die Tochter war in einen Kamin hineingestoßen worden. Dupin kommt auf das für alle überraschende Ergebnis, dass der Doppelmord nicht von Menschenhand begangen wurde, sondern von einem entlaufenen Orang-Utan. Poe überarbeitete die Erzählung mehrfach, um die Einzelheiten der Ermordungen glaubhafter zu machen. Beispielsweise verringerte er die Entfernung zwischen dem Haus und dem vom Affen benutzten Fensterladen und erhöhte die Länge des Nagels im Fensterrahmen. Dennoch gab es diverse spätere Einwände an der praktischen Umsetzbarkeit der von Poe präsentierten Lösung. So kritisierte Laura Riding, dass der Affe technisch gesehen unmöglich aus dem Fenster klettern und dieses dann mit dem Geheimriegel wieder verschließen hätte können[9].

In der zweiten Dupin-Erzählung verschwindet Marie Rogêt, eine Angestellte in einem Parfumgeschäft in Paris, spurlos. Nach vier Tagen findet man ihre Leiche in der Seine. Die Tatumstände bleiben ungeklärt, die Polizei tappt im Dunkeln. Daher bittet der Präfekt Dupin um Hilfe. Poe nutzt eine dokumentarische Tech-

---

6 *Edgar Allan Poe*, S. 32.

7 *Wolfgang Martynkewicz*, S. 101.

8 *Julian Symons*, S. 316.

9 *Julian Symons*, S. 317.

nik, um eine realistische Atmosphäre zu schaffen und lässt Zeitungsartikel, Polizeiberichte und Zeugenaussagen rund um den Mord von Dupin analysieren. Durch das Aufdecken von Fehlannahmen und Missdeutungen in den Aussagen und Berichten kommt Dupin zu dem Schluss, dass es sich um einen einzelnen Täter und nicht – wie bisher angenommen – um eine Bande handeln muss. Dupin geht weiter davon aus, dass der Mörder das Mädchen an einer Stoffschlinge zum Ufer geschleppt und mit Hilfe eines Bootes in den Fluss geworfen haben muss. Das Auffinden dieses Bootes werde die Polizei zum Mörder führen.

In der dritten und letzten Kriminalgeschichte um den Meisterdetektiv Dupin „Der entwendete Brief" ist der Täter und Dieb von Anfang an bekannt. Minister D hatte einen Brief mit kompromittierendem Inhalt aus den königlichen Gemächern gestohlen. Nun geht es darum, diesen Brief in den Räumlichkeiten des Ministers wieder aufzuspüren. Allerdings kann die Polizei ihn trotz akribischer Suche nicht finden. Dupin dagegen entdeckt ihn, da er nicht verborgen war, sondern die Raffinesse des Ministers gerade darin bestand, das Dokument offen herumliegen zu lassen. Der Brief befindet sich für jedermann sichtbar in einer Briefablage – von dort entwendet ihn Dupin erneut.

IV. Wahrheit und Fiktion

Die Anleihen, die Poe der Wirklichkeit entnimmt, sind von Erzählung zu Erzählung unterschiedlich. Am umfangreichsten sind sie in der Erzählung „Das Geheimnis der Marie Rogêt", da dieser ein wahrer Fall zugrunde liegt. Demgegenüber sind die anderen Bezüge zur Wirklichkeit eher marginal.

1. Der Doppelmord in der Rue Morgue

Die Grundidee der Erzählung „Der Doppelmord in der Rue Morgue" geht vermutlich auf einen Vorfall aus dem Jahr 1834 zurück, der im August für Schlagzeilen sorgte[10]. In der Stadt gastierten Schaustellende, die im Verdacht standen, einen Pavian so trainiert zu haben, dass er an Außenwänden hochklettern konnte, um nächtliche Einbrüche zu begehen. Für die Schlagzeile sorgte dann der Fall, dass eine Frau beim Betreten ihres Schlafzimmers im zweiten Stock von dem Affen angegriffen wurde. Anders als in Poes Erzählung kam die Frau mit dem Schrecken davon[11].

---

10 Shrewsbury Chronicle vom 22.8.1834.

11 *Frank Zumbach*, S. 423; *N.N.*, The Murders in the Rue Morgue, abrufbar unter https://www.encyclopedia.com/arts/culture-magazines/murders-rue-morgue-1 (zuletzt abgerufen am 8.4.2025).

2. Das Geheimnis der Marie Rogêt

Die zweite Detektivgeschichte bezieht sich – wie erwähnt – auf einen wahren Fall[12]. Im Sommer 1841 wurde die Verkäuferin eines Tabakwarenladens in New York ermordet. Sie hieß Mary Cecilia Rogers. Poe verlagert das Geschehen von New York nach Paris und ändert den Namen nur unwesentlich in Marie Rogêt ab.

Mary Rogers wurde im Juli 1841 tot im Hudson River aufgefunden. Da Mary Rogers bereits 1838 aufgrund ihres damaligen mysteriösen Verschwindens in die Schlagzeilen geriet, wiederholte sich der Medienrummel. Man darf hier nicht unerwähnt lassen, dass es sich bei Mary Rogers um eine auffallend attraktive Frau handelte, die es zu einer gewissen Fangemeinde gebracht hatte. Sie verschwand 1838, nachdem sie einen Abschiedsbrief hinterlassen hatte. Ihr Verschwinden sowie ihr Wiederauftauchen füllte die damaligen Zeitungen, wobei man insgesamt von einer Inszenierung in Absprache mit dem Besitzer des Tabakwarenladens ausging, um die Besucherzahlen zu erhöhen. Als Rogers dann am 25. Juli 1841 tatsächlich verschwand und drei Tage später ihre Leiche geborgen wurde, führte dies zu einer ausführlichen Berichterstattung in der Presse. Da sehr viele Details aus den Ermittlungen in den Zeitungen aufgegriffen wurden, konnte sich Poe für seine 2. Dupin-Erzählung hier ausführlich bedienen[13].

In der Presse überschlugen sich die Vermutungen zu den Hintergründen des Todes; am hartnäckigsten hielt sich zuerst die Vorstellung, Mary Rogers sei von einer Bande ermordet worden. Poe ging aber entgegen dieser weitläufigen Meinung und ersten Ermittlungshypothese von einem Einzeltäter aus[14]. Allerdings nahmen die Ermittlungen – nachdem Poe bereits den ersten Teil seiner Erzählung in einer Zeitschrift veröffentlicht hatte – dann eine entscheidende Wendung. Es wurde nunmehr davon ausgegangen, dass der Tod von Mary Rogers wahrscheinlich die Folge einer missglückten Abtreibung gewesen ist. Poe nahm diese neuen Entwicklungen zum Anlass, seine Erzählung für den Abdruck in Buchform zwei Jahre nach Veröffentlichung in der Zeitschrift noch einmal umzuändern. Durch diese Änderungen bestand nun zumindest die Möglichkeit einer Lesart, nach der Marie Rogêt in Folge einer Abtreibung

12 Ausführlich hierzu *John Walsh*, Poe The Detective. The Curious Circumstances Behind The Mystery of Marie Roget, 1968.

13 Zu den Zeitschrifteninhalten ausf. *John Walsh*, S. 23 ff. *Michael Arntfield* stellt fest, dass die Passagen teilweise fast wortwörtlich aus tatsächlichen Zeitungsberichten entnommen wurden, a.a.O., S. 94.

14 Ausf. *William Wimsatt*, Poe and the Mystery of Mary Rogers, PMLA, 1941, Vol. 56, No. 1, S. 230 (236).

gestorben ist[15]. Poe unternahm hier den Versuch, ein wahres Verbrechen nicht nur nachzuzeichnen, sondern selbst aufzuklären[16]. Insofern eine klassische True Crime Geschichte, lange bevor Truman Capote sein Buch Kaltblütig schrieb.

3. Der entwendete Brief

Anders als bei den ersten beiden Dupin-Erzählungen ist bei dem entwendeten Brief kein so eindeutiger Bezug zur Wirklichkeit vorhanden. Gleichwohl gibt es diverse Mutmaßungen. Im 18. und 19. Jahrhundert gab es viele Skandale, in denen Briefe eine tragende Rolle spielten. Exemplarisch sei zum Beispiel auf die Halsbandaffäre verwiesen, die die französische Königin Marie Antoinette im Jahr 1785 betraf[17]. Hier wurde ein Brief gefälscht, um eine teure Halskette zu stehlen und Marie Antoinette zu kompromittieren[18].

Der englische Literaturwissenschaftler Richard Kopley stellt die dritte Dupin-Erzählung in den Zusammenhang zu Prinzessin Caroline von Wales und das Werk „The Death-Bed Confessions of the Late Countess of Guernsey" (1822)[19]. Prinzessin Caroline führte eine glücklose Ehe mit ihrem Cousin Georg, Prinz von Wales. Beide warfen sich Untreue vor und lebten bald getrennt. Wegen der Untreuevorwürfe gegen Caroline schränkte George den Kontakt zu ihrer Tochter immer stärker ein, so dass sich Caroline genötigt sah, sich in offenen Briefen an ihren Mann zu verteidigen, die ihre Popularität steigerten. Die Anklage wegen angeblicher Untreue führte zum Freispruch[20].

Ein Jahr nach Carolines Tod erschienen die „*Death-Bed Confessions of the Late Countess of Guernsey*", die angeblich die Todesgeständnisse der verstorbenen Gräfin von Jersey (1753–1821) enthalten[21]. In diesen Geständnissen übernimmt sie die Verantwortung für die zerrüttete Beziehung zwischen

15 *John Walsh*, S. 69 ff.; *Julian Symons*, Edgar Allan Poe. Leben und Werk, 1986, S. 318.

16 *Mark Seltzer*, The Crime System, Critical Inquiry, Vol. 30, No. 3, S. 557 (561).

17 *Brockhaus* (Hrsg.), Conversations-Lexikon oder kurzgefaßtes Handwörterbuch. 1. Aufl., Bd. 7: Nachträge: A–L. Kunst- und Industrie-Comptoir, Amsterdam 1809, S. 426.

18 *Countess of Guernsey* (Pseudonym), Death-bed confessions of the late Countess of Guernsey to Lady Anne Hamilton, First American from the first London edition, 1822.

19 *Richard Kopley*, Edgar Allan Poe and the Dupin Mysteries, 2008.

20 Zum Lebenslauf von Queen Caroline siehe z.B. *Richard Kopley*, S. 67 ff. m.w.N.

21 *Richard Kopley*, S. 70 ff.

König Georg IV. und Königin Caroline[22]. Die Authentizität des Werkes als auch sein Wahrheitsgehalt sind höchst fraglich[23].

Kopley vertritt nun die These, dass „*Der entwendete Brief*" möglicherweise von den gerade beschriebenen *Death-Bed Confessions* inspiriert wurde. Dabei verweist er sowohl auf sprachliche als auch inhaltliche Parallelen zwischen den beiden Texten[24]. Einen endgültigen Beweis hierfür gibt es aber nicht. Nicht zuletzt mag auch nicht unwahrscheinlich sein, dass Poe von mehreren höfischen Skandalen, von denen jener um Queen Caroline nur einer war, inspiriert wurde.

V. Kriminalistisches Denken

1. Der Doppelmord in der Rue Morgue

Poe nannte die Dupin-Erzählungen „tales of ratiocination", d.h. Erzählungen der logischen Analyse. In der ersten Detektivgeschichte wird zunächst abstrakt das analytische Vermögen der detection vorgestellt und im Anschluss daran die analytische Begabung Dupins anhand eines Beispielfalls geschildert. Dann erfolgt die direkte Anwendung seiner Fähigkeiten an den beiden Morden in der Rue Morgue[25]. Hier wird das Muster des klugen, naturwissenschaftlich gebildeten Detektivs mit scharfem, analytischem Verstand geprägt, der im Lösen von intellektuellen Rätseln seine Fähigkeiten unter Beweis stellen kann[26].

Dupin deckt auf, dass sich die Zeugen, die alle nur „Ohrenzeugen" gewesen sind, in ihren Aussagen widersprechen. Außerdem begeben sich Dupin und sein Freund, der Ich-Erzähler, auch direkt an den Tatort. Wie schon geschrieben, besteht das größte Rätsel darin, dass die Morde scheinbar in einem geschlossenen Raum stattfanden. Diese polizeiliche Hypothese führt dazu, dass die Ermittlungsbehörden ganz im Sinne eines „polizeilichen Tunnelblicks"[27] fälschlicherweise davon ausgehen, dass ein gewaltsames Eindringen nicht vorliegen könne. Dupin löst nun dieses scheinbar unlösbare Rätsel durch akribische Untersuchung des Tatorts. Er kommt zu der Überzeugung, dass die verdächtige Person einen ungewöhnlichen Einstieg über das Fenster des vier-

---

22 *Richard Kopley*, S. 70.

23 *Richard Kopley*, S. 71.

24 *Richard Kopley*, S. 72 ff.

25 *Manfred Smuda*, in: Jochen Vogt (Hrsg.), Der Kriminalroman. Poetik – Theorie – Geschichte, 1998, S. 121 (125).

26 *Stefan Neuhaus*, Der Krimi in Literatur, Film und Serie, 2021, S. 118.

27 So *Michael Arntfield*, S. 62.

ten Stockes genommen hatte und so über gewisse körperliche Fähigkeiten und physiologische Besonderheiten verfügen muss. So entdeckt Dupin ein Haar am Tatort, dem er einen tierischen Ursprung zuschreibt und für entscheidend für die Aufklärung des Falles hält.

Hier stellt Poe zum ersten Mal in einem literarischen Kontext die Bedeutung der Spurensicherung heraus[28]. Drei Jahre vor Abdruck der Erzählung „Der Doppelmord in der Rue Morgue" ging es in einem Gerichtsverfahren um die Frage des Ursprungs von Haaren, die an dem Beil eines Mordverdächtigen gefunden wurden. Nachweislich waren diese nicht menschlichen, sondern tierischen Ursprungs, so dass eine Verurteilung nicht erfolgen konnte. Schon im 19. Jahrhundert wurde in einem Standardlehrbuch daher die gerichtsärztliche Untersuchung von Haaren und deren Unterscheidung nach „Menschen- oder Thierhaar" als erster Schritt der Aufklärungsarbeit bezeichnet[29]. Die erste wissenschaftliche Auseinandersetzung mit mikroskopischen Haarstudien findet sich bei Lassaigne aus dem Jahr 1857[30].

Nach dieser Vorannahme fügten sich auch die zusammengetragenen Zeugenaussagen in ein stimmiges Bild, da diese die Sprache des „Täters" nicht identifizieren konnten. Die schrillen Laute klassifiziert Dupin daher als Schreie eines Affens. Ein ausführlicher Bericht über die anatomischen Besonderheiten von Orang-Utans verfestigt dann auch die Überzeugung, dass dieser über die Fertigkeiten verfügte, in die Wohnung im 4. Stock einzudringen und den beiden Frauen die Verletzungen zuzufügen.

2. Das Geheimnis der Marie Rogêt

Während in der ersten Dupin-Erzählung die Aufklärung eines Verbrechens, d.h. seine Lösung, im Vordergrund steht, bleibt die Lösung im Fall Marie Rogêt ungewiss. Abgesehen davon, dass auch der historische Fall noch nicht geklärt war, als Poe die Erzählung schrieb, so nutzt er doch diese Geschichte auch dafür, Limitationen seiner Methode der ratiocination aufzuzeigen, nämlich die Wahrheit nur im Einzelnen zu suchen[31].

---

28 So *Michael Arntfield*, S. 72.

29 S. *Eduard v. Hofmann*, Lehrbuch der gerichtlichen Medicin. Mit gleichmässiger Berücksichtigung der deutschen und Österreichischen Gesetzgebung, 4. Aufl., 1887, S. 442.

30 *Steffen Berg*, in: Burkhard Madea / Frank Mußhoff, Haaranalytik. Technik und Interpretation in Medizin und Recht, 2004, S. 19.

31 *Edgar Allan Poe*, S. 120.

Doch auch diese zweite Dupin-Erzählung wendet sich der akribischen Zusammenstellung von Ermittlungsdetails, wie Zustand der Leiche und Fundort zu. Dupin regt an, ein Boot aufzufinden und nach Spuren und Fasern zu suchen. Dieses Boot spielt im historischen Fall keine Rolle und ist eine Erfindung Poes, die aufgrund der von ihm dargestellten Theorie erforderlich war[32]. Letztlich hält sich Dupin aber mit der Analyse zurück, so dass Arntfield sogar kritisiert, Dupins analytische Brillanz halte sich in dieser Geschichte in Grenzen[33]. So wurden zahlreiche Unstimmigkeiten entdeckt, wie beispielsweise zum Leichentransport. Dupin geht davon aus, dass der Mörder die Leiche zum besseren Transport mit einer Trageschlaufe versehen habe, indem er einen Stoffstreifen aus dem Kleid vom unteren Rocksaum bis zur Hüfte herausriss. Berechnungen ergaben, dass Maries Gewand selbst bei Zugrundelegung einer Wespentaille vom Rocksaum bis zur Hüfte zwei Meter lang gewesen sein müsste und Marie quasi eine Riesin[34].

Allerdings setzt sich Poe auch mit klassischer Kriminalistik und Rechtsmedizin auseinander. Beispielsweise fragt Dupin nach der Zersetzung der Leiche im Wasser und wirft die Frage auf, wann Leichen wieder an der Oberfläche auftauchen. Schon sehr früh wurden in der Rechtsmedizin Anhaltspunkte für die Liegezeit der Leiche im Wasser gesucht, allerdings hier mehr Veränderungen des Leichnams selbst betrachtet, als dass die Frage des Auftriebs bzw. Wiederauftauchens in den Vordergrund gestellt wurde[35].

Daneben kritisiert Poe durch Dupin die Beweisfindung und formuliert den Vorwurf an die Ermittelnden, „die kleinliche Redeweise der Rechtsgelehrten nachzuahmen, die sich zum großen Teil damit begnügen, die Regeln und Formeln der Gerichtshöfe herunterzuschnurren". Die Wahrheitsfindung sei eine sehr limitierte, da „abweichende Beweisführung" vom Gericht „als Abschweifung" betrachtet werde. Dieser Vorwurf wird nicht nur dem Gericht gemacht, sondern auf die Ermittlungsbehörden ausgeweitet, die durch inadäquate Beweismittel irregeleitet würden[36].

---

32 *Julian Symons*, S. 318.

33 *Michael Arntfield*, S. 88 f.

34 S. *Hans-Dieter Gelfert*, S. 118.

35 So bspw. *Eduard v. Hofmann*, S. 584 ff.

36 Hierzu ausf. *Uwe Böker*, Englische Juristen entdecken Poes Detektivgeschichten, Arcadia 1981, Bd. 16, S. 49 (51 f.).

3. Der entwendete Brief

In der dritten und letzten Dupin-Erzählung steht der Täter von Anfang an fest und es geht um das Auffinden des Briefes. Die Lösung dieses zentralen Rätsels ist am Ende völlig offensichtlich: Der gesuchte Brief war nie wirklich versteckt, sondern befand sich gut sichtbar vor aller Augen. Das Prinzip, dass das Offensichtliche übersehen wird, findet sich auch in der Realität wieder.

Im bekannten Podcast „Zeit Verbrechen" sagt Richter Thomas Mälzer zum Beispiel mit Blick auf Diebstähle:

> „Ich würde vielleicht auch etwas überspitzt sagen, der sicherste Ort für den Brillantring ist der Küchentisch. Hier besteht die größte Chance, dass die Täter ihn dort übersehen, weil sie ihn dort nicht vermuten."[37]

Es gibt jedoch keine statistische Erfassung zu dieser Strategie, allgemein rät die Polizei auch davon ab, Wertsachen offen liegen zu lassen[38]. Allerdings geriet vor ein paar Monaten ein Fall in die Schlagzeilen, in dem eine ältere Dame einen 3,5 Kilogramm schweren Bernstein im Wert von 1 Millionen Euro als Türstopper verwendete. Die Einbrecher erkannten den Wert nicht und ließen den Bernstein liegen. Man muss aber zur Verteidigung der Einbrecher sagen, dass auch der Eigentümerin des Bernsteins dessen Wert nicht bekannt war[39].

Daneben wird das Motiv der Erpressung mit intimen Geheimnissen aufgegriffen, das noch heute relevant und unter dem Begriff „Sextortion" diskutiert wird. Dieser Begriff bezeichnet eine Form der Erpressung, bei der die Täter mit der Veröffentlichung von Nacktfotos, Nacktvideos oder anderen intimen Details drohen[40]. Im „Entwendeten Brief" bleibt zwar der genaue Inhalt des gestohlenen Briefes unklar, es ist aber von kompromittierenden Details die Rede, so dass der Leser hier Details aus einer Liebesbeziehung vermutet[41]. Das Schweigen über die Details verstärkt vielleicht sogar die universelle Relevanz des Motivs, indem es weniger um den konkreten Inhalt als vielmehr um die

---

37 Zeit Verbrechen, Adventskalender #4, ca. ab Min. 6.

38 Vgl etwa Hinweis der polizeilichen Kriminalprävention, abrufbar unter: https://www.polizei-beratung.de/aktuelles/detailansicht/wertsachen-zu-hause-richtig-aufbewahren/ (zuletzt abgerufen am 23.1.2025).

39 Berliner Morgenpost vom 13.9.2024, abrufbar unter: https://www.morgenpost.de/panorama/article407243893/frau-benutzt-eine-million-euro-teuren-bernstein-als-tuerstopper.html (zuletzt abgerufen am 18.1.2025).

40 *Tanja Niedernhuber*, in: Heinz-Bernd Wabnitz / Thoms Janovsky / Lothar Schmitt (Hrsg.), Handbuch Wirtschafts- und Steuerstrafrecht, 6. Aufl. 2025, 16 Kap. Rn 62; *Mustafa Temmuz Oğlakcıoğlu / Yusef Mansouri*, Love-Scam (oder wie man früher gesagt hätte: „Heiratsschwindel") … eine Straftat?, NStZ 2023, 129, Rn. 130 f.

41 *Richard Kopley*, S. 72.

Bedrohung geht, die vom bloßen Wissen um private Details ausgeht. Wie die Königin in dieser Geschichte, die sich an eine Figur wie Dupin wenden musste, um das intime Material zurückzubekommen, stehen auch moderne Opfer von Sextortion oft vor einem Dilemma: Aus Angst vor der Enthüllung des kompromittierenden Materials vermeiden sie es, die Polizei einzuschalten[42]. In beiden Fällen fehlt ein sicherer und einfacher Weg, das Problem zu lösen, ohne die eigenen Geheimnisse preiszugeben.

Poes dritte Erzählung beschreibt damit Phänomene, die auch heute noch auftreten. Seine Erzählung beleuchtet die Dynamik von Geheimnissen, Manipulation und Wahrnehmung – Themen, die sich in der Literatur wie in der modernen Welt kaum verändert haben. Poe selbst hielt diese Erzählung für seine beste Detektivgeschichte[43], wobei die Kompliziertheit des Falles diesmal in seiner Einfachheit liegt.

VI. Fazit

In seinen drei Dupin-Erzählungen zeigt sich Poe als kritischer Beobachter der Ereignisse seiner Zeit. Durch die analytische Brille seines Detektivs Dupin werden scheinbar unlösbare Rätsel und vielschichtige Ereignisse entschlüsselt. Dabei bedient sich Poe rechtsmedizinischen und insbesondere auch kriminalistischen Erkenntnissen, so dass die Vorgehensweise des von Poe erfundenen Meisterdetektivs durchaus modern ist. Daneben beleuchtet Poe die Polizeiarbeit aber auch kritisch und nimmt die Fehldeutung von Beweisen und vorschnelle Hypothesenbildung in den Blick.

Zudem nimmt er mit der Detektivgeschichte rund um Marie Rogêt einen historischen Fall zum Anlass, um diesen literarisch zu einer True-Crime-Story zu verarbeiten. Auch wenn bereits gut 100 Jahre zuvor mit dem Pitaval ein neues Genre der Nacherzählung berühmter Kriminalfälle geschaffen wurde[44], so geht die zweite Dupin-Erzählung doch über eine reine Wiedergabe des historischen Geschehens hinaus. Insoweit gleicht ist sie eher einer literarischen Verarbeitung eines historischen Falls im Sinne eines Truman Capote.

Poe hat durch alle drei Dupin-Erzählungen die Form der Detektivgeschichte eindrucksvoll geprägt und war vielen ihm folgenden Krimiautoren wie Agatha

---

42 Süddeutsche Zeitung vom 29.4.2024, abrufbar unter https://www.sueddeutsche.de/panorama/erpressung-mit-nacktfotos-nur-wenige-sextortion-faelle-aufgeklaert-dpa.urn-newsml-dpa-com-20090101-241229-930-329652 (zuletzt abgerufen am 23.1.2025).

43 *Frank Zumbach*, S. 519.

44 Vgl. hierzu *Fedor Seifert*, NJW 1985, 1591 (1594 f.).

Christie und Arthur Conan Doyle ein Vorbild. Doyle stattete Sherlock Homes mit vielen von Dupins Eigenschaften aus und so möchten wir mit den Worten Doyles schließen, aus denen deutlich wird, wie schwer es für spätere Autoren des Detektivromans war, aus dem Schatten Poes herauszutreten:

> „Diesen engen Pfad muss der Autor begehen, und dauernd sieht er Poes Fußabdrücke vor sich. Er ist dann jedes Mal froh, wenn er eine Möglichkeit sieht, auszubrechen und auf irgendeinem kleinen Nebenpfad alleine loszuzuziehen."[45]

45 Zitiert über *Julian Symons*, S. 319.

5.

Markus Thiel

Fakt oder Fiktion? Die Darstellung von Ermittlungs- und Gerichtsverfahren im Kriminalroman und das Strafverfahrensrecht

Zugleich ein Beitrag zur Etablierung einer kriminalliterarischen Plausibilitätsanalyse

I. Einleitung[1]

Für viele Nutzerinnen und Nutzer des Internets ist die Suche nach Unstimmigkeiten in Filmen und Serien zu einem Freizeitsport geworden – in einer kaum überschaubaren Fülle an Foren werden Anachronismen[2] und „*Continuity*"-Mängel[3] aufgezeigt und diskutiert. Dabei schleichen sich auch „Fake"-Fehler ein: So kursiert ein Bild aus dem Film „*Troja*" („*Troy*", 2004), das im Vordergrund *Brad Pitt* in seiner Rolle als *Achilleus*, im Hintergrund ein Flugzeug am Himmel zeigt. Wäre es echt, handelte es sich um einen groben Anachronismus, der jeder Cutterin und jedem Cutter hätte auffallen müssen – es ist aber offenkundig gefälscht. Unverfälscht ist dagegen eine Photographie von *Rudolph Valentino* vom Set des Stummfilms „*Der Sohn des Scheichs*" („*The Son of the Sheik*") aus dem Jahre 1926, auf der er deutlich erkennbar eine Armbanduhr der Marke *Cartier* (Baureihe *Tank*) trägt. Dies erweckt in Verbindung mit den

1 Die Vortragsform wurde weitgehend beibehalten. Die Ausführungen sind um einzelne Quellennachweise und weiterführende Hinweise im Fußnotenapparat ergänzt worden.

2 Hier im Sinne eines Auftretens von Personen, Gegenständen oder Umständen, die erst zu einem späteren Zeitpunkt lebten, erfunden oder entwickelt wurden, bzw. die bereits verstorben oder nicht mehr in Gebrauch waren. – Vgl. *André Wendler*, Anachronismen: Historiografie und Kino, Paderborn, Wilhelm Fink, 2014.

3 Ein solcher Fehler hinsichtlich der Medienkontinuität liegt vor, wenn eine Szene nicht plausibel an die nächste anschließt, auch folgen- oder staffelübergreifend. So können sich Gegenstände oder Personen aufgrund von Schnittfehlern oder sorglosen Arrangements von Requisiten und Komparsen in einer Folgeszene an einer anderen Stelle befinden, Kleidungsstücke können anders aussehen usw. (Kontinuität der Handlung, des Raumes, der Bewegungsrichtung, der Objektpermanenz etc.).

https://doi.org/10.1515/9783112206744-006

getragenen Kostümen den Eindruck eines Anachronismus. Das Uhrmodell hat allerdings 2017 bereits seinen 100. Geburtstag gefeiert, der Film beruht auf einem 1925 erschienenen Roman von *Edith Maude Hull* (1880–1947), und er spielt in der Zeit zwischen den Weltkriegen. So könnte *Ahmed* (*Valentino*), der Sohn des Scheichs, durchaus eine *Cartier Tank* getragen haben. Die Beispiele zeigen die Vielfalt denkbarer und vermeintlicher Fehler in Filmen[4] und die Schwierigkeiten, die sich bei der Aufklärung von Ungenauigkeiten und erzählerischen Brüchen ergeben können.

Auch in der Literatur lassen sich Fehler, Ungereimtheiten und andere Mängel finden – zumindest dann, wenn man die objektive Richtigkeit des Erzählten zum Maßstab nimmt. Sie können offenkundig sein oder sich erst nach vertiefter Analyse und Recherche erschließen, sie können gezieltes Stilmittel sein oder Folge von Versäumnissen der Autorin bzw. des Autors, und sie können schlichtweg übersehen, überlesen oder ignoriert werden, oder aber Lesefluss und Lesevergnügen je nach Anfälligkeit der Leserschaft beeinträchtigen. Dieser Beitrag beleuchtet die Thematik fehlerhafter Darstellungen in Kriminalromanen, vor allem im Hinblick auf Ermittlungs- und Gerichtsverfahren[5], und soll einen ersten Anstoß zur Etablierung einer methodisch gelenkten „kriminalliterarischen Plausibilitätsanalyse" als Subdisziplin von „Recht und Literatur" geben. Dazu erfolgt zunächst ein Überblick über die „Fehleranalyse" in Kriminalromanen (II.). Es schließen sich grundlegende Erwägungen zu einer kriminalliterarischen Plausibilitätsanalyse an (III.). Einige Beispiele (IV.) sollen die Vielfalt der denkbaren Fragestellungen verdeutlichen; der Beitrag endet mit einem Fazit (V.).

II. „Fehleranalyse" in Kriminalromanen

Der Begriff des „Kriminalromans"[6] wird im Zusammenhang dieses Beitrags weit und offen verstanden. Zum Genre gehören sehr unterschiedliche Unter-

---

4 In der Literaturwissenschaft hat sich für aus verschiedenen Gründen „verstörende" oder „irritierende" Literatur der Oberbegriff der „perturbatory narration" etabliert, dazu etwa *Sabine Schlickers / Vera Toro* (Hrsg.), Perturbatory Narration in Film. Narratological Studies on Deception, Paradox and Empuzzlement, Berlin, De Gruyter, 2018.

5 Vgl. allgemein *Heinz Müller-Dietz*, Literarische Strafprozessmodelle. GA 2009, 699–720; s. auch *Heike Jung*, Über die Rolle von Literatur und Film in der Methodik und Dogmatik der Rechtsvergleichung, GA 2020, 641–655.

6 Vgl. die vielfältigen Beiträge in *Susanne Düwell / Andrea Bartl / Christof Hamann / Oliver Ruf* (Hrsg.), Handbuch Kriminalliteratur. Theorien – Geschichte – Medien, Stuttgart, J.B. Metzner, 2018, und in *Jochen Vogt* (Hrsg.), Der Kriminalroman. Poetik – Theorie – Geschichte, Stuttgart, UTB, 1998; s. auch *Hans Pfeiffer*, Die Mumie im Glassarg. Bemerkungen zur Kriminalliteratur, Rudolstadt, Greifenverlag, 1960; *John Ball* (Hrsg.),

kategorien wie etwa der Detektivroman[7], der Polizeiroman[8], der Spionageroman[9], der Gerichtsroman, der Thriller[10], aber auch der historische Kriminalroman. Diese unterschiedlichen Formen des Kriminalromans sind durch jeweils divergierende Schwerpunkte und Handlungselemente gekennzeichnet, im Mittelpunkt der fiktiven Erzählung steht aber meist ein kriminalistisches Motiv oder eine begangene bzw. geplante Straftat.

Ein Bestandteil der literaturwissenschaftlichen Befassung mit und Untersuchung von Kriminalromanen ist die kritische Auseinandersetzung mit Fehlern, Ungereimtheiten, Widersprüchen und Ungenauigkeiten im Text. Sie steht in Tradition und Kontext formaler und struktureller Analyse und der Theorien der Fiktionalität[11]. Abgesehen von orthographischen und grammatikalischen Fehlern

---

Morde, Meister und Mysterien: Die Geschichte des Kriminalromans, Berlin, Ullstein, 1988; *Ulrike Leonhardt*, Mord ist ihr Beruf. Eine Geschichte des Kriminalromans, München, C.H. Beck, 1990; *Peter Nusser*, Der Kriminalroman, Stuttgart, J.B. Metzler, 1980; *Jochen Schmidt*, Gangster, Opfer, Detektive. Eine Typengeschichte des Kriminalromans, Hillesheim, KBV, 2009; *Ulrike Götting*, Der deutsche Kriminal-roman zwischen 1945 und 1970. Formen und Tendenzen, Wetzlar, Kletsmeier, 1998.

7 Instruktive Beiträge und reichhaltige Hinweise auf „Detektivromane" unterschiedlicher Epochen finden sich bei *Pierre Boileau* und *Thomas Narcejac*, Der Detektivroman, München, Luchterhand, 1964; s. auch *Paul G. Buchloh* / *Jens P. Becker*, Der Detektivroman. Studien zur Geschichte und Form der englischen und amerikanischen Detektivliteratur, Darmstadt, WBG, 1978.

8 Vgl. *Jean Bourdier*, Histoire du Roman Policier, Paris, Fallois, 1996; *Lukas Müller*, Police procedurals – made in West Germany. Frank Arnaus „amerikanische Polizeiromane" im Kontext der Ullstein Krimis, in: Günter Häntzschel / Sven Hanuschek / Ulrike Leuschner (Hrsg.), treibhaus, Jahrbuch für die Literatur der fünfziger Jahre 19/2023 – Amerika, München, edition t+k, 2023, 258–278. – Zum Gedanken eines „Von-der-Polizei-Wegschreibens" *Till Raether*, Die Verantwortung der Krimi-Autor*innen. Einige Forderungen an ein obrigkeitshöriges Genre, in: Sandra Beck / Johannes Franzen (Hrsg.), Kriminalerzählungen der Gegenwart. Zur Ästhetik und Ethik einer Leitgattung, Baden-Baden, Rombach Wissenschaft, 2022, 27–37 (35 ff.).

9 *Jens-Peter Becker*, Der englische Spionageroman. Historische Entwicklung, Thematik, literarische Form, München, Goldmann, 1973; *Jost Hindersmann*, Der britische Spionageroman. Vom Imperialismus bis zum Ende des Kalten Krieges, Darmstadt, WBG, 1995; *John G. Cawelti* / *Bruce A. Rosenberg*, The Spy Story, Chicago, University of Chicago Press, 1987; *Andy East*, The Spy in the Dark: A History of Espionage Fiction. The Armchair Detective 19 (1986), 23–40; *Ruth von Ledebur*, Lockvögel, Luder und Ladies: Frauen im englischen Spionageroman. Literatur in Wissenschaft und Unterricht 19 (1980), 284–300; *David Stafford*, The Silent Game: The Real World of Imaginary Spies, Toronto, Lester & Orpen Dennys, 1988.

10 *Lars Ole Sauerberg*, Literature in Figures: An Essay on the Popularity of Thrillers, Orbis Litterarum 38 (1983), 93–107.

11 Allgemein *Jost Schneider*, Einführung in die Roman-Analyse, 4. Aufl., Darmstadt, WBG, 2016; s. auch *Sandra Westphal*, Deutungshoheit über Texte. Eine Analyse des rechtswissenschaftlichen Diskurses über Literatur, Baden-Baden, Nomos, 2019;

betrifft dies vor allem den Inhalt des Erzählten. Insbesondere bei der Untersuchung historischer Kriminalromane oder von Romanen, die reale gesellschaftliche Institutionen wie Polizei oder Justiz thematisieren, können Fehler unterschiedlichster Art aufzufinden sein, die sich auf historische Daten und Fakten, technische und medizinische Details beziehen.

In nicht wenigen historischen Romanen minderer Qualität zeigen sich Anachronismen, z.B. durch den Rückgriff auf für die Handlung wesentliche historisch-politische Entwicklungen oder technische Instrumente und Verfahren, die zum Zeitpunkt, in dem die Geschichte „spielt", noch nicht geschehen, entdeckt oder erfunden waren. Der Auftritt bereits verstorbener oder noch nicht geborener Personen der Zeitgeschichte ist ebenso wenig plausibel wie erst in späteren Epochen entwickelte Alltagsgegenstände. In Filmen sind derartige Fehlgriffe häufig einfacher zu entdecken – berühmt geworden ist die (freilich nur schwer zu erkennende) Armbanduhr des Teilnehmers eines Wagenrennens im Film „*Ben Hur*" von 1959, dessen Handlung sich zur Lebenszeit Jesu Christi ereignet.

Fehleranfällig sind auch naturwissenschaftliche und medizinische Gegebenheiten. So sind bei Giftmorden realistische Giftmengen zu berechnen, die Wirkungsweise und die Symptome – abhängig von Verabreichungsform und -dauer – zu beachten. Manche Wunden und Verletzungen können nicht tödlich gewesen sein. Auch forensische Spuren bleiben nicht durchweg über einen längeren Zeitraum hinweg erhalten – die Moorleiche wird weitaus später noch auffindbar sein als ein im Wasser versenkter toter Mensch.

Konzeptionelle Schwächen betreffen vor allem „Fortsetzungsromane", die häufig gar nicht als Reihe geplant waren, deren wirtschaftlicher Erfolg aber Nachfolger provoziert. Die Romane sind mitunter untereinander nicht schlüssig. So können z.B. „*Continuity*"-Probleme auftreten, wenn frühere Handlungen oder Charakterentwicklungen widersprüchlich dargestellt werden, bereits verstorbene Charaktere sich ohne weitere Erklärung als Wiedergänger erweisen usw.

Schließlich kann der Kriminalroman auch Ungenauigkeiten und Fehler bei der Darstellung rechtlicher Aspekte aufweisen, etwa durch die fehlerhafte Schilderung des Ablaufs von Ermittlungs- und Gerichtsverfahren, ein grundlegendes Fehlverständnis juristischer Begriffe oder unrealistische Entwicklungen und Abläufe. Derartige Schwächen können für die Glaubwürdigkeit des Textes

---

Nursan Celik, Das Recht der Fiktion. Zu den Lizenzen und juristischen Implikationen fiktionalen Schreibens, Berlin/Heidelberg, Springer, 2024.

problematisch sein, weil Kriminalromane einen Teil ihres Reizes gerade aus der lebensnahen Darstellung rechtlicher Umstände gewinnen.

In all diesen Fällen ist es Bestandteil der literaturwissenschaftlichen Textarbeit, derartige und andere Mängel zu ermitteln, zu analysieren und zu hinterfragen. Sie schwächen die Authentizität eines Romans. Warum aber sollte man sich mit solchen Fehlern eingehender beschäftigen?

Ein wesentlicher Einwand gegen eine literarische Plausibilitätsanalyse ist, dass Kriminalromane – wie alle fiktionalen Werke – als Ausübung der künstlichen Freiheit der Autorin bzw. des Autors einzuordnen sind. Dass sie dabei den Schutz der Kunstfreiheit aus Art. 5 Abs. 3 GG genießen, ist für die in diesem Beitrag behandelte Thematik nur am Rande bedeutsam[12]. Faktisch aber besitzen die Autorinnen und Autoren alle Freiheiten, objektive Fehler in ihren Werken zu belassen oder sogar bewusst „einzubauen“[13] – so wäre es durchaus denkbar, einen Gerichtsroman mit den absurdesten Abläufen zu schreiben, um auf die Missstände der Justiz aufmerksam zu machen oder einfach durch eine Steigerung der Spannung nur gut zu unterhalten. Dass man *Franz Kafkas* „Der Prozess“ (1925)[14] nicht entgegenhalten kann, er orientiere sich an keiner geltenden Prozessordnung und stelle Verfahren nicht realistisch dar, liegt auf der Hand, zumal der namensgebende Prozess nur mittelbar und rudimentär erkennbar wird. Den Autorinnen und Autoren kommt es oftmals mehr auf den erzählerischen Effekt, auf Spannung, Dramatik und überraschende Wendungen, die die Emotionen und den Intellekt der Leserschaft ansprechen, nicht aber auf Präzision an. Auch bei Serien kann objektive Richtigkeit zurückgestellt werden: In der zwischen 1974 und 1998 ausgestrahlten Fernsehserie *„Derrick“* spielt *Horst Tappert* den Münchner Oberinspektor *Stephan Derrick*[15]. Seit Beginn der 1950er Jahre wurde die Amtsbezeichnung „(Ober-)Inspektor“

12 Zum Verhältnis zum allgemeinen Persönlichkeitsrecht der Dargestellten etwa *Gunnar Pohl*, Wahre Dichtung. Kriterien zum Ausgleich von Kunstfreiheit und Persönlichkeitsrecht am Beispiel von Esra und Mephisto, Frankfurt am Main, Peter Lang, 2014; *Sina Katharina Borutta*, Der realistische Roman. Ein Problem des Verfassungsrechts, Baden-Baden, Nomos, 2013.

13 Selbstverständlich ist dies dann, wenn die Autorin bzw. der Autor einen Fehler einer der Figuren als Teil der Handlung nutzt, etwa um falsche Spuren zu legen, eine falsche Verdächtigung zu begründen o. ä.

14 *Franz Kafka*, Der Prozess, Berlin, Die Schmiede, 1925. – S. dazu etwa *Claus Hebell*, Rechtstheoretische und geistesgeschichtliche Voraussetzungen für das Werk Franz Kafkas, analysiert an seinem Roman „Der Prozess“, Frankfurt am Main u.a., Lang, 1993.

15 Vgl. etwa *Markus Burbach*, Fiktionen staatlicher Exekutive. Die ZDF-Kommissare in ihrer Zeit, in: Augen-Blick 30: Gesetz & Moral. Öffentlich-rechtliche Kommissare, Schüren, Marburg, 1999, 24 (14 ff.); *Andreas Quetsch*, Der Mensch und die Moral: Oberinspektor Derricks härtester Fall, ebd., 25–72.

aber in den Ländern nach und nach abgeschafft, um ein möglichst bundeseinheitliches Dienstgradsystem zu schaffen[16]. In Bayern bestand der Dienstgrad des (Ober-)Inspektors noch bis in die 1970er Jahre hinein; auch nach der Umbenennung (in Kommissar) behielt *Derrick* seine Amtsbezeichnung. Hier wird es den für die Serie Verantwortlichen wichtiger gewesen sein, an den in der Bevölkerung geläufigen Dienstrang anzuknüpfen.

Absolute Präzision und rechtliche Stimmigkeit dürften vielen Autorinnen und Autoren auch nicht wichtig genug sein, weil andere Aspekte in den Vordergrund gestellt werden. Entsprechende Recherchen können mühsam und kleinteilig sein und sind häufig genug von untergeordneter Relevanz für die Erzählung. Vor allem bei historischen Kriminalromanen kann der Zugang zu Informationen über die fragliche Zeit erschwert sein (beispielsweise bei entlegenen Orten oder wenig erschlossenen Epochen), oder aber es fehlen überhaupt geschichtswissenschaftliche Erkenntnisse – in diesen Fällen steht es der Autorin bzw. dem Autor völlig frei, „hinzuzudichten" und Lücken durch Kreativität zu schließen. Diesbezüglich Fehler und Ungenauigkeiten aufzudecken, ist dann gewissermaßen „spiegelbildlich" auch für die literarische Plausibilitätsanalyse erschwert. Eine Geschichte, die in einem spezifischen Teil Südwestdeutschlands im 15. Jahrhundert spielt (wie bei der „Wanderhure"-Reihe von *Iny Lorentz*[17]), könnte von modernen Leserinnen und Lesern schwerer zu überprüfen sein, wenn es um historische Genauigkeit in Bezug auf regionale Gepflogenheiten, Rechtssysteme und Vorschriften, gesellschaftliche Strukturen oder alltägliche Praktiken geht. Die Autorin bzw. der Autor muss, wenn ihr bzw. ihm historische Genauigkeit wichtig ist, auf eine Fülle an Aspekten achten, soll der geschichtliche Kontext nicht verzerrt werden. Besondere Herausforderungen ergeben sich, wenn historische und geografische Elemente miteinander kombiniert werden.

Kriminalromane sind keine Sachbücher, wenngleich z.B. „*True Crime*"-Darstellungen einen „Mischcharakter" aufweisen können[18]. Auch Anachronismen können bewusst eingesetzt werden – als Stilmittel oder Handlungselement, als „kreativer Eingriff" bzw. gezielter „Bruch" oder bei der Darstellung verschiedener Zeitebenen. Wissenschaftliche Genauigkeit und eine penibel

---

16 Dazu *Otto H. Göbel*, Amtsbezeichnungen der Kriminalpolizei im Wandel der Zeit, Die Kriminalpolizei 9/2004.

17 Pseudonym von *Iny* Klocke und *Elmar Wohlrath*, Die Wanderhure, München, Knaur, 2004, und Folgetitel.

18 Dass sich bei der literarischen Darstellung nicht fiktiver Kriminalfälle aus rechtlichen Gründen die Notwendigkeit einer wahrheitsgemäßen Schilderung ergeben kann, weil etwa die Persönlichkeitsrechte der Akteurinnen und Akteure betroffen sind, soll hier nicht weiter vertieft werden.

schlüssige Konstruktion der Figuren und der Handlung werden von den meisten Leserinnen und Lesern auch nicht erwartet; die Toleranz gegenüber Fehlern kann als Charakteristikum der Genreerwartung eingeordnet werden. Auch die Zuordnung zu einem der Subgenres dürfte sich auswirken: Während man bei einem historischen Kriminalroman eine genauere Darstellung geschichtlicher Gegebenheiten erwarten darf, liegt der Schwerpunkt etwa bei einem Spionageroman eher auf der Spannung des Handlungsbogens. Es dürfte die Lesefreude weniger beeinträchtigen, wenn ein Undercover-Agent Schüsse aus einer Schusswaffe abgibt, die nicht zur üblichen Ausrüstung gehört, als wenn in einem Roman, der im frühen Mittelalter spielt, Handfeuerwaffen zum Einsatz kommen. Nicht jede Leserin und jeder Leser misst einer Fehlerfreiheit fiktiver Texte dieselbe Bedeutung zu. Viele Mängel werden überlesen oder nicht als bedeutsam für das Leseerlebnis betrachtet. Zudem ist die bzw. der „durchschnittliche" Leserin bzw. Leser als Maßstab zu nehmen.

Diese Perspektiven der Autorinnen und Autoren einerseits, der Leserinnen und Leser andererseits müssen bei einer literaturwissenschaftlichen Fehler- und Plausibilitätsanalyse berücksichtigt werden, um nicht Fehler nur um des Fehlerfindens willen finden zu wollen. Eine Fokussierung auf Ungereimtheiten bei der Lektüre trübt den Genuss ein; ein „Fehlervoyeurismus" wie in zahlreichen Internet-Foren zu Irrtümern in Filmen und Serien vernachlässigt die ästhetische und erzählerische Qualität fiktiver Texte und erfolgt häufig aus einem Bedürfnis heraus, diese als unvollständig oder minderwertig herabzuwürdigen. Der Blickwinkel verlagert sich von der Handlung, den Figuren und ihrer Persönlichkeitsentwicklung hin zu einer Art „Schnitzeljagd", die dem kreativen Prozess nicht gerecht wird. Auszugehen ist vielmehr von der Frage, ob die Richtigkeit des Dargestellten Teil der auktorialen Intention ist; die Entscheidung, wie „viel" Realismus in den Text einfließt, liegt allein bei der Autorin bzw. beim Autor. Der Grad der Fiktionalität des Werkes ist zu berücksichtigen – es muss vorab ermittelt werden, ob sich die Autorin bzw. der Autor an Fakten halten möchte oder ob sie oder er sich bestimmte Freiheiten in der Darstellung vorbehält. Auch die Darstellung juristischer Details kann als Fakt oder als Fiktion gedacht sein. Wenn eine Autorin oder ein Autor rechtliche Umstände als „Fiktion" einführen möchte, sollte dies transparent und nachvollziehbar erfolgen; auf diese Weise können die Leserinnen und Leser akzeptieren, dass diese Umstände abgewandelt oder dramatisiert werden, ohne dass dies die Glaubwürdigkeit des Erzählten im Ganzen untergräbt. Häufig kann diese Abgrenzung aber auch nur im Wege der Interpretation des Werks festgestellt werden. Nur dann ist es möglich, bloße Nachlässigkeiten und Gleichgültigkeiten bei der Recherche und Darstellung von einer gezielten Ausübung der künstlerischen Freiheit zu unterscheiden. Zeigt ein Roman, der ansonsten strikt logisch und rational konzipiert und aufgebaut ist, auffällige juristische Fehler, unlogische Wendungen und rechtlich „unrealistische" Lösungen, kann dies den gesamten „realistischen" Eindruck der Geschichte ins Wanken bringen und letztlich auch das Leseerlebnis insgesamt negativ beeinflussen. Werden etwa bei der Schilderung eines Gerichtsverfahrens wesentliche Prinzipien der Beweisaufnahme und -würdigung vernachlässigt oder Rechte des Angeklagten nicht beachtet, kann dies vermuten lassen, dass die Autorin bzw. der Autor entweder unkundig ist oder schlichtweg nicht sorgfältig genug recherchiert hat. Folge wäre ein Verlust des Leservertrauens in die Authentizität der Erzählung. Kohärenz (im Sinne einer logischen Nachvollziehbarkeit) und Konsistenz (im Sinne einer inneren Widerspruchsfreiheit) des Werkes wären beeinträchtigt. Gerade bei den „Suspense"-orientierten Literaturgattungen sollten Spannungsbögen und unerwartete Wendungen nicht auf unrealistischen Szenarien basieren. Entdeckt etwa ein Ermittler ein Beweismittel, das nach gängigen strafprozessrechtlichen Bestimmungen im Strafverfahren nicht genutzt werden dürfte, verliert dieses Handlungselement deutlich an Überzeugungskraft.

Soweit es um rechtliche und rechtshistorische Gegebenheiten geht, kann eine Autorin bzw. ein Autor, der bzw. dem es um eine möglichst realistische Schilderung zu tun ist, auf juristische Fachberatung angewiesen sein. Dies gilt namentlich für Kriminalromane unterschiedlicher Subgenres, die in besonderer Weise ro sind. Autorinnen und Autoren, die nicht über eigene rechtliche Fachkenntnisse verfügen, können die Qualität ihrer Werke diesbezüglich durch eine fachkundige Beratung erheblich steigern. Für Juristinnen und Juristen, insbesondere für solche mit literarischen Interessen, erschließt sich hier ein spannendes Betätigungsfeld. Sie können gewährleisten, dass rechtliche Aspekte in hinreichender Weise berücksichtigt werden und – soweit erforderlich – in die Handlung eingehen, ohne den erzählerischen Fluss nachteilig zu beeinflussen.

III. Plädoyer für die Etablierung einer kriminalliterarischen Plausibilitätsanalyse

Angesichts dieses Befundes spricht vieles für die Etablierung einer „kriminalliterarischen Plausibilitätsanalyse" als Teildisziplin des Forschungsgebiets „Recht und Literatur"[19]. Dieses wird grob in verschiedene Themenfelder un-

19 Grundlegend etwa *Richard A. Posner*, Law and Literature, 3. Aufl., Cambridge, Harvard University Press, 2009; *Lenora Ledwon*, Law and Literature. Text and Theory, London, Routledge, 1995; s. ferner *Klaus Kastner*, Literatur und Recht – eine unend-

tergliedert[20]: So werden im „Recht als Literatur" das Recht und seine textuellen Ausprägungen selbst als Literaturform betrachtet. Dies schließt etwa die Fragen ein, wie Gesetzestexte, Gerichtsentscheidungen und juristisches Schrifttum als Varianten sprachlichen Ausdrucks wahrgenommen und interpretiert werden, inwieweit juristische Texte selbst eine narrative Struktur aufweisen, ob sich sprachlich-stilistische Besonderheiten ausmachen lassen usw. In Reimform abgefasste Gerichtsentscheidungen wie etwa im Kölner Brauereipferd-Fall[21] sind dabei nur ein Beispiel. Das Themenfeld „Recht in der Literatur"[22] befasst sich mit der Darstellung von Recht, Gesetz, gerichtlicher Verfahren[23] und allgemeiner Aspekte der Gerechtigkeit innerhalb literarischer Werke: Wie stellen Autorinnen und Autoren das Rechtssystem, die Rolle der Justiz oder juristische Konflikte in ihren Erzählungen dar, nutzen sie es als Mittel zur Thematisierung gesellschaftlicher und politischer Missstände? Im Vordergrund steht die (häufig möglichst realistische) Darstellung von Rechtsinstitutionen, tiefergehende und übergreifende Analysen behandeln die Art und Weise, wie literarische Werke rechtliche Normen und Werte aufgreifen, wiedergeben und hinterfragen. Der Bereich „Literatur im Recht" untersucht schließlich, wie Literatur im juristischen Kontext behandelt wird. Dies betrifft vor allem Prozesse, deren Gegenstand ein literarisches Werk gewesen ist, aber auch Verfahren gegen Autorinnen und Autoren wegen ihrer Werke (oder mittelbar aufgrund ihrer Werke)[24]. Im weiteren Sinne kann auch behandelt werden, welche Rolle Literatur in der juristischen Ausbildung spielt. Diese genannten Themenfelder sind allerdings weniger Teildisziplinen eines eigenständigen Fachgebiets, sondern eher Perspektiven auf das Thema „Recht und Literatur",

---

liche Geschichte, NJW 2003, 609–615; *Bodo Pieroth*, Recht und Literatur: Von Friedrich Schiller bis Martin Walser, München, C.H. Beck, 2015; Recht und amerikanische Literatur: Von James Fenimore Cooper bis Susan Glaspell, München, C.H. Beck, 2017; Recht und britische Literatur: Von William Shakespeare bis George Orwell, München, C.H. Beck, 2019; Recht und französische Literatur: Von Jean de la Fontaine bis Albert Camus, München, C.H. Beck, 2021.

20 S. dazu auch die Differenzierungen bei *Bertram Lomfeld*, Narrative Jurisprudenz, 5 (+3) Momente Recht & Literatur, JZ 2019, 369–373.

21 Teilweise in Versform, AG Köln, Urt. v. 12.10.1984 – 226 C 356/84, NJW 1986, 1266 ff. – Weitere Beispiele: ArbG Detmold, Urt. v. 23.8.2007 – 3 Ca 842/07, NJW 2008, 782 ff.; FG Köln, Urt. v. 9.11.1987 – 11 K 3382/87.

22 Vgl. etwa *Katrin Becker*, Zwischen Norm und Chaos. Literatur als Stimme des Rechts, Legendre, Kafka, Hoffmann, Paderborn, Wilhelm Fink, 2016.

23 Instruktiv *Karoline Noack*, Recht und Wahrheit. Zwei Richterfiguren der Literatur, NJW 2013, 740–743.

24 Vgl. auch *Jana Helena Röttig*, Kunst als Gefahr für die „öffentliche Sicherheit" und „öffentliche Ordnung", Berlin, Duncker & Humblot, 2025.

das noch immer häufig als „Feierabendwissenschaft" für kulturell interessierte Juristinnen und Juristen oder als Nische der Literaturwissenschaft wahrgenommen wird. Gleichwohl hat es sich in den zurückliegenden Jahrzehnten professionalisiert und gewinnt zunehmend Interessierte hinzu. Die Verknüpfung von juristischem Fachwissen und literarischer Analyse bietet ein vielfältiges und spannendes Betätigungsfeld.

Gleichwohl erscheint das Feld „Recht und Literatur" bislang als methodisch wenig erschlossen. Veröffentlichungen greifen meist nur einzelne Werke oder ausgewählte Gesichtspunkte auf. Dies eröffnet den Interessierten große Spielräume für eine aktive Mitgestaltung, etwa bei methodologischen Ansätzen zur (Weiter-)Entwicklung einer Methodik für die Disziplin „Recht und Literatur". Als reizvoller Ansatz könnte sich dabei die Etablierung einer „kriminalliterarischen Plausibilitätsanalyse" als eigene, speziell für das Genre des Kriminalromans einschließlich seiner Subgenres entwickelte „Teildisziplin" bzw. als methodisch ausdifferenzierte Vorgehensweise bei der Interpretation erzählter Texte erweisen. Ziel einer solchen Analyse – die hier nur im Sinne eines ersten Anstoßes vorgestellt, nicht aber im Detail ausgearbeitet werden soll – wäre es, die Konsistenz, Kohärenz und Plausibilität von Kriminalromanen im Hinblick auf rechtliche Aspekte zu ermitteln und zu bewerten, wie realistisch und juristisch korrekt die Darstellungen unter Berücksichtigung des „Richtigkeits-" und „Glaubwürdigkeitsanspruchs" der Autorin bzw. des Autors sind. Es könnte untersucht werden, wie rechtliche Normen, Verfahren und Praktiken nachgezeichnet werden, und inwieweit sie den realen Gegebenheiten entsprechen bzw. „fiktionalisiert" sind. Zudem könnte bewertet werden, welchen Einfluss juristische Fehler und Ungenauigkeiten auf die Kohärenz und Glaubwürdigkeit des Werkes nehmen. Damit ließen sich zugleich die künstlerischen und narrativen Entscheidungen der Autorin bzw. des Autors ermitteln. Insgesamt könnte eine solche methodisch „unterfütterte" Analyse nicht nur ein besseres Verständnis für die juristische Dimension der Kriminalliteratur schaffen, sondern auch ein neues Feld für die wissenschaftliche Befassung mit der Intersektion von Recht und Literatur eröffnen. Eine Plausibilitätsanalyse soll nicht der erhobene rechtswissenschaftliche Zeigefinger des Pedanten sein, sondern kann Gestaltungsräume für Autorinnen und Autoren von Kriminalromanen aufzeigen, zu einer Optimierung von Erzählstrukturen beitragen, die Bedeutung fachspezifischer Recherche betonen und insgesamt zur Schaffung einer besseren Balance zwischen literarischer Freiheit und juristischer Authentizität genutzt werden.

IV. Beispiele

Die folgenden Beispiele stellen keine umfassenden kriminalliterarischen Plausibilitätsanalysen dar. Sie sollen vielmehr die Fülle an Gesichtspunkten verdeutlichen, mit denen man sich im Rahmen einer solchen Analyse befassen kann (und die von Autorinnen und Autoren mit Plausibilitätsanspruch zu berücksichtigen sind). Auch sind bei weitem nicht alle beispielhaft genannten Werke aus juristischem Blickwinkel fehlerhaft. Ihre Auswahl folgt keiner spezifischen Systematik.

1. „Klassischer" Kriminalroman – „Whodunit"

Zu den „Klassikern" der Kriminalliteratur gehören die Werke von *Agatha Christie* (1890–1976), die mit *Jane Marple, Hercule Poirot* und *Tommy und Tuppence Beresford* einige der bekanntesten Detektivfiguren geschaffen hat[25]. *Miss* (*Jane*) *Marple* ermittelte ab 1927 zunächst in einer Reihe von Kurzgeschichten; 1930 erschien mit „*The Murder at the Vicarage*" („*Mord im Pfarrhaus*") der erste Roman mit ihr als Hauptfigur. Sie lebt in dem fiktiven Dorf *St. Mary Mead.* Im Roman wird der selbstgefällige Colonel *Protheroe* ermordet im Pfarrhaus aufgefunden. Im Verlauf der Handlung geraten – typisch für das Genre und die Romane von *Agatha Christie* – verschiedene Dorfbewohnerinnen und -bewohner in Verdacht. Die Ermittlungen führt Detective Inspector *Slack* – ein sprechender Name, bedeutet doch „*slack*" etwa „locker", „schlaff", den der Beamte aber durch energisches Auftreten zu widerlegen versucht. Aufgeklärt wird der Fall am Ende durch *Miss Marple,* nach umfassenden eigenen Ermittlungen und Befragungen und auf der Grundlage allgemeinen Menschenverstands. Das Beispiel wurde hier aufgegriffen, weil es (auch juristisch) wenig plausibel ist, dass sich eine Zivilperson an Tatorten frei bewegen und mit Verdächtigen und Zeugen sprechen kann. Auch wenn sie sich den Zugang zu Wohnstatt und Gespräch oftmals charmant unter Vorwänden erschleicht und die dörfliche Gemeinschaft für wechselseitige unangekündigte Besuche offener sein dürfte als „Städter", ist es doch ungewöhnlich, dass die ermittelnden Polizeibeamten, die als seltsam engstirnig und unaufmerksam dargestellt werden (ein gängiges Stilmittel; man denke etwa an die Schwächen von Inspector *Lestrade* in den *Sherlock-Holmes*-Erzählungen von *Arthur Conan Doyle* [1859–1930]), die Einmischung von *Miss Marple* dulden, die – soweit ersichtlich – weder über eine Vollmacht noch eine Beauftragung verfügt und bislang keine vertieften Ermittlungserfahrungen aufweisen kann.

25 Vgl. etwa *Earl F. Bargainnier*, The Gentle Art of Murder. The Detective Fiction of Agatha Christie, Popular Press, 1980.

Unstimmigkeiten können sich mithin nicht nur aus unmittelbarem Widerspruch etwa zu Rechtsvorschriften ergeben, sondern aus einem unplausiblen, rechtlich gesteuerten Verhalten etwa der Ermittlungspersonen. Kriminologisch interessant mag noch sein, dass *St. Mary Mead* innerhalb von 40 Jahren zum Schauplatz von etwa 16 Morden wird – im Vergleich hat es die Grafschaft *Midsomer* in der Fernsehserie „*Midsomer Murders*“ um Inspector *Tom* (bzw. *John*) *Barnaby* zu knapp 400 Morden über die Seriendauer von 24 Staffeln seit 1997 gebracht.

2. „Hardboiled“-Detektivroman

Einen völlig anderen Charakter als die beschaulichen Romane von *Agatha Christie* weisen die „*Hardboiled*“-Detektivromane auf. Beispielhaft genannt werden kann „*I, the Jury*“ („*Der Richter bin ich*“, 1953) von *Mickey Spillane*. Der Privatdetektiv *Mike Hammer* ermittelt auf eigene Faust in einem Mordfall, bei dem sein bester Freund zum Opfer geworden ist. Dabei geht *Hammer* außerordentlich brutal vor und tötet im Affekt sogar einen der Verdächtigen – in Ausübung von Selbstjustiz ist er Richter, Jury und Scharfrichter zugleich. Zudem wendet er Folter und gewaltsame Verhörmethoden an, zerstört Beweismittel und missachtet die Menschenwürde. Die Polizei wird dabei nahezu vollständig umgangen, jedenfalls aber als inkompetent und teilweise korrupt dargestellt. Der Roman ist deshalb beispielhaft herangezogen worden, weil er die Bedeutung der künstlerischen Freiheit verdeutlicht. In der Realität würde die Polizei einen Privatermittler nicht auf eine solche Weise vorgehen lassen, sondern seinerseits strafrechtlich verfolgen. Der Roman gewinnt einen großen Teil einerseits aus der Spannung eines Handelns des „*Lone Wolfs*“, zum anderen daraus, dass Selbstjustiz trotz ihrer Illegalität weitgehend geduldet und *Hammer* seines Fehlverhaltens zum Trotz als Heldenfigur wahrgenommen wird.

In rechtlicher Hinsicht wäre *Hammer* bei realistischer Betrachtung spätestens nach den ersten Aktionen nicht mehr als Privatdetektiv tätig. In New York City, seinem Aktionsgebiet, galt zum Zeitpunkt des Geschehens der „*Private Detective Act*“ von 1939. Section 45:19–10 lautete:

> „No person, firm, association or corporation shall engage in the private detective business or as a private detective or investigator or advertise his or its business to be a private detective business or that of a detective agency or investigator without having first obtained from the superintendent a license to conduct such business, as hereinafter provided. Any person, firm, association or corporation who shall violate any of the provisions of this Section shall be guilty of a misdemeanor.“

Erforderlich ist also eine Lizenz für die Ausübung der Tätigkeit als Privatdetektiv (diese zu verlieren, ist die größte Sorge ungezählter US-amerikanischer Privatdetektive in Film, Fernsehen und Literatur). Die Lizenz kann vom Superintendenten (der Polizei) nach Anhörung widerrufen werden. *Mike Hammer* hätte die seine kaum verlängert bekommen; im Antrag waren nach Section 45:19–11 anzugeben:

> „(…) and such other facts as may be required by the superintendent as will tend to show the character, competency and integrity of each person or individual signing such application. (…).“

3. Polizeiroman

Ein Subgenre des Kriminalromans ist der Polizeiroman[26], in dem es – anders als etwa im Gerichtsroman – vorrangig um die Ermittlungstätigkeit der Polizei geht (in Nebenhandlungen häufig auch um private und berufliche Konflikte der Polizeibeamtinnen und -beamten). In *James Lee Burkes* Roman „*The Neon Rain*“ („*Neonregen*“, 1987) findet ein Polizeibeamter der Polizei New Orleans, *Dave Robicheux*, die Leiche einer jungen Frau. Die Ermittlungen führen zur Aufdeckung von Korruption, zu einem Netzwerk einflussreicher Geschäftsleute und einem Drogenkartell. *Robicheux* bemüht sich aufgrund seines Gerechtigkeitssinns um Aufklärung und riskiert dabei auch sein eigenes Leben. In intensiven Verhören versucht er, Geständnisse zu erpressen und die Ermittlungen so voranzubringen. Seine Ermittlungsmethoden wären nach den Vorgaben des US-amerikanischen Rechtssystems rechtswidrig, weil bei der Durchführung von Verhören illegale Methoden angewandt wurden. Dies wiederum würde zu einer fehlenden Verwertbarkeit der gewonnenen Informationen in einem Gerichtsverfahren führen. In der Entscheidung *Frank C. Nardone et. al. v. United States of America* des *Supreme Court of the United States* vom 11. Dezember 1939[27] wurde erstmals die „*fruit of the poisonous tree*“-Doktrin entwickelt[28]. Dabei handelt es sich um ein erweitertes Beweisverwertungsverbot. Doch schon 1914 wurde die sog. „*exclusionary rule*“ aufgestellt (*Weeks v. United States of America*[29]): Beweismittel, die u.a. durch willensbeugende Befragungsmethoden gewonnen wurden, dürfen den Anklagevorwurf nicht tragen und sind vom Gericht „auszusortieren“. Dieser Grundsatz wurde dann auf solche Beweismittel ausgeweitet, die mittelbar aus rechtswidrig erhobenen Beweismitteln gewonnen wurden. Die in der Rechtsprechung herausgearbeiteten Ausnahmen betreffen Sonderfälle. *Robicheux* hätte also in „*Neonregen*“ die

26 Vgl. *Wolfgang Butt*, Vom Polizeiroman zum Anti-Polizei-Roman. Zu den Kriminalromanen von Maj Sjowall und Per Wahloo, Akzente 25 (1978), 357–366.

27 308 U.S. 338 (1939).

28 Dazu *Andreas Ransiek / Marc Lehnert*, Die „Fruit of the Poisonous Tree“-Doktrin, ZStW 2022, 674–707.

29 232 U.S. 383 (1914).

erpressten Geständnisse nicht für ein gerichtliches Verfahren verwerten können. Zudem kämpft er im Roman mit einer Reihe eigener Probleme; seine erheblichen gesundheitlichen Schwierigkeiten und seine Ermittlungsmethoden würden auch in den USA zu internen Ermittlungen und einem Disziplinarverfahren führen. Alltägliche rechtskonforme Polizeiarbeit eignet sich allerdings wohl auch weniger für die Darstellung in einem literarischen Werk.

4. Gerichtsroman

Anfällig für juristische Fehler und Ungenauigkeiten sind naturgemäß Gerichtsromane, bei denen es um Verfahrensabläufe, Beweismittel und Zeugenaussagen geht. Besonders häufig Gegenstand literarischer Bearbeitung sind Strafverfahren und Schadensersatz- und Umweltprozesse.

Am Beispiel einer „fehlerfreien" Darstellung soll gezeigt werden, mit welchen Rechtsfragen sich Autorinnen und Autoren oftmals auseinanderzusetzen haben. Der Roman „*A Time to Kill*" („*Die Jury*", 1989) von *John Grisham* hat u.a. die Auswahl von Geschworenen zum Gegenstand. *Grisham* ist selbst Rechtsanwalt und verfügt zudem aufgrund seiner inzwischen über 30 Justizromane über eine weit überdurchschnittliche eigene juristische Expertise[30]. „*Die Jury*" ist sein erster Gerichtsthriller – und überzeugend rechtlich recherchiert. Im Roman wird in einer fiktiven Kleinstadt in Mississippi eine schwarze 10-Jährige von zwei betrunkenen weißen Männern vergewaltigt. Vor der ersten Anhörung bei Gericht erschießt der Vater des Mädchens die Täter. Gegenstand des Romans ist das Strafverfahren gegen den Vater; Ziel der Verteidigung ist es, ihn als unzurechnungsfähig darzustellen – am Schluss wird der Angeklagte tatsächlich freigesprochen. Wesentliches Handlungselement ist die Auswahl der Geschworenen der Jury[31], die am Ende des Auswahlprozesses aus 12 weißen Personen, davon 10 Frauen besteht. Die Erzählung wirft vor diesem Hintergrund Bedenken dahingehend auf, ob die Auswahl der Geschworenen rechtskonform gewesen ist. Insbesondere nutzt der Anklagevertreter seine Ablehnungsrechte, um möglichst jeden vorgeschlagenen schwarzen Geschworenen abzulehnen. Die Verteidigung trägt zudem vor, dass die potenziellen Geschworenen bei der Anreise von der vor dem Gerichtsgebäude stehenden aufgebrachten Menge – in der sich auch Angehörige des *Ku-Klux-Klans* befinden – eingeschüchtert worden seien.

---

30 Vgl. *Bernd J. Hartmann*, Das Studium der Rechte bei John Grisham, NJW 2003, 626–629.

31 Vgl. *Philipp Prantl*, The Jury as a Means of Equity in John Grisham's A Time to Kill, in: Gudrun M. Grabher / Anna Gamper (Hrsg.), Legal Narratives. European Perspectives of U.S. Law in Cultural Context, Wien/New York, Springer, 2009, 175–194.

In bestimmten Strafverfahren bilden die Geschworenen die „*trial jury*"[32], die in einem (im Regelfall einstimmigen) *verdict* über „schuldig" oder „nicht schuldig" zu entscheiden hat[33]. Die Verfahrensregelungen differieren in den Bundesstaaten teilweise. Die Zahl der Geschworenen variiert, häufig sind es zwölf. Eine Vorauswahl erfolgt oftmals über die Wählerlisten, aus denen zufällig Personen ausgelost werden, die vom Gericht vorgeladen werden. Dort findet das sog. „*voir dire*"-Verfahren statt[34], in dem die potenziellen Geschworenen zu ihrer Eignung befragt werden. Dies dient vor allem der Klärung möglicher Befangenheiten und Interessenkollisionen. Anklagevertretung und Verteidigung können beantragen, dass ein befragter Geschworener nicht zum Einsatz kommt („*challenge*"). Der Grund der Ablehnung ist plausibel zu machen – es muss begründet werden, warum Bedenken hinsichtlich einer unparteiischen Amtsführung bestehen. Da solche bei einer größeren Anzahl an Geschworenen vorliegen können, ist die Anzahl der „*challenges*" im Regelfall unbegrenzt. Zudem stehen sowohl der Anklagevertretung als auch der Verteidigung sog. „*peremptory challenges*" zu, bei denen für die Ablehnung keine Begründung abzugeben ist. In Mississippi gilt nach dem *Mississippi Code* § 99-17-3 Folgendes:

> „In capital cases the defendant and the state shall each be allowed twelve peremptory challenges. In cases not capital the accused and the state each shall be allowed six peremptory challenges; but all peremptory challenges by the state shall be made before the juror is presented to the prisoner. In all cases the accused shall have presented to him a full panel before being called upon to make his peremptory challenges."

Die im Roman beschriebenen zwölf „*strikes*" entsprechen also durchaus der geltenden Rechtslage in Mississippi, wenngleich die damit eröffnete Möglichkeit, gezielt auf eine bestimmte Zusammensetzung der Jury Einfluss zu nehmen, als außerordentlich problematisch erscheint. Daher gibt es in den USA eine durchaus kontrovers diskutierte Rechtsprechung, die es unterbinden soll, dass die Ausübung der „*peremptory challenges*" bzw. „*strikes*" allein an der „Rasse" der bzw. des Geschworenen ansetzt. In der Entscheidung des Supreme Court *Batson v. Kentucky*[35] hat der Gerichtshof entschieden, dass die in

---

32 Vgl. *Frank Rosenkranz*, Die Jury im US-amerikanischen Prozessrecht, ZfRV 2012, 83–93.

33 Eingänglich ist die Darstellung der Beratungen der Geschworenen im Fernsehspiel „*Twelve Angry Men*" („*Die zwölf Geschworenen*", 1954) von *Reginald Rose*, verfilmt zuerst 1957.

34 Dazu *S. Mac Gutman*, The Attorney-Conducted Voir Dire of Jurors: A Constitutional Right, 39 Brooklyn L. Rev., 1972, 290 ff.; *Nancy S. Marder*, Juror Bias, Voir Dire, and the Judge-Jury Relationship, Chicago Kent L. Rev., 2015, 927–956.

35 476 U.S. 79 (1986); dazu *Jean Montoys*, The Future of the Post-*Batson* Peremptory Challenge: Voir Dire by Questionnaire and the „Blind" Peremptory, 29 U. Mich. J. L. Reform, 1996, 981–1037; *John J. Francis*, Peremptory Challenges, Grutter, and

vorausgehenden Strafverfahren erfolgte Nutzung der „*peremptory challenges*", um einen bestimmten Juror aufgrund seiner „Rasse" auszuscheiden, gegen die *Equal Protection Clause* (Gleichbehandlungsklausel) des 14. Verfassungszusatzes *(14th Amendment)* verstoße[36]. Der Nachweis freilich, ob die Ablehnung tatsächlich allein aufgrund der „Rasse" oder des Geschlechts erfolgt, dürfte sich in der Praxis als schwierig erweisen[37]. Juristisch interessant ist zudem die Frage, wessen verfassungsmäßige Rechte eigentlich verletzt werden – diejenigen des diskriminierend abgelehnten Geschworenen oder diejenigen der bzw. des Angeklagten. In *Batson v. Kentucky* wird auf letztere abgestellt. In *Grishams* Roman blieb die Vorgehensweise des Anklagevertreters für diesen rechtlich folgenlos.

Zum Abschluss ein nicht ganz ernst gemeintes Beispiel: In den (mehrfach verfilmten) *Perry Mason*-Romanen von *Erle Stanley Gardner* (1889–1970), ebenfalls ein Rechtsanwalt, dreht sich die Handlung regelmäßig um einen Fall des Strafverteidigers *Mason*[38]. Seine Mandantin bzw. sein Mandant wird meist zu Unrecht einer Straftat bezichtigt; *Mason* und sein Team klären den Sachverhalt auf, und es kommt zum „Showdown" im Gerichtssaal. Gegenspieler ist häufig der Staatsanwalt *Hamilton Burger*, der nahezu immer die falsche Person verfolgt und daher im Strafverfahren unterliegt – er gilt als „*most incompetent lawyer in history*". Die Richterin am *Supreme Court*, *Sonia Sotomayor*, hat dazu geäußert:

> „(…) my sympathies were not entirely monopolized by Perry Mason. I was fond of Burger, the prosecutor, too. I liked that he was a good loser, that he was more committed to finding the truth than to winning his case."[39]

Würde sich aber ein derart erfolgloser Staatsanwalt in der Realität nicht beizeiten einen anderen Beruf suchen? Der Schriftsteller *Craig Pittman* meint dazu:

> „One last thing about Perry Mason: If a real-life prosecutor lost as many cases as Hamilton Burger does, he'd get the boot after six months. So maybe let your hero's foil win a few."[40]

Critical Mass: A Means of Reclaiming the Promise of Batson, Vermont L. Rev. 29, 2005, 297–363.

36 Ähnlich hinsichtlich einer Ausübung der „peremptory challenges" aufgrund des (männlichen) Geschlechts (gender) J.E.B. v. Alabama, 511 U.S. 127 (1994).

37 S. aber *Graham R. Cronogue*, Lies, Damn Lies, and Batson Challenges: The Right to Use Statistical Evidence to Prove Racial Bias, University of Miami Race & Social Justice L. Rev. 6, 2016, 103–136.

38 S. dazu *Thomas M. Leitch*, Perry Mason, Detroit, Wayne State University Press, 2005.

39 *Sonia Sotomayor*, My Beloved World, New York: Knopf, 2013, zitiert nach: The Case of the Long-Running Law Show – „Incompetent, Irrelevant, and Immaterial" Did Not Apply to Perry Mason. https://thewritelife61.com/tag/sonia-sotomayor/.

V. Fazit

Kriminalromane sind „fehleranfällig". Dies gilt namentlich für juristische Gesichtspunkte, die – sollen Ermittlungsverfahren und Gerichtsprozesse Gegenstand der Erzählung sein, und legt die Autorin bzw. der Autor Wert auf Richtigkeit und Präzision der Darstellung – je nach Handlungsort und -zeit des Werkes nicht leicht zu recherchieren sein können. Am Schnittpunkt von Literatur- und Rechtswissenschaften kann es instruktiv sein, Kriminalromane im Hinblick auf ihre rechtliche Plausibilität hin zu überprüfen. Dies soll nicht einem bloßen „Fehlervoyeurismus" Vorschub leisten, sondern kann dabei helfen, Fehler und Ungenauigkeiten in fiktionalen Texten zur Steigerung der Literaturqualität zu vermeiden, Einblicke in die Intention der Autorin bzw. des Autors hinsichtlich Kohärenz und Konsistenz des Werks zu verschaffen, die selbstbewusste Ausübung künstlerischer Freiheiten bei der Darstellung juristischer Gegebenheiten zu fördern, Juristinnen und Juristen, aber auch Polizeipraktikerinnen und -praktikern die Möglichkeit zur Ausübung einer beratenden Tätigkeit zu geben, das Forschungsfeld „Recht und Literatur" systematischer und methodischer zu erschließen und schließlich die Zusammenhänge zwischen Literatur und Recht insgesamt besser zu verstehen.

---

40 *Craig Pittman*, How To Write Legal Thrillers That Won't Drive Lawyers Crazy With Mistakes And Inventions. https://crimereads.com/how-to-write-legal-thrillers-that-wont-drive-lawyers-crazy-with-mistakes-and-inventions/.

6.

Florian Nicolai und Ayla Sommer

Räuberischer Espresso goes cinema… – Live Podcastfolge im Rahmen der Tagung „Recht in Literatur und Film“ in Köln vom 24.1.–25.1.2025

I. Einleitung

„Herzlich Willkommen zu einer neuen Folge Räuberischer Espresso. Mein Name ist Florian Nicolai und mein Name ist … Ayla Sommer.“[1]

Moment, hier stimmt doch etwas nicht. Genau, an dieser Stelle folgt eigentlich ein anderer Name, nämlich der von Mustafa Temmuz Oğlakcıoğlu. Letzterer konnte kurzfristig nicht an der Tagung teilnehmen, ihm ist aber ein Großteil des hier wiedergegebenen Inhalts zu verdanken, sodass dieser Beitrag eigentlich drei Autoren hat: Nicolai, Sommer und Oğlakcıoğlu[2].

Eine jede Podcast-Folge beginnt, nach dem oben erwähnten Begrüßungssatz, mit den drei „Hashtags“, welche das aktuelle Thema einläuten. In dieser Folge waren es die Hashtags #Kreuzverhör #Lincoln und #nebisinidem. Denn das der Tagung entsprechende Thema dieser Live-Podcastfolge war: „Justizthriller und Jurafehler.“

II. Faszination Rechtsfilm

Die Begeisterung von Zuhörer:innen, Zuschauer:innen und Leser:innen für Kriminalität besteht nicht erst seit Emporkommen des Genres „True Crime“. Kriminalfilme – insbesondere typische Polizei- und Detektivfilme – fesseln

---

1 Der Podcast „Räuberischer Espresso – Der Strafrechtspodcast der Fachzeitschrift 'Juristische Arbeitsblätter' (JA)“ mit Dr. Florian Nicolai und Prof. Dr. Mustafa Temmuz Oğlakcıoğlu erscheint seit 2020 regelmäßig auf allen gängigen Podcastplattformen.

2 Der Beitrag stellt eine Verschriftlichung des Gesprächs dar. Auf Wunsch des Verlages wurde jedoch auf eine Wiedergabe in Dialogform verzichtet. Das im Ton eher weniger förmliche Zwiegespräch wurde daher in diesen Fließtext gegossen.

https://doi.org/10.1515/9783112206744-007

schon lange Zuschauer:innen jeder Altersklasse. Kriminalität übt eine Anziehung auf die Menschen aus, man kann den gesetzestreuen, vielleicht als bieder wahrgenommenen Alltag, für ein bis zwei Stunden hinter sich lassen und in eine Welt von Gesetzesbrechern, von „Gut“ und „Böse“ abtauchen und sich beruhigt Mord und Totschlag hingeben. Weiß man doch in den meisten Fällen, in denen man mit Borowski, Batic, Leitmayr und ihren Kollegen das Wochenende ausklingen lässt, dass das Gute am Ende siegen wird.

Auch den „Rechtsfilm“ als doch etwas speziellere Unterform dieses Genres wissen seit Jahrzehnten die – zum Teil bzgl. juristischen Detailwissens recht anspruchsvollen – Zuschauer:innen (auch) jenseits der nachmittäglichen Dosis „Richterin Barbara Salesch“ zu schätzen. Filme wie „Zeugin der Anklage“, „Die Jury“, „Die Unbestechlichen“ oder „Eine Frage der Ehre“ fesseln ein Millionenpublikum. Protagonist:innen sind häufig clevere Staatsanwält:innen oder charismatische, zum Teil skrupellose Verteidiger:innen, mit denen sich der Zuschauer häufig ungeachtet des eigentlichen „Gut“ oder „Böse“ zu identifizieren vermag. Wie das Genre des „Rechts-“ oder „Gerichtsfilms“ genau zu umgrenzen ist, mag den Cineasten unter uns wohl einen eigenen Beitrag wert sein – hier und heute müssen wir uns jedoch darauf beschränken, dass schwach konturiert erst einmal alles, das im Entferntesten mit Justiz und Recht zu tun hat und dahingehend über den klassischen Krimi hinausgeht, unserer heutigen Definition unterfallen soll.

III. Justizthriller und das „echte Recht“

Jurist:innen läuft es bei Krimis häufig eiskalt den Rücken herunter, wenn vor Beschuldigtenvernehmungen nicht belehrt, pauschal die „Behinderung von Ermittlungsarbeit“ oder die „Beamtenbeleidigung“ als Straftat in den Raum gestellt oder sonstige Vorschriften erfunden oder verschwiegen werden. Die wenigsten Zuschauer:innen werden sich sonntags abends während des Tatorts die Frage stellen: „Dürfen die das denn jetzt eigentlich?“ Der Anspruch an rechtliche Detailtreue scheint in „Rechtsfilmen“, insbesondere Justizthrillern dennoch ein höherer zu sein – sowohl seitens der Filmemacher als auch seitens der Zuschauer. Das kann im Zweifel aber auch zu hohe Erwartungen hervorrufen: Ein Film, der einen Strafprozess detailgetreu nachzubilden versucht, spielt aus dramaturgischen Gründen vermutlich trotzdem mit bestimmten strafprozessrechtlichen Regeln. Insgesamt stehen bei der juristischen Exegese von – am Ende zuvörderst immer noch der Unterhaltung dienenden – Justizthrillern bereits a priori einige Kriterien im Fokus, die insbesondere aus filmischen Gründen zu schlichtweg unüberwindbaren Konflikten zwischen Film und Realität führen.

Diskrepanzen ergeben sich zumeist schon in den unterschiedlichen Rechtssystemen des Landes der Zuschauer:innen einerseits und dessen, in dem der Film spielt andererseits. Gerade bei den großen Blockbustern handelt es sich häufig um US-amerikanische Produktionen, die sich in den meisten Fällen auch um das Rechtssystem der USA drehen. So müssen aber gar nicht die Filme sofort als unrealistisch auffallen; in einigen Fällen scheinen Zuschauer:innen in Unkenntnis um den Ablauf eines Strafprozesses in Deutschland aufgrund der Darstellung in US-amerikanischen Filmen von viel größeren Parallelen auszugehen als sie tatsächlich bestehen. Für rechtsinteressierte und -kundige deutsche (und viele andere europäische) Zuschauer tritt der Verlust der cineastischen Realitätsnähe indes gleich zu Beginn sehr abrupt ein: Nicht nur das Jurysystem ist dem deutschen Strafprozess unbekannt. Bei genauerem Hinsehen fällt zudem die unterschiedliche Rolle der Vorsitzenden auf, die sich im US-amerikanischen Prozess auf die Leitung der Sitzung beschränkt und die Staatsanwaltschaft und Verteidigung die Befragungen führen, während im deutschen Strafprozess die Vernehmung von den Vorsitzenden jedenfalls umfassend begonnen (und gerade in „kleinen" Verfahren auch häufig ohne Fragen von Staatsanwaltschaft oder Verteidigung beendet) wird. Zudem ist auch bei öffentlichen Verhandlungen das Filmen und Fotografieren verboten[3]. Interessanter Fakt – oder interessante Ausnahme – am Rand: Das Filmen zu wissenschaftlichen und historischen Zwecken ist auch in Deutschland erlaubt, jedoch nur zu rein archivarischen Zwecken; Presseaufnahmen bleiben jedoch weiterhin unzulässig[4].

Gerade in amerikanischen Filmen wird häufig im Gericht umhergelaufen und generell tauchen zwischendurch unverhoffte Zeug:innen oder von den Anwält:innen beauftragte Privatermittler:innen auf, die den entscheidenden Beweis zur Überführung oder Entlastung des Angeklagten herbeitragen.

Ein weiteres Stilmittel, auf das besonders oft – sicherlich wegen der Theatralik – zurückgegriffen wird, ist das Kreuzverhör. Rhetorisch perfekte Strafverfolger:innen treffen auf nicht minder begabte Rechtsanwält:innen. Zeug:innen werden vor Gericht mit Worten zu Geständnissen gedrängt oder es wird ihnen so lange ins Gewissen geredet, bis sie gestehen.

3 § 169 GVG.

4 § 169 Abs. 2 GVG, vgl. MüKo-stop / *Kulhanek*, GVG § 169 Rn. 65 ff.; umfassend zur europäischen Rechtslage zur audiovisuellen Dokumentation der Hauptverhandlung vgl. *Gallmetzer*, Die Aufzeichnung der strafrechtlichen Hauptverhandlung in der europäischen Union, 2025.

Das Unterhaltung und Spannung aufbauende Moment liegt eben gerade in diesem konfrontativen Stil und der extremen Emotionalität der Beteiligten. Im deutschen Strafprozess liegt jedoch im typischen „Kreuzverhör" eher die Ausnahme. § 239 StPO lässt dieses parteiprozessuale Pendant zur generell inquisitorischen Ausgestaltung der Beweiserhebung zu, findet aber so gut wie nie statt. Dabei könnte eine häufigere Anwendung dieses Instituts dem Prinzip der Wahrheitsfindung durchaus zugutekommen: Geht man mit aktuellen wissenschaftlichen Erkenntnissen von der reellen Gefahr aus, dass entlastende Tatsachen in der Hauptverhandlung – insbesondere dann, wenn sie dort zum ersten Mal vorgebracht werden – aufgrund der Dissonanz mit der aus den Verfahrensakten entspringenden Vorverurteilungshypothese des Eröffnungsbeschlusses schlichtweg weniger Gewicht beikommt, so wäre ein Ausgleich dieses Mankos durch ein Gegengewicht zum inquisitorischen Prozess durchaus sinnvoll[5]. Verantwortlich sind hierfür übrigens der sog. Perseveranz-Effekt, der die Tendenz beschreibt, einmal gebildete Überzeugungen nur schwerlich wieder aufzugeben sowie der Inertia-Effekt, der das Festhalten an bestehenden Entscheidungen selbst bei Existenz rational vorteilhafter Alternativen aus Widerstand gegen Veränderung oder aus Bequemlichkeit beschreibt[6]. So ließe sich sogar anführen, dass im Wege eines Kreuzverhörs dem in Art. 6 Abs. 3 lit. d EMRK verankerten Konfrontationsrecht des Angeklagten besser Rechnung getragen werden könnte[7]. Nicht zuletzt würde, *cum grano salis*, sogar eine realitätsnähere Darstellung deutscher Strafverfahren cineastisch ansprechender.

Geradezu phänotypisch für Justizfilme sind darüber hinaus die folgenden beiden Aspekte:

1. Befangenheit von Ermittlungspersonen
Im Film geht es häufig auch um persönliche Beziehungen. Selbstverständlich spielen diese auch gern im Justizfilm eine Rolle. Eine mögliche Befangenheit beteiligter Personen wird dennoch eher selten zum Thema gemacht. Zumal diese sowieso nur für Richter:innen gilt. Bei Vertreter:innen der Staatsanwaltschaft ist die Lage schon etwas komplizierter[8]. Polizeibeamt:innen, die im Ermittlungsverfahren als sog. Ermittlungspersonen der Staatsanwaltschaft gewissermaßen zugerechnet werden, können nach deutschem Recht nicht befangen sein.

2. Beweisverwertungs-/erhebungsverbote
Aus den häufig fragwürdigen Ermittlungsmethoden, die im Film nicht zuletzt auch wegen der Dramatik eingesetzt werden, müssten nach deutschem Recht regelmäßig

---

5 MüKo-StPO / *Gaede*, 2. Aufl. 2024, § 239 Rn. 3 f.

6 Ausf. *Schünemann* StV 2000, 159 ff.

7 MüKo-StGB / *Gaede*, 2. Aufl. 2024, § 239 Rn. 5.

8 Zur Frage der Befangenheit der Sitzungsvertreterin der Staatsanwaltschaft s. jüngst *Kudlich / Nicolai* StV 2025, 159 ff.

Beweisverwertungs- bzw. bereits -erhebungsverbote folgen. Auch die Suspendierung gesetzeswidrig handelnder Beamt:innen findet so gut wie nie statt. Manchmal ist es sogar gerade charakteristisch für einen Film/eine Serie, dass ermittelnde Personen weder befugt sind noch sich innerhalb rechtlicher Rahmen bewegen. Als Beispiel mag man an den ermittelnden Rechtsmediziner Professor Karl-Friedrich Boerne aus dem Münsteraner Tatort-Team denken, der nicht nur an der Seite des ermittelnden Kommissars Thiel selbstverständlich Befragungen durchführt, Beweise sichert und sich als „Kollege des Kommissars“ vorstellt, sondern sogar auf eigene Faust widerrechtlich in Gebäude eindringt oder Verdächtige aufsucht, häufig unter Vorspiegelung falscher Tatsachen.

IV. Von der Theorie zur Praxis – Eine kursorische strafrechtliche Analyse der Filme „Der Mandat“ und „Das perfekte Verbrechen“[9]

Im Folgenden möchten wir den Blick auf zwei Filme wenden, die beide Autor:innen dieses Beitrags gesehen haben und sehr mögen und die jeweils interessante Diskussionspunkte hinsichtlich der Akkuratesse juristischer Feinheiten liefern, jedenfalls aber einen konkreten Vergleich zwischen Film und Realität unter hypothetischer Zugrundelegung der Anwendbarkeit deutschen Straf(prozess)rechts bieten. Denn die filmische Auseinandersetzung mit bestimmten Konflikten kann unabhängig von der Detailtreue bzgl. rechtlicher Voraussetzungen im Produktionsland durchaus Diskussionen über den Umgang mit ähnlichen Problemen in unserer Rechtsordnung anstoßen, mit anderen Worten: Die rechtstatsächlichen Konflikte existieren überall, ebenso wie die Frage, wie diese Konflikte in der deutschen Rechtsordnung aufgelöst werden können. Auch wenn es sich bei den hier vorgestellten Filmen und Filme aus dem US-amerikanischen handelt, haben wir in unserem Beitrag die deutsche Rechtslage untersucht.

1. Der Mandant (The Lincoln Lawyer), 2011

a) Inhalt

Der Mandant ist ein Justizthriller, der von Mickey Haller erzählt. Dieser arbeitet – dargestellt von Matthew McConaughey – als Strafverteidiger und übernimmt dabei Mandate unterschiedlichster Art. Seine „Kanzlei“ ist dabei statt eines klassischen Büros ein Lincoln Town Car. Eines Tages wird er von Louis Roulet (gespielt von Ryan Phillippe) aufgesucht. Bei Louis Roulet handelt es

9 Spoiler-Alarm: Im Folgenden werden naturgemäß Informationen folgen, die wesentliche Inhalte der Filme verraten. Sollten Sie die Filme noch nicht kennen, empfehlen wir den Beitrag erst nach Genuss der beiden besprochenen Justizthriller weiterzulesen.

sich um einen reichen „Schnösel", der beschuldigt wird, eine Prostituierte brutal angegriffen und vergewaltigt zu haben. Auf den ersten Blick scheint der Fall eindeutig zugunsten Roulets gelagert zu sein, doch Haller entdeckt bald Hinweise, die Roulet mit einem früheren Verbrechen – und damit auch mit einem früheren Mandanten Hallers – in Verbindung bringen. Dies katapultiert Haller in ein moralisches und berufsrechtliches Dilemma: Wie kann er der Wahrheit ans Tageslicht verhelfen, ohne das Anwaltsgeheimnis zu verletzen?

b) Auswahl interessanter Rechtsfragen

aa) Kanzleistandort

Interessant ist zunächst die ganz grundlegende Frage nach dem Kanzleistandort in einem Auto. Die §§ 27 ff. BRAO bestimmen die Kanzleipflicht von Rechtsanwälten und die Pflicht in den Verzeichnissen der Rechtsanwaltskammern mit ladungsfähiger Anschrift eingetragen zu sein. Auch im Hinblick auf Aktenführung und Mandatsgeheimnis klingt die Auto-Kanzlei nicht nur berufsrechtlich eher abenteuerlich. Diese Einschätzung trifft damit übrigens auch das deutsche Pendant zum Auto-Strafverteidiger „Danni Lowinski" (gespielt von Annette Frier), die in der gleichnamigen Serie Mandaten an einem Klapptisch in einem Kölner Einkaufszentrum berät.

bb) Anwaltliche Schweigepflicht

Der eigentliche Knackpunkt des Falles liegt jedoch in der anwaltlichen Schweigepflicht. Der Täter im Film sucht Haller gerade deshalb aus, weil er weiß, dass diesen im besagten Fall eine Schweigepflicht aus dem ersten Verbrechen trifft, da Haller dort den Beschuldigten vertreten hat, der stets seine Unschuld beteuert (dem jedoch nicht einmal Haller geglaubt hat).

Die anwaltliche Schweigepflicht trifft den Anwalt gem. § 43a BRAO. Verletzungen dieser Schweigepflicht sind nach § 203 Abs. 1 Nr. 3 StGB strafbar. Dies gälte auch dann, wenn er eines der beiden Mandate niederlegen würde, denn die Schweigepflicht gilt auch über das Mandat hinaus.

Haller vertritt seinen Mandanten daher weiterhin mit vollem Einsatz. Er möchte zwar die Unschuld des Mandanten des ersten Falles, der – wie jetzt auch Haller erkennt – unschuldig im Gefängnis sitzt, beweisen und könnte dies durch eine Verknüpfung mit dem neuen Fall. Er würde sich jedoch dann nicht nur eines Verstoßes gegen die Schweigepflicht schuldig machen, sondern darüber hinaus möglicherweise einen Parteiverrat begehen, in dem er es unterlässt, das Mandat bei Erkennen des Konflikts niederzulegen, wobei das strafrechtliche Handeln nicht im Unterlassen der Mandatsniederlegung, sondern im weiteren „dienen“ (vgl. Wortlaut) liegen wird, s. dazu gleich. Ebenso führt die Aussagepflicht vor Gericht nicht zur Suspension dieser Schweigepflicht, da ihm gem. §§ 53, 53a StPO ein Zeugnisverweigerungsrecht zustünde. Nur eine Entbindung von der Schweigepflicht würde daher das Strafbarkeitsrisiko des § 203 StGB beseitigen. Atypisch ist im vorliegenden Fall jedoch, dass die Familie des Anwalts von Roulet bedroht wird. Das führt ebensowenig zur Suspension der Schweigepflicht, könnte jedoch im Einzelfall ggf. zu einer Rechtfertigung nach § 34 StGB oder Entschuldigung nach § 35 StGB einer Verletzung führen.

Im Film „umgeht“ Haller dieses Dilemma der Schweigepflicht dadurch, dass er Roulet im aktuellen Fall zwar pflichtgemäß (und erfolgreich) verteidigt, jedoch die Aufmerksamkeit der Ermittler auf den ersten Fall lenkt, was zur Freilassung im aktuellen, jedoch zur direkten Festnahme aufgrund des ersten Falles führt. Dies würde ihn nach deutschem Recht jedoch möglicherweise nicht vor einer Strafbarkeit bewahren. Tathandlung des § 203 StGB ist das „Offenbaren“, mithin jede Mitteilung an einen Dritten, der den Inhalt zuvor noch nicht oder nicht sicher kannte[10]. Die weitgefasste Tathandlung deutet nicht zwingend auf ein direktes „Erzählen“ hin. Dem Wortlaut würde wohl auch das hiesige „Darauf stoßen“ der anderen unterfallen. Einerseits ist beim mündlichen Offenbaren die tatsächliche Kenntniserlangung beim Dritten nötig[11], die bei noch eher vagen, diffusen Hinweisen durch bloße Äußerung noch nicht eingetreten sein wird, jedoch durch Nachforschung zügig eintreten kann. Der weite Wortlaut sowie das Telos der Vorschrift sprechen nicht zwingend gegen die Tatbestandsmäßigkeit dieses Verhaltens. Zwar sind vorliegend noch Zwischenschritte nötig, die zur tatsächlichen Kenntniserlangung führen, sodass das Wissen den Dritten noch nicht vermittelt wurde[12]. Eine Unterbrechung der Zurechnung soll gerade auch dann eintreten, wenn der Kommunikationsinhalt Dritten nur offenbart wird, wenn diese wiederum Strafgesetze verletzen[13]. Im hiesigen Fall würden indes gerade zulässige, staatliche Ermittlungshandlungen und keine ihrerseits strafrechtlich verbotenen Handlungen angeregt. Im Ergebnis wird man aber trotzdem – orientiert am Einzelfall – unterscheiden müssen, ob tatsächlich Inhalt offenbart wird, oder durch die eher vagen Handlungen lediglich offenbart wird, *dass* es überhaupt ein Geheimnis weiterhin unbekannten Inhalts gibt, welches die Ermittlungsbehörden zu eigenen Nachforschungen motivieren mag.

---

10 NK-StGB / *Kargl*, 6. Aufl. 2023, § 203 Rn. 34.

11 NK-StGB / *Kargl*, 6. Aufl. 2023, § 203 Rn. 37.

12 Vgl. dazu NK-StGB / *Kargl*, 6. Aufl. 2023, Rn. 37.

13 Vgl. *Sassenberg / Bamberg*, DStR 2006, 2052 (2053 f.).

cc) Parteiverrat

Nach § 356 StGB macht sich in Deutschland strafbar, wer als Anwalt oder anderer Rechtsbeistand in dieser Eigenschaft in derselben Rechtssache beiden Parteien durch Rat oder Beistand pflichtwidrig dient.

Interessant ist in dem konkreten Filmbeispiel die Frage, ob es sich bei den beiden Mandaten um „dieselbe Rechtssache“ i.S.d. § 356 StGB handelt. Für die Identität der Rechtssache ist der sachlich-rechtliche Inhalt der anvertrauten Interessen maßgeblich[14], insofern besteht eine gewisse Parallele zum prozessualen Tatbegriff aus § 264 StPO. Eine Tat ist demnach ein einheitlich, geschichtlicher Lebensvorgang ohne zeitliche Zäsur. Mit Blick auf den fehlenden räumlich-zeitlichen Zusammenhang zwischen beiden Taten könnte man das Vorliegen eines einheitlichen, geschichtlichen Lebenssachverhalts ablehnen. Damit käme man im vorliegenden Fall zur Auffassung, dass die erste Tat, deretwegen den ursprünglichen Mandanten verteidigt, und die zweite Tat, deretwegen er Haller verteidigt, nicht ein und dieselbe Tat sind, wenngleich dem vorliegenden Fall gewissermaßen immanent ist, dass sich jeweils diametrale Interessen der beiden Mandanten gegenüberstehen. Mit Blick auf das Ziel der Vorschrift könnte man nun versuchen zu begründen, dass aufgrund der Konnexität der Fälle über den (potenziell) selben Täter, ein Handeln in der einen zugleich ein Handeln in der anderen Rechtssache ist und so zur Sachidentität gelangen. Ob diese teleologische Auslegung noch mit dem Wortlaut „in *derselben* Rechtssache“ vereinbar ist, ist allerdings fraglich.

2. Das perfekte Verbrechen (Fracture), 2007

a) Inhalt

Im Film „Das perfekte Verbrechen“ schießt der Ingenieur Ted Crawford (Anthony Hopkins) seiner Frau Jennifer in den Kopf, nachdem er erfahren hat, dass diese eine Affäre unterhält. Jennifer überlebt den Angriff zunächst. Crawford wird vom Polizisten Nunally (Billy Burke) festgenommen, bei dem es sich ausgerechnet um die Affäre von Jennifer handelt. Crawford legt zunächst ein Geständnis ab und wird vom jungen Staatsanwalt Willy Beachum (Ryan Gosling) angeklagt. Crawford verteidigt sich selbst und spielt mit Beachum Katz und Maus: Einerseits wird die Tatwaffe nicht gefunden, andererseits stellt sich das Geständnis Crawfords als „fruit of the poisonous tree“, also als unverwertbares, aus einer unrechtmäßigen Beweiserhebung stammendes Beweismittel dar. Auch Nunally fällt als Hauptbelastungszeuge aus, als seine Affäre zum Opfer

---

14 MüKo-StGB / *Schreiner*, § 356 Rn. 47.

offenbart wird. Dies führt zur einem Freispruch Crawfords aus Mangel an Beweisen. Crawford veranlasst nun die Abschaltung der lebenserhaltenden Geräte seiner Frau, die daraufhin verstirbt. Beachum findet dennoch einen Weg, Crawford zu überführen und konfrontiert diesen damit. Crawford beruft sich jedoch auf den Grundsatz *ne bis in idem* (in den USA als „Double Jeopardy" bezeichnet) und zeigt sich daher unbeeindruckt. Der Grundsatz wird im Film jedoch dadurch durchbrochen, dass nach dem Tod der Ehefrau der Tatvorwurf nun nicht mehr auf versuchten Mord, sondern auf Mord lautet, weshalb Crawford sich nicht auf den Grundsatz berufen könne. Der Film endet mit einer Aufnahme aus dem Gerichtssaal – der Ausgang des Verfahrens bleibt offen.

b) Auswahl spannender Rechtsfragen

aa) Fruit of the poisonous tree

Bereits die Unverwertbarkeit der objektiven Beweise wäre im deutschen Strafprozess eher fraglich. Denn mag zwar das erste Beweismittel in der Kette jedenfalls im Film unverwertbar sein – selbst das wäre hier fraglich, es handelt sich dabei nämlich um die Zeugenaussage Nunallys, die deshalb unverwertbar sein soll, weil es sich bei ihm um die Affäre des Mordopfers handelt – so kennt das deutsche Strafprozessrecht diesen Grundsatz nicht[15].

bb) Ne bis in idem

Der Grundsatz *ne bis in idem* („Nicht zweimal in derselben Sache") besagt, dass nach rechtskräftigem Urteil in einer Sache, niemand ein zweites Mal bestraft werden darf. Dabei erschöpft sich der Grundsatz nicht im Doppelbestrafungsverbot im engeren Sinne, sondern erstreckt sich auch auf die erneute Strafverfolgung nach rechtskräftiger Entscheidung und gilt auch im Falle eines Freispruchs. Dieser Grundsatz kann im deutschen Strafprozessrecht durchbrochen werden, und zwar sowohl zugunsten, § 359 StPO, als auch zuungunsten des Verurteilten, § 362 StPO. Die Hürden für die Rechtskraftdurchbrechung sind jedoch (auch verfassungsrechtlich geboten) sehr hoch. Jüngst hat das BVerfG einer Erweiterung des § 362 StPO eine Absage erteilt und die vom Gesetzgeber neu geschaffene Nr. 5 in § 362 StPO für verfassungswidrig und gem. § 95 III BVerfGG für nichtig erklärt[16].

---

15 Ausf. zur nach h.M. im deutschen Strafprozessrecht nicht bestehenden Fernwirkung von Beweisverwertungsverboten MüKo-StGB / *Kudlich*, 2. Aufl. 2023, Einl. Rn. 488 ff. sowie *Jäger*, Beweisverwertung und Beweisverwertungsverbote, 2003, S. 111 ff.

16 BVerfGE 166, 359; dazu u.a. *Kudlich* / *Göken* NJW 2023, 3683; s. auch *Göken*, Wiederaufnahme zuungunsten des Verurteilten, 2025.

Der springende Punkt im Film, nämlich die Veränderung der rechtlichen Bewertung der Tat von einem versuchten Mord hin zu einem vollendeten spielt jedoch bei der Frage nach dem Strafklageverbrauch jedenfalls nach deutschem Recht keine Rolle. Denn der Strafklageverbrauch tritt nicht hinsichtlich eines Delikts ein und entfällt bei rechtlicher Neubewertung oder beim (verzögerten) Eintritt des Vollendungsstadiums. Gemäß Art. 103 III GG ist Anknüpfungspunkt für *ne bis in idem* „die Tat“. Das Grundgesetz geht insoweit von einem prozessualen Tatbegriff aus[17]. Tat im prozessualen Sinn ist der geschichtliche, durch Zeit und Lebenssachverhalt begrenzte Vorgang, der in Anklage und Eröffnungsbeschluss benannt ist[18]. Sie wird i.d.R. durch Tatort, Tatzeit und das Tatbild umgrenzt, wobei auch das Täterverhalten und die ihm innewohnende Angriffsrichtung bestimmt wird[19].

Die Durchbrechung dieses Grundsatzes wäre jedoch schon mit dem bisherigen § 362 StPO möglich: Nr. 4 sieht die Zulässigkeit der Wiederaufnahme zuungunsten des Freigesprochenen nämlich dann vor, wenn dieser vor Gericht oder außergerichtlich ein glaubwürdiges Geständnis der Straftat ablegt. Dies hat Crawford im Film in Anwesenheit Beachums getan.

V. Schluss

Diese zwei Beispiele zeigen, dass in Justizfilmen oft mehr steckt, als man auf den ersten Blick als Zuschauer:in erkennen kann. Zu jedem der hier genannten Punkte wären – den Rahmen dieses Podcastbeitrags sprengend – noch viel umfassendere Ausführungen möglich.

Insgesamt sollte man nicht vergessen, dass der eigentliche „Auftrag“ von Filmen die Unterhaltung, nicht aber die juristische Lehre ist. Denn wenn man ehrlich ist, wären viele Serien und Filme ohne bestimmte Charaktere und deren Eigenheiten ziemlich wenig unterhaltsam, sodass man – vor allem als Jurist:in – gut beraten ist, beim Zuschauen fünf gerade sein zu lassen und das Spektakel zu genießen.

---

17 BVerfGE 56, 22 (28).

18 BVerfGE 56, 22 (28); BVerfGE 23, 191 (202).

19 Ausf. BGH NStZ 2023, 441; ausf. zum Verhältnis vom materiellrechtlichen zum prozessualen Tatbegriff BeckOK-StGB / *von Heintschel-Heinegg*, 64. Ed. Stand 1.2.2025, § 52 Rn. 88 ff.

7.

Büşra Akay

Recht als Literatur – Ein interdisziplinärer Versuch

I. Einleitung

Das Urteil ist die Konkretisierung des in einem demokratischen Gesetzgebungsverfahren entstandenen allgemeinen Gesetzes – so lautet das Idealbild der Rechtsprechung, aus dem man sich eine sachlich neutrale und demokratisch legitimierte Rechtanwendung verspricht. Das Forschungsfeld „Recht als Literatur" stellt diese Vorstellung infrage, indem es den juristischen Diskurs durch einen literaturwissenschaftlichen Blick betrachtet. Ziel ist es, die Sprache des Rechts nicht nur als Mittel zur Normdurchsetzung, sondern als eine Praxis mit interpretativem Spielraum zu erkennen. In diesem Rahmen ist unter Literatur sowohl die fiktionale Literatur als auch die Methodik ihrer wissenschaftlichen Analyse zu verstehen. Die Literatur wird hier nicht nur als ästhetische Form behandelt, sondern als ein Modus der Bedeutungsproduktion, der mit Mehrdeutigkeit, Metaphorik und narrativer Struktur operiert. Diese Perspektive erlaubt es, juristische Texte nicht nur auf ihre normative Funktion, sondern auf ihre Sprache, Bildlichkeit und impliziten Machtverhältnisse zu untersuchen. Dabei geht es nicht nur um eine metaphorische Analogie, sondern um eine ernsthafte Verschiebung der epistemologischen Grundlage: Das Recht wird nicht länger als objektives, neutrales System betrachtet, sondern als ein interpretatives, kulturell eingebettetes Narrativ[1].

Ist das Recht wie Literatur? Welche Gemeinsamkeiten bestehen, wo liegen Unterschiede – und was geschieht, wenn man rechtliche Texte wie literarische Texte analysiert? Kann eine solche Perspektive dazu beitragen, die Methodik der Rechtsanwendung zu hinterfragen, um eine kritische Reflexion mit mehr Raum für Pluralität zu etablieren?

Diesen Fragen geht der folgende Beitrag nach.

---

1 *Binder / Weisberg* in ihrer Einführung zu „Law as Literature" in Literary criticisms of law, 2000, S. 1.

https://doi.org/10.1515/9783112206744-008

II. Sprache als gemeinsames Medium

Recht und Literatur sind beide sprachlich vermittelte Systeme, die Welten konstruieren, statt sie nur abzubilden. Auch im Recht steckt eine erzählerische Komponente. Die Rezeption der Literatur verlief im juristischen Denken in mehreren Stufen – von der bloßen Dekoration juristischer Texte mit Zitaten über den moralischen Gehalt literarischer Werke bis hin zur erkenntniskritischen Auseinandersetzung mit dem Verhältnis von Sprache, Macht und Auslegung[2]. Gerade dieser letzte Aspekt macht die Literatur für das Recht fruchtbar: Sie zeigt, dass Sprache nie neutral ist, dass sie Wirklichkeit nicht abbildet, sondern hervorbringt – und dass damit auch juristische Entscheidungen nie frei von Interpretation und Machtbezügen sein können. Sprache ist das zentrale Medium sowohl der Literatur als auch des Rechts. Beide Systeme erzeugen gesellschaftliche Wirklichkeit durch Textualität. Literatur erschafft fiktive Welten, bietet Perspektivenvielfalt und lebt von der Ambiguität. Das Recht hingegen beansprucht Verbindlichkeit, Klarheit und Autorität. Dennoch zeigt sich in beiden Feldern ein gemeinsames Bedürfnis nach Auslegung und Interpretation. Schon das römische Recht war von einem Bewusstsein für die sprachliche Macht der Norm geprägt. Die Glossatoren und Kommentatoren des Mittelalters lasen die römischen Quellen wie heilige Schriften, in denen jedes Wort Bedeutung hatte[3]. Diese Haltung erinnert an die exegetische Methode der Bibelinterpretation und ist strukturell verwandt mit dem literaturwissenschaftlichen *close reading*[4]. Im Mittelalter lasen Juristen das römische Recht wie einen heiligen Text mit größtem Respekt vor der sprachlichen Präzision[5]. Diese Herangehensweise führte dazu, dass das römische Recht nicht nur als juristische Grundlage diente, sondern in seiner sprachlichen und inhaltlichen Präzision fast wie ein heiliger Text verehrt wurde, vergleichbar mit der Bibel in der Theologie. Einzelne Begriffe und Formulierungen wurden

---

2 Vgl. *Lüderssen*, Die Juristen und die schöne Literatur – Stufen der Rezeption, in: Weber (Hrsg.), Annäherungen an das Thema „Recht und Literatur", Bd. 1., Recht, Literatur und Kunst in der Neuen Juristischen Wochenschrift, S. 889–900.

3 *Harke*, Römisches Recht – Von der klassischen Zeit bis zu den modernen Kodifikationen, 2. Aufl. 2016, S. 22 f., 31–34; *Lange*, Römisches Recht im Mittelalter, Bd. 1, Die Glossatoren, 1997, Kapitel 8 zeigt den Verlauf der Arbeiten an den libri legales und die Bedeutung der Verbindlichkeit des Textes.

4 Close reading stammt ursprünglich aus der angelsächsischen Literaturwissenschaft, insbesondere aus dem sogenannten New Criticism der 1920er bis 1950er Jahre, und ist eine Analysemethode, die den Text in den Mittelpunkt stellt, vgl. *Ransom*, Criticism, Inc., in: Leitch (Hrsg.) The Norton Anthology of Theory and Criticism, 2001, S. 1108–1118.

5 *Berman*, Recht und Revolution: Die Bildung der westlichen Rechtstradition, 1991, S. 186 f.

minutiös analysiert und interpretiert. Randbemerkungen und Kommentare (Glossen) erklärten die Bedeutung jedes einzelnen Satzes. Ein Beispiel für die hohe Wertschätzung des römischen Rechts ist der Spruch

> „Chi non ha Azzo non vada al palazzo"
> „Wer Azo nicht hat, soll nicht zum Gericht gehen",

der die Bedeutung der Werke des Glossators Azo unterstreicht[6].

Dieses Verständnis prägte das europäische Rechtsdenken nachhaltig. Die systematische Hermeneutik, wie sie in der Neuzeit von Savigny und anderen entwickelt wurde[7], ist daher nicht nur ein juristisches, sondern auch ein geisteswissenschaftliches Verfahren.

III. Juristische und literarische Interpretation

1. Juristische Methodenlehre

Die juristische Auslegung kennt vier klassische Methoden: die grammatikalische (Wortlaut), die systematische (Stellung im Gesetz), die teleologische (Zweck der Norm) und die historische (Wille des Gesetzgebers). Ihre Ursprünge liegen in der Historischen Rechtsschule des 19. Jahrhunderts und wurden maßgeblich durch Friedrich Carl von Savigny geprägt[8].

Die systematische und teleologische Auslegung entwickelten sich dabei als Antwort auf die zunehmende Komplexität des Gesetzesrechts im modernen Staat und dienten der Herstellung innerer Konsistenz und Zielgerichtetheit im Recht[9].

In der gegenwärtigen Methodenlehre an deutschen Universitäten gilt diese Methodik der Auslegung weitgehend als Konsens: Die vier klassischen Methoden werden weiterhin gelehrt und dominierend als objektive Anwendungs-

---

6 Dieses geflügelte Wort war unter Juristen weit verbreitet und verdeutlicht die Autorität, die Azzos Werke im mittelalterlichen Rechtswesen genossen; vgl. *Stein*, Roman Law in European History, 1999, S. 47.

7 *Savigny*, System des heutigen Römischen Rechts, Bd. I, 1840, S. 213–218.

8 Die Historische Rechtsschule war eine rechtswissenschaftliche Bewegung des 19. Jahrhunderts, die davon ausging, dass Recht nicht einfach durch Vernunft oder politische Willensakte geschaffen wird, sondern historisch gewachsen ist. Sie betonte das organische Entstehen des Rechts aus dem „Volksgeist" und war der Auffassung, dass Recht durch sorgfältige historische und systematische Auslegung der bestehenden Rechtsquellen erschlossen werden müsse – nicht durch abstrakte Kodifikation, vgl. *Savigny*, Vom Beruf unserer Zeit für Gesetzgebung und Rechtswissenschaft, 1814, insb. S. 8 ff.

9 Vgl. *Wank*, Die Auslegung von Gesetzen, 2023, S. 29–36.

möglichkeit des Rechts dargestellt. Während Savignys Konzeption noch stark am Ideal eines objektiven Sinns orientiert war, erkennt man heute zwar an, dass Auslegung immer kontextabhängig und argumentativ ist[10]. Trotzdem bleibt in der juristischen Ausbildung an deutschen Universitäten, die stark auf das Staatsexamen ausgerichtet ist, eine kritische Auseinandersetzung mit den Grundlagen und Grenzen dieser Methoden vielfach unterrepräsentiert. Der methodische Pluralismus wird zwar formal anerkannt, aber selten wirklich eingeübt. Die juristische Methodenlehre wird so oftmals reduziert auf ein pragmatisches Instrumentarium zur Lösung von Klausuren – und nicht als reflektiertes Element einer Wissenschaft vom Recht begriffen. Damit bleibt die Ausbildung hinter dem Anspruch zurück, den das Fach der Rechtswissenschaft an sich selbst stellt: nicht nur Recht anzuwenden, sondern auch seine Voraussetzungen, Wirkungen und Grenzen zu hinterfragen.

2. Literaturwissenschaftliche Methoden

Literaturwissenschaftliche Auslegung ist dagegen offener, plural und oft subversiv; sie analysiert Texte nicht nur aus einer textbasierten, sondern auch beispielsweise aus feministischer, postkolonialer, psychoanalytischer oder dekonstruktiver Perspektive.

Im Unterschied zu den juristischen Methoden, die auf Eindeutigkeit, Systematik und normative Schlüssigkeit abzielen, sind literaturwissenschaftliche Verfahren auf die Offenlegung von Mehrdeutigkeit, Kontext und subjektiver Positionierung hin orientiert.

Die hermeneutische, dekonstruktivistische, narratologische und psychoanalytische Herangehensweisen an Texte sind nur ausgewählte Beispiele für literaturtheoretische Ansätze:

Die Hermeneutik bezeichnet die Theorie und Praxis des Verstehens und der Auslegung, die ihren Ursprung in der Auslegung religiöser Schriften hat, im Laufe der Geistesgeschichte jedoch auf das gesamte Feld der Geistes- und Kulturwissenschaften ausgeweitet wurde[11]. Zentrales Anliegen der hermeneutischen Methode ist es, Sinnzusammenhänge in Texten oder kulturellen Aus-

10 Vgl. *Sauer*, in: Krüper (Hrsg.) Grundlagen des Rechts, 5. Aufl. 2025, Juristische Methodenlehre, S. 208–212; gleichzeitig wächst das Bewusstsein für methodenkritische, interdisziplinäre und gesellschaftlich reflektierte Ansätze, wie bspw. in *Buckel, Christensen, Fischer-Lescano* (Hrsg.), Neue Theorien des Rechts, 3. Aufl. 2020.

11 Z. B. bei Schleiermacher oder Gadamer, vgl. *Gadamer*, in: Gadamer (Hrsg.), Die Moderne und die Grenze der Vergegenständlichung, 1960, Zuwachs an Sein. Hermeneutische Reflexion und bildende Kunst, S. 95–125.

drucksformen zu erschließen. Ein charakteristisches Merkmal hermeneutischen Verstehens ist der sogenannte hermeneutische Zirkel: Das Ganze eines Textes lässt sich nur im Verhältnis zu seinen Teilen verstehen, während sich der Sinn der Teile wiederum nur aus dem Gesamtzusammenhang erschließt[12]. Dieser Zirkel ist dabei nicht als logischer Fehlschluss zu verstehen, sondern als dynamischer Prozess des Sich-Erschließens von Bedeutung.

Eine zentrale Figur der modernen Hermeneutik ist *Hans-Georg Gadamer*. Gadamer geht davon aus, dass jedes Verstehen durch historische Vorprägungen, sogenannte „Wirkungsgeschichte", mitbestimmt ist[13]. Die Auseinandersetzung mit einem Text ist daher immer auch ein Dialog zwischen Vergangenheit und Gegenwart. In diesem Prozess kommt es zu einer „Horizontverschmelzung" – der Annäherung und Überlagerung des Horizonts des Interpreten mit dem des Textes oder Autors. Verstehen ist in dieser Perspektive weder objektiv noch rein subjektiv, sondern ein geschichtlich vermittelter, offener Prozess, der auf Dialog und Reflexion beruht.

Die dekonstruktivistische Auslegung nach der Philosophie von *Jacques Derrida* macht Spannungen, Auslassungen und Bedeutungsverschiebungen sichtbar. Sie unterläuft die Vorstellung von Eindeutigkeit und Stabilität sprachlicher Bedeutung[14]. Nach Derrida führen alle Versuche, Wirklichkeit abzubilden, nicht zu objektivem Wissen oder zur Wahrheit, sondern lediglich zu unterschiedlichen Formen von Darstellung – zu Repräsentationen, die allesamt gleichwertig sind und nicht in einem Wahrheitsanspruch hierarchisiert werden können. Sämtliche gesellschaftliche Phänomene und menschliche Erfahrungen wie etwa Krieg, Revolution oder Geschlechterverhältnisse existieren danach in der Wahrnehmung nur durch ihre Darstellung in sprachlichen oder symbolischen Formen, also in *Texten*. Ähnlich wie ein literarischer Text würden auch diese sozialen „Texte" eine Vielzahl teils widersprüchlicher Deutungen erlauben. Bedeutungen seien dabei grundsätzlich instabil: Jede Interpretation bleibe vorläufig, uneindeutig und letztlich nicht endgültig entscheidbar. In Derridas vielzitierter Formulierung: „Es gibt nichts außerhalb des Textes" [15] macht er deutlich, dass Bedeutung nicht auf eine außersprachliche Realität verweist, sondern ausschließlich im Spiel der Zeichen innerhalb des Textes entsteht.

---

12 *Gadamer*, in: Gesammelte Werke Bd.1 – Hermeneutik I – Wahrheit und Methode: Grundzüge einer philosophischen Hermeneutik, 7. Aufl. 2010, S.179, 194, 270 ff., 296 ff.

13 Ebd., S. 300–310.

14 *Derrida*, Grammatologie, 15. Aufl. 2021 (frz. Orig. 1967).

15 Ebd., S. 227 („Il n'y a pas de hors-texte.").

Auch innerhalb eines Textes seien die zentralen Begriffe – die sogenannten Signifikanten – nicht festgelegt, sondern offen für Bedeutungsverschiebungen. Diese Ambivalenzen würden sich im Lauf der Zeit und durch unterschiedliche Lesarten verstärken, bis sich die Signifikanten von einer festen Bedeutung lösten. Die Bedeutung eines Textes werde somit nicht vom Autor festgelegt, sondern im Akt des Lesens konstruiert[16]. Der „*Tod des Autors*"[17] ist in diesem Sinne keine biografische Aussage, sondern Ausdruck einer poststrukturalistischen Lesart, die den Autor als alleinigen Sinngeber in Frage stellt.

Die Narratologie, insbesondere in ihrer strukturalistischen Ausprägung, beschäftigt sich mit den formalen Elementen narrativer Texte. Im Zentrum steht die systematische Analyse der Struktur von Erzählungen, wobei zwischen der Ebene des Erzählten (der Geschichte) und der Art der Darstellung (dem Diskurs) unterschieden wird[18]. Zu den zentralen Analyseparametern gehören unter anderem die Erzählperspektive, die zeitliche Ordnung der Ereignisse, das Verhältnis von Erzählzeit zur erzählten Zeit, die Dauer und Frequenz der Darstellung sowie die narrative Einbettung verschiedener Erzählebenen[19].

Gérard Genette, der eine der einflussreichsten narratologischen Systematiken vorgelegt hat[20], unterscheidet etwa zwischen einem heterodiegetischen Erzähler, der außerhalb der erzählten Welt steht, und einem homodiegetischen Erzähler, der selbst Teil der Geschichte ist. Darüber hinaus beschreibt er metadiegetische Erzählungen, also Geschichten innerhalb von Geschichten, sowie verschiedene Formen der zeitlichen Strukturierung.

Genette bringt diese Erzähltheorie auf den Punkt, wenn er schreibt: „Die Stimme ist dasjenige, das erzählt.[21]" Damit verweist er auf die zentrale Funktion der Erzählinstanz als strukturierende Kraft, die sowohl über Inhalt als auch über Form der Darstellung entscheidet.

Psychoanalytische Lesarten heben auf das Unbewusste im Text ab. *Jacques Lacan* knüpft im 20. Jahrhundert an Freuds Theorie der Traumdeutung an[22],

---

16 Vgl. *Culler*, On Deconstruction, 1982, Kap. 2.

17 Vgl. Essay von *Barthes*, in: Roland Barthes, Das Rauschen der Sprache, Kritische Essays, 2024 (frz. Orig. 1695), S. 57–63.

18 *Rimmon-Kenan*, in: PTL. A Journal for Poetics and Theory of Literature 1976, 1, S. 33–62, A comprehensive Theory of Narrative: Genettes Figures III and the Structuralist Study of Fiction.

19 Vgl. *Genette*, Die Erzählung, 3. Aufl. 2010, (frz. Orig. 1972), S. 13–36.

20 Ebd., S. 37–123.

21 Ebd., S. 13.

22 Der Begründer der Psychoanalyse etablierte mit *Die Traumdeutung* (1900) die Idee, dass Träume verschlüsselte Wunscherfüllungen darstellen, vgl. *Schlesier*, in: Erhart / Jaumann

reformuliert sie jedoch im Rahmen strukturalistischer Sprachtheorie[23]. Für ihn ist das Unbewusste nicht einfach ein Speicher innerer Triebe, sondern strukturiert sich – wie die Sprache – durch Differenz, Verschiebung und Symbolisierung. Nach Lacan ist das Unbewusste strukturiert wie eine Sprache[24], womit er zum Ausdruck bringt, dass Bedeutung nicht direkt, sondern nur vermittelt über Zeichen und Bezeichnungsprozesse zugänglich ist.

Gemeinsam ist diesen Methoden, dass sie den Text als Produkt und Produzenten kultureller Ordnung betrachten – und somit Texte in ihrer ästhetischen, ideologischen und gesellschaftlichen Dimension dechiffrieren können. Der Text ist damit nicht nur ein Mittel, sondern ein epistemologisches Ereignis: Er bringt Erkenntnis hervor und erschafft Ordnung.

IV. Macht, Interpretation und Urteilsbildung

Das Vertrauen auf objektive Anwendungsmöglichkeiten des Rechts ist insofern problematisch, als dass das Recht strukturell unbestimmt ist: Normen sind allgemein, Sachverhalte singulär, und die Verbindung zwischen beiden kann nie vollständig durch das Gesetz selbst geleistet werden. Diese strukturelle Unbestimmtheit lässt sich nicht beseitigen, sondern muss als zwangsläufige Wesensart hingenommen, aber im Umgang kritisch bearbeitet werden[25]; und das sowohl in der Rechtstheorie als auch in der Praxis.

1. „Ehrenmord"-Rechtsprechung und Orientalisierung von Sexismus

Besonders deutlich wird die Nähe zwischen Literatur und Recht dort, wo rechtliche Deutungen soziale Normen festigen oder in Frage stellen. Der Begriff des „Ehrenmords" aus der Rechtsprechung der Strafgerichte ist ein Beispiel dafür, wie sprachliche Konstruktionen rassistische und sexistische Zuschreibungen verfestigen[26].

(Hrsg.), Jahrhundertbücher: Große Theorien von Freud bis Luhmann, Hermeneutik auf dem Königsweg zum Unbewussten: Freuds Traumdeutung (1900), 2000, S. 14.

23 *Lacan*, Schriften I, 1973, (frz. Orig. 1966), S. 556.

24 Ebd., S. 166, aus dem Aufsatz „Funktion und Feld des Sprechens und der Sprache in der Psychoanalyse" (Vortrag von 1953).

25 Vgl. *Mattutat*, Das Problem der Unbestimmtheit des Rechts – Konsequenzen für die theoretische und praktische Rechtskritik, Kritische Justiz (KJ), 2016, S. 496–510.

26 Vgl. ausführliche Rechtsprechungsanalyse von *Foljanty / Lembke*, Die Konstruktion des Anderen in der „Ehrenmord"-Rechtsprechung, KJ 2014, 298–315; *Lembke*, in: Rudolf /

Bei der Frage, ob die Tötung einer Frau durch einen Ex-Partner oder ein Familienmitglied aus niedrigen Beweggründen geschieht und damit einen Mord (§ 211 StGB) darstellt, ist entscheidend, ob Tatantriebe vorlagen, die nach allgemeiner sittlicher Wertung auf tiefster Stufe stehen, durch hemmungslose, triebhafte Eigensucht bestimmt sind und deshalb besonders verachtenswert und die Tat daher als solche mit mehr nachvollziehbar erscheint[27]. Bei der Auslegung dieser sprachlichen Formulierung wird eine ambivalente gerichtliche Praxis deutlich[28]:

Während bei nicht-weiß gelesenen Tätern, etwa solchen mit arabischer, türkischer oder kurdischer Herkunft, Tötungsdelikte regelmäßig als besonders verwerfliche „Ehrenmorde" gewertet und mit lebenslangen Freiheitsstrafen geahndet wurden, zeigen Gerichte gegenüber weißen deutschen Tätern deutlich mehr psychologisches Verständnis. Wenn diese aus „Verlustangst" oder „Verzweiflung" infolge einer Trennung handelten, wurde ihre emotionale Lage ausführlich berücksichtigt. So könne das Mordmerkmal der niedrigen Beweggründe entfallen, wenn die Trennung vom Opfer ausgehe und der Täter „das verliert, was er eigentlich nicht verlieren will"[29]. Solche Argumentationsmuster wurden bei migrantischen Tätern jedoch nicht in Betracht gezogen. Ihre Handlungen wurden als Ausdruck kulturell rückständigen Besitzdenkens gedeutet – als patriarchale Gewalt, die durch ihre vermeintliche Herkunft aus einem „fremden Kulturkreis" oder einer „traditionell geprägten Sippe" erklärt wurde[30]. Die internalisierten Geschlechterbilder weißer, deutsch gelesener Täter hingegen blieben meistens unerwähnt. Stattdessen konstruierten die Gerichte einen Gegensatz zwischen dem „archaischen Ehrenmord" und einer „freiheitlich orientierten mitteleuropäischen Gesellschaft", in der weibliche Selbstbestimmung als selbstverständlich gilt. Diese Gegenüberstellung macht die strukturellen Parallelen zwischen den Fällen systematisch unsichtbar.

Darin liegt eine Erzählung: Strafurteile konstruieren migrantische Täter als Träger archaischer Ehrvorstellungen. Ihnen wird damit eine kollektiv rückständige Motivlage zugeschrieben, die sie aus dem Diskurs individueller Ver-

---

Allenberg (Hrsg.), Rassismus in der Strafverfolgung: Von der Notwendigkeit struktureller Veränderungen, Deutsches Institut für Menschenrechte, 2023, Institutioneller Rassismus und Strafverfolgung in Deutschland, S. 66–68, abrufbar unter: https://www.institut-fuer-menschenrechte.de/publikationen/detail/rassismus-in-der-strafverfolgung-von-der-notwendigkeit-struktureller-veraenderungen.

27 Gefestigte Rechtsprechung, z.B. BGH 22.7.2020 – 5 StR 543/19, NStZ 2020, 617 f.

28 Darstellung m.w.N. bei *Foljanty / Lembke*, 2014, ebd. S. 303–305, 308–312.

29 BGH v. 29.10.2008, Az. 2 StR 349/08 oder v. 15.5.2003, Az. 3 StR 149/03.

30 Z.B. BGH v. 11.10.2005, Az. 1 StR 195/05 oder v. 28.1.2004, Az. 2 StR 452/03.

antwortlichkeit und Nachvollziehbarkeit ausschließt. Demgegenüber sind Gerichte bei deutsch gelesenen Tätern eher bereit, psychologische und soziale Hintergründe zu hinterfragen. Ihre Taten erscheinen dadurch als subjektiv motiviert und menschlich verständlich – während migrantischen Tätern diese Komplexität und Subjektivität eher abgesprochen wird[31]. Patriarchale Unterdrückung wird systematisch und exklusiv bei den rassifizierten Tätern verortet, während die eigene Gruppe der weiß-deutschen Täter entlastet wird[32].

Die Form der Repräsentation des „Fremden" lässt sich im Sinne *Edward Saids* als Ausdruck eines modernen juristischen Orientalismus lesen: Eine diskursive Praxis, die das Eigene als zivilisiert, rational und neutral konstruiert – das Andere dagegen als bedrohlich, irrational und emotional[33]. Saids Analyse des Orientalismus als hegemoniale Wissensform, die koloniale Machtverhältnisse aufrechterhält, lässt sich auf das Recht übertragen, das in solchen Fällen nicht rein urteilt, sondern kulturelle Differenz aktiv erzeugt.

2. Kopftuchdebatte und scheinbare Neutralität

Ähnliche Differenzierungen lassen sich auch bei der Bewertung religiöser Symbolik in Gerichtssälen beobachten: Während christliche Kreuze vielerorts präsent bleiben dürfen, wurde das Tragen eines muslimischen Kopftuchs von Richter:innen und Staatsanwält:innen mit dem Verweis auf fehlende Neutralität verfassungsgerichtlich untersagt[34]. Begründet wird das Verbot, das die Religionsfreiheit einschränkt, insbesondere mit dem Grundsatz der weltanschaulich-religiösen Neutralität[35]. Der Staat dürfe „Maßnahmen ergreifen, die die Neutralität der Justiz aus der Sichtweise eines objektiven Dritten unter-

31 Vgl. *Foljanty / Lembke*, ebd. S. 304–305; *Michel*, in: Bartmann / Immel (Hrsg.): Das Vertraute und das Fremde Differenzerfahrung und Fremdverstehen im Interkulturalitätsdiskurs, 2012, Zur Generierung des Fremden in medialen Diskursen am Beispiel des Frames „die Gewalt der Ehre", S. 220–222.

32 Vgl. *Gabriele Dietze*, Sexueller Exzeptionalismus. Überlegenheitsnarrative in Migrationsabwehr und Rechtspopulismus, 2019, S. 32.

33 *Said*, Orientalismus, 2009 (engl. 1978), S. 14.

34 „Kopftuch-Urteil" des BVerfG v. 24.9.2003, Az. 2 BvR 1436/021, BVerfGE 108, 282, Beschl. v. 14.1.2020, Az. 2 BvR 1333/17, 2 BvR 1333/17; Vgl. Kritik von *Steinke*, Im Namen der Christen, Süddeutsche Zeitung, 15.2.2023 (Stand: 7.3.2025); Vgl. Analyse eines aktuellen arbeitsrechtlichen Urteils bei *Demirkol*, Diskriminierende Einstellung(sbedingungen)en: Zur Kopftuchverbotsentscheidung des LAG Berlin-Brandenburg, VerfBlog, 2025/1/30, abrufbar unter: https://verfassungsblog.de/diskriminierende-einstellungsbedingungenen/ (Stand: 7.3.2025).

35 BVerfG v. 27.2.2020, Az. 2 BvR 1333/17, Rn. 89.

streichen sollen“[36]. Durch die juristische Konstruktion eines „objektiven Dritten“ wird in Wahrheit eine weiße Perspektive transportiert, die sich selbst nicht als *positioniert* versteht[37]. Objektivität wird hier zu einer rhetorischen Figur, hinter der sich hegemoniale Deutung verbirgt. Die Position gibt sich subtil als universell aus, obwohl sie historisch und kulturell kontingent ist[38].

In der juristischen Praxis wirkt sich dies etwa darin aus, dass Aussagen von rassifizierten Personen häufiger als unglaubwürdig eingeschätzt oder als Ausdruck von Emotion und Subjektivität gewertet werden, während weiße Stimmen als rational und objektiv gelten. Diese Mechanismen betreffen nicht nur individuelle Wahrnehmungen, sondern werden in Urteilsbegründungen systematisch mittransportiert – etwa durch unterschiedliche Bewertung von Aussagen, Verhalten oder kulturellen Symbolen. Rechtsanwendung wendet auf diese Weise nicht nur Normen an, sondern (re)produziert auch soziale Identitäten – und zwar entlang einer epistemisch und strukturell verzerrten Ordnung. Dieser Prozess funktioniert über Sprache, Bilder, Narrative – und auch über juristische Kategorisierungen. Bestimmte Gruppen werden essentialisiert, d.h. ihnen werden stabile, kulturell abgewertete Eigenschaften zugeschrieben, wodurch sie aus dem normativen Zentrum (der vermeintlich neutralen Rechtsgemeinschaft) herausdefiniert werden[39].

Das Kopftuch wird in juristischen Diskursen oft als „fremdkulturelles Symbol“ behandelt, wodurch rassifizierende Unterscheidungen reproduziert und die Gleichbehandlung vor Gericht untergraben wird[40]. Das Kopftuch wird dadurch in politischen und medialen Debatten als Chiffre für kulturelle Rückständigkeit aufgeladen, während westliche Normen unmarkiert als universell gelten. Diese Erzählweise zieht sich in der rechtswissenschaftlichen Auslegung durch[41].

---

36 Ebd., Rn. 92.

37 *González Hauck*, Weiße Deutungshoheit statt Objektivität, Zeitschrift für Rechtssoziologie (ZfRSoz), 2022, S. 153, 163 f.

38 Sog. „Gaze from nowhere“, vgl. *Haraway*, Situated Knowledges: The Science Question in Feminism and the Privilege of Partial Perspective, Feminist Studies, 1988, Vol. 14, No. 3, S. 575–599.

39 Sog. „Othering“, vgl. *Said* (2009), S. 56.

40 *Barskanmaz*, in: Berghahn / Rostock (Hrsg.), Der Stoff, aus dem Konflikte sind. Debatten um das Kopftuch in Deutschland, Österreich und der Schweiz, 2009, Das Kopftuch als das Andere. Eine notwendige postkoloniale Kritik des deutschen Rechtsdiskurses, S. 372–374.

41 Konkret zum Kopftuch-Urteil v. 27.2.2020, *Mangold*, Justitias Dresscode: Wie das BVerfG Neutralität mit „Normalität“ verwechselt, VerfBlog, 2017/7/06, https://verfassungsblog.de/justitias-dresscode-wie-das-bverfg-neutralitaet-mit-normalitaet-verwechselt/ (Stand: 7.3.2025); Analyse versch. Urteile bei *Barskanmaz* (2009), S. 378 ff.

Das weibliche Subjekt – oft dargestellt als muslimisch, verletzlich und aufopfernd – wird instrumentalisiert, um hegemoniale Selbstbilder zu stabilisieren: das Bild vom „aufgeklärten, rationalen, emanzipierten Westen“[42]. Die muslimische Frau wird so zur Projektionsfläche, über die das westliche „Wir“ seine Überlegenheit bestätigt.

3. Gemeinsamer Ursprung: Institutioneller Rassismus bei der Rechtsanwendung

Diese beiden Komplexe zeigen, wie vermeintlich objektive juristische Normen in ihrer Anwendung kulturell aufgeladen sind und bestimmte Perspektiven systematisch ausschließen.

Untersuchungen von institutionellem Rassismus in der Justiz zeigen deutlich, wie tief rassistische *Bias* in richterliche Urteilsprozesse eingeschrieben sind[43]. Solche Vorannahmen beeinflussen etwa die Glaubwürdigkeitsbewertung von Zeug:innen, die Anwendung von Strafzumessungskriterien oder die Auswahl von Verdachtsmomenten. Rassistische Strukturen sind im deutschen Rechtssystem verankert und zeigen sich beispielsweise in diskriminierenden Polizeikontrollen, unterschiedlichen Bewertungen von Aussagen und einer mangelnden statistischen Erfassung rassistischer Vorfälle. Diese Voreinstellungen prägen Wahrnehmung, Entscheidungsverhalten und letztlich auch Urteile – und sie sind nur schwer zu korrigieren, solange sie nicht aktiv thematisiert werden. Denn das Problem ist, dass Rassismus sich nicht nur durch offene Diskriminierung äußert, sondern gerade durch subtile, routinisierte Praktiken im juristischen Alltag reproduziert wird[44]. Die „institutionelle Blindheit“ gegenüber Rassismus äußert sich etwa darin, dass Betroffene regelmäßig mit ihren Erfahrungen allein gelassen werden und ihre Aussagen nicht in die rechtliche Bewertung einfließen. Es bedarf daher nicht nur rechtlicher Reformen, sondern auch einer veränderten juristischen Rechtsanwendung, die strukturel-

42 *Barskanmaz*, ebd. S. 373.

43 *Lwan / Beck / Schmieta*, Institutioneller Rassismus in der Justiz: Nährboden für die Strategie autoritär-populistischer Parteien, VerfBlog, 2024/9/09, abrufbar unter: https://verfassungsblog.de/institutioneller-rassismus-justiz (Stand: 7.3.2025).

44 Vgl. Projektbericht „Rassismus, Antisemitismus, Rechtsextremismus – Stärkung von Strafverfolgung und Opferschutz“, welches die Analysen aus den zwei im Zeitraum 2017 bis 2022 durchgeführten Projekten des Deutschen Instituts für Menschenrechte (DIMR) zu Rassismus und Antisemitismus im Kontext von Strafverfolgung und Opferschutz bündelt, 2023, abrufbar unter: https://nbn-resolving.org/urn: nbn:de: 0168-ssoar-85342-2 (Stand: 7.3.2025).

len Rassismus erkennt, benennt und in die Auslegungspraxis integriert[45]. Die Auslegung juristischer Begriffe ist kein neutraler Akt, sondern eine politische Entscheidung. Sie vollzieht sich vor dem Hintergrund gesellschaftlicher Machtverhältnisse. Gerade das Strafrecht, das traditionell auf individuelle Schuld fokussiert ist, blendet dabei strukturelle Gewaltverhältnisse systematisch aus[46]. Eine gerechtere Rechtsanwendung muss die sozioökonomischen und rassifizierten Kontexte mitberücksichtigen, in denen strafrechtliche Normen wirken.

V. Fazit: Und was wäre, wenn Recht wie Literatur wäre?

In literaturwissenschaftlicher Perspektive lassen sich juristische Urteile auch als Narrationen lesen – als Geschichten mit Anfang, Höhepunkt und Auflösung, mit Figuren, Schauplätzen, Motiven. Die Struktur des juristischen Falls ähnelt der literarischen Dramaturgie. Zugleich ist jede gerichtliche Entscheidung eine Form der Repräsentation: Sie inszeniert ein Bild von System und Gerechtigkeit – im Strafrecht das Bild von Schuld, Verantwortung und Abweichung.

Bei der Anwendung entfalten scheinbar neutrale Regeln ausgrenzende Wirkungen, wenn sie soziale Machtverhältnisse nicht mitreflektieren. Die Forderung nach einer strukturell sensiblen Auslegung bedeutet, dass Rechtsprechung nicht bei der Oberfläche der Tatbestände stehenbleiben darf, sondern gesellschaftliche Machtverhältnisse aktiv mitbedenken muss, um der realen sozialen Ungleichheit gerecht zu werden.

Kübra Gümüşay formuliert in diesem Zusammenhang treffend:

> „Alle Menschen sind vorurteilsbehaftet und begrenzt durch ihre Erfahrungen. Wenn aber bestimmte Perspektiven – etwa die weißer Europäerinnen oder Nordamerikanerinnen – privilegiert werden über andere, wenn ihre eingeschränkte Per-

---

45 Hoffnungsvoll stimmt in diesem Zusammenhang das Projekt JuRA – „Rassismus im Gerichtssaal“, das sich explizit mit rassismuskritischer Perspektivenbildung im juristischen Kontext befasst. Ziel ist es, (angehenden) Jurist:innen ein Bewusstsein für rassistische Ausgrenzungsmechanismen im Gericht zu vermitteln und konkrete Handlungsmöglichkeiten im Umgang mit institutionellem Rassismus aufzuzeigen, vgl. *Bögelein*, Rezene, Zeigt sich im Gerichtssaal Institutioneller Rassismus? Hinführende Überlegungen zu einem Forschungsprojekt, in: Neue Kriminalpolitik (NK) 2023, S. 528–544; Ebenfalls das Projekt: Institutionen und Rassismus (InRa): Rassismus als Gefährdung des gesellschaftlichen Zusammenhalts im Kontext ausgewählter gesellschaftlich-institutioneller Bereiche, https://www.winra.org/projekte/einzelansicht/institutionen-und-rassismus-inra-rassismus-als-gefaehrdung-des-gesellschaftlichen-zusammenhalts-im-kontext-ausgewaehlter-gesellschaftlich-institutioneller-bereiche (Stand:7.3.25).

46 Vgl. *Mattutat*, KJ 2024, S. 71–82.

> spektive hegemonialen Anspruch gewinnt, dann verlieren andere Perspektiven und Erfahrungen ihren Geltungsanspruch. Es ist, als würden sie nicht existieren.“[47]

Im Recht bedeutet das: Wer spricht, entscheidet mit. Jurist:innen bringen ihre Biografie, ihre Werte und ihr Weltbild in den Auslegungsprozess ein. Diese Erkenntnis fordert einen Paradigmenwechsel: Weg vom Ideal der Neutralität, hin zur Anerkennung von Perspektivität, um zu schauen, wessen Perspektive gerade legitimierte Macht anwendet, um das Urteil „im Namen des Volkes“ zu sprechen.

Recht ist nicht Literatur – aber es ist wie Literatur textuell verfasst. Es operiert im Medium der Sprache, es lebt von Interpretation, es schafft Wirklichkeit. Wer das übersieht, bleibt unempfänglich für die politischen und sozialen Dimensionen juristischen Handelns. „Recht als Literatur“ ist ein Plädoyer für eine kritisch-reflexive Rechtskultur. Es fordert dazu auf, Urteile nicht als bloße Anwendung von Normen zu begreifen, sondern als Verantwortung. Das Recht existiert nicht außerhalb von Sprache, sondern wirkt in ihr – mit allen ästhetischen, politischen und ethischen Implikationen, die dies mit sich bringt.

---

47 *Gümüşay*, Sprache und Sein, 2020, S.49.

8.

Damien Nippen

Das Plädoyer der Verteidigung und seine Rhetorik in Fiktion und Realität

*I. Einleitung**

Im Jahr 59 v. Chr. war der römische Politiker Lucius Valerius Flaccus angeklagt, als Statthalter die ihm unterstellten Provinzen ausgebeutet zu haben. Unter den Tatbestand des *crimen rerum repetundarum* fielen Diebstahl, Raub, die Annahme größerer Geschenke und das Einziehen ungerechtfertigter Steuern[1]. Obwohl seine Schuld festzustehen schien[2], erreichte Marcus Tullius Cicero als sein Verteidiger einen Freispruch. Dieser Umstand ist für sich vielleicht wenig überraschend, ist Cicero doch seit der Antike für seine Redekunst bekannt. Diese Fähigkeit stellte er nicht nur praktisch vor Gericht unter Beweis, sondern verfasste auch als Theoretiker mehrere Schriften. Sein Hauptwerk „De oratore“ (Vom Redner) kann noch heute als „Lehrbuch der Anwaltsrhetorik“[3] bezeichnet und gelesen werden. Überraschender dürfte hingegen sein, wie Cicero den Freispruch für Flaccus erreicht haben soll: durch Witze[4]. Während er in der Antike für seinen Humor fast ebenso bekannt war wie für seine (sonstigen) Redefähigkeiten, ist diese Eigenschaft in Vergessenheit geraten[5]. Leider ist Ciceros Plädoyer für Flaccus nur teilweise erhalten geblieben und laut dem römischen Schriftsteller Macrobius, der einige Jahrhunderte nach Cicero lebte, soll gerade der entscheidende Witz nicht enthalten sein[6]. Die überlieferten Redeteile geben jedoch einen Einblick in den ciceronischen

---

* Ich danke Inas Khalaf herzlich für die gewissenhafte Durchsicht und Korrektur des Beitrags; alle noch verbliebenen Fehler sind mir zuzurechnen.

1 *Fuhrmann*, in: Cicero, Die Prozessreden, Bd. I, 1997, S. 893.

2 Vgl. *Macrobius*, Saturnalia, II 1 13.

3 Vgl. *Falk / Alles*, ZIP 2014, 1209, 1210.

4 *Macrobius*, Saturnalia, II 1 13.

5 Zu Ciceros Humor u.a. *Macrobius*, Saturnalia, II 1 10; *Plutarch*, Cicero, 27; *Quintilian*, Institutio oratoria, VI 6 3–5.

6 *Macrobius*, Saturnalia, II 1 13.

https://doi.org/10.1515/9783112206744-009

Humor und verdeutlichen, wieso Ironie und Sarkasmus typische Mittel des Verteidigungsplädoyers sind[7]: Sie ziehen eine These ins Lächerliche und machen sie unglaubhaft[8]. Und genau das ist das Ziel der Verteidigung, wenn sie zeigen will, dass die Thesen der Anklage in tatsächlicher Hinsicht unglaubhaft und in rechtlicher Hinsicht unvertretbar sind.

Da sich die Vorwürfe gegen Flaccus ausschließlich auf Zeugenaussagen stützten, galt es für Cicero, deren Glaubhaftigkeit zu erschüttern. Mit den Aussagen der aus griechisch-sprachigen Provinzen stammenden Zeugen setzt sich Cicero in dem Hauptteil seines Plädoyers auseinander; hier sind insbesondere die „Angriffe auf die Lachmuskeln"[9] der Richter zu verorten. Bevor er zu diesen Angriffen übergeht, nutzt er eine vorausgehende Absicherung[10], um nicht den Eindruck zu erwecken, er wolle gegen alle Griechen wettern, unter denen es „viele rechtschaffene, gebildete, ehrenhafte Leute" gebe, aber genau jene habe der Ankläger nicht aufgeboten[11]. In satirischer Weise zeichnet Cicero ein Bild der einzelnen Zeugen und Provinzen, um deren Aufrichtigkeit in Zweifel zu ziehen. Es waren unter anderem Personen aus dem Volk der Pergemener, die Flaccus Ausbeutung vorwarfen. Cicero charakterisiert sie wie folgt:

> „Die Pergemener hatten gerade festlich geschmaust und waren kurz zuvor mit Geschenken aller Art gefüttert worden: Mithridates, der die Menge nicht durch sein Ansehen, sondern durch üppige Speisungen beherrschte, sagte, was er wollte, und schon brüllten die Schuster und Gürtelmacher ihre Zustimmung. Und das soll ein amtliches Zeugnis sein?"[12]

Die metaphorischen Beschreibungen, dass das Volk mit Geschenken gefüttert worden sei und sich durch üppige Speisen beherrschen lasse, sollen dessen Moral angreifen, wodurch die Frage am Ende des Abschnitts zu einer rhetorischen wird. Cicero macht die Rede durch die Metaphern eindringlicher und anschaulicher, als wenn er lediglich abstrakt sagen würde, die Moral der Pergemener sei fragwürdig. Auffallend ist auch die anschauliche Darstellung, die sich im darauffolgenden Satz fortsetzt („und schon brüllten die Schuster und Gürtelmacher ihre Zustimmung"). Eine solche Ausdrucksweise namens *evidentiae* soll das Geschehen sinnlich wahrnehmbar machen[13]. Indem sie die

---

7 *Moro*, Figures of Speech and Legal Style, TCRS 2020, 131, 140.

8 *Quintilian*, Institutio oratoria, VI 4 10.

9 *Fuhrmann*, in: Cicero, Die Prozessreden, Bd. I, 1997, S. 900.

10 *Cicero*, De oratore, III 204.

11 *Cicero*, Pro L. Flacco, 9, Übersetzung von *Fuhrmann*, Die Prozessreden, Bd. I, 1997.

12 *Cicero*, Pro L. Flacco, 17, Übersetzung von *Fuhrmann*, Die Prozessreden, Bd. I, 1997.

13 *Andersen*, Im Garten der Rhetorik, 2001, S. 82; *Lausberg*, Handbuch der literarischen Rhetorik, 4. Aufl. 2008, § 810, 812; *Quintilian*, Institutio oratoria, VIII 3 67–68.

Richter zu Augenzeugen macht, soll eine Erzählung wirklicher und damit wahrer wirken. Tatsächlich gibt es empirische Hinweise, dass eine lebhafte Schilderung eine Aussage nicht nur einprägsamer[14], sondern auch überzeugender macht[15]. In satirischer Weise charakterisiert Cicero die einzelnen Zeugen als geldgierig (implizit: Sie haben ein Motiv falsch auszusagen) und als unmoralisch (implizit: Sie haben keine Skrupel zu lügen). Zu einem Zeugen, der sich anscheinend in kostbaren Gewändern kleidete, sagt er: „du erscheinst in neuer Aufmachung, doch mit dem alten Ruf"[16]. Ein anderer Zeuge trat nicht persönlich auf und ließ dem Gericht durch seine Mutter und Schwester Briefe mit Vorwürfen gegen Flaccus vorlegen. Die Glaubhaftigkeit dieser Vorwürfe zieht Cicero mit einem *argumentum a fortiori* in Zweifel, das er wieder in eine anschauliche Ausdrucksweise kleidet und mit einer rhetorischen Frage beendet:

> „Diesem Manne würde, wenn er mit der Hand am Altar seinen Eid spräche, niemand glauben, und der will uns durch seine Briefe unbeeidigt glauben machen, was ihm beliebt?"[17]

Nachdem sich Cicero an der Glaubwürdigkeit der einzelnen Zeugen abgearbeitet hat, geht er zum pathetischen Schluss über. Er nutzt ein in eine rhetorische Frage gekleidetes Folgenargument: Würden die Richter Flaccus verurteilen, so würde dies andere Personen abschrecken, ebenfalls eine öffentliche Ämterlaufbahn einzuschlagen:

> „Wer, meint ihr, wird in Zukunft noch so töricht sein, daß er nicht jene andere Lebensbahn, die er bisher für abschüssig und schlüpfrig hielt, der unsrigen, der geraden und festen, vorziehen zu müssen glaubt?"[18]

Ob Ciceros Plädoyer tatsächlich der ausschlaggebende Faktor für den Freispruch war, lässt sich nicht mit Sicherheit sagen; ebenso wenig ließe sich sagen, welche Teile seiner Rede ausschlaggebend gewesen waren, zumal der entscheidende Witz nicht enthalten zu sein scheint und die überlieferte Rede eine schriftliche Ausarbeitung ist, die nicht mit der tatsächlichen Rede übereinstimmen muss. Die kurze Analyse der Redeausschnitte macht indessen deut-

---

14 Hierfür und zweifelnd bezüglich der Überzeugungswirkung *Collins / Taylor / Wood / Thompson*, Journal of Experimental and Social Psychology, 1988, 1 ff. (m.w.N.).

15 Vgl. die einen juristischen Kontext betreffenden empirischen Studien *Reyes / Thompson / Bower*, Journal of Personality and Social Psychology, 1980, 2 ff. und *Shedler / Manis*, Journal of Personality and Social Psychology, 1986, 26 ff.

16 *Cicero*, Pro L. Flacco, 70.

17 *Cicero*, Pro L. Flacco, 90, Übersetzung von *Fuhrmann*, Die Prozessreden, Bd. I, 1997; zum Erst-recht-Schluss aus rhetorischer Sicht siehe auch *T. Walter*, Kleine Rhetorikschule für Juristen, 2. Aufl. 2017, S. 199–200.

18 *Cicero*, Pro L. Flacco, 105, Übersetzung von *Fuhrmann*, Die Prozessreden, Bd. I, 1997.

lich, dass sich untersuchen lässt, durch welche Mittel Cicero die Vorwürfe zurückweisen will, wie er einzelne rhetorischen Figuren nutzt, um die Glaubwürdigkeit der Zeugen in Zweifel zu ziehen. Eine rhetorische Analyse ist nichts Anderes als ein Nachdenken über Sprache; konkret darüber, warum sie überzeugt oder warum nicht. Eine Beschäftigung, die von besonderer Bedeutung für Juristen ist, deren einziges Werkzeug die Sprache ist. Das Verteidigungsplädoyer ist sicherlich die juristische Rede, bei welcher der Überzeugungszweck am deutlichsten ist. Es trägt, wie Max Alsberg sagt, den „Stempel hundertprozentiger Zweckmäßigkeit“[19]. Gleichwohl ist dieser Zweck nicht nur dem Plädoyer eigen: Auch ein Richter will mit seinem Urteil überzeugen, vielleicht nicht so sehr die Parteien, aber doch zumindest die höhere Instanz; und ein Professor will mit seinem Aufsatz überzeugen, wenn schon nicht von der Richtigkeit seiner These, dann doch zumindest von der eigenen juristischen Expertise. Überzeugen durch Sprache – es ist das Kerngeschäft von Juristen. Und das ist Rhetorik.

Im Folgenden möchte ich zwei Verteidigungsplädoyers mit Hilfe der klassischen Rhetorik analysieren: ein Plädoyer aus dem wirklichen US-amerikanischen Strafverfahren „State of Florida vs. Casey Anthony“ und ein fiktives Plädoyer aus dem Bühnenwerk „Hokuspokus“ von Curt Goetz. Die Analyse soll insbesondere zwei Dinge zeigen: Erstens ist es aus der analytischen Perspektive unbeachtlich, ob der Gegenstand der rhetorischen Untersuchung ein echtes oder fiktives Plädoyer ist, da beide auf unsere Überzeugungen wirken können und in beiden Fällen die Ursachen erforscht werden können. Auch wenn es aus unserer heutigen deutschen Perspektive nicht mehr den Anschein hat, so ist die Grenze zwischen Prozesshandlung und Kunstwerk bei Gerichtsreden fließend. Bereits vor Ciceros Zeiten ließen sich im antiken Griechenland die Prozessparteien von sog. *logographen* Gerichtsreden schreiben. Wie Nietzsche in seiner Vorlesung zur Geschichte der griechischen Beredsamkeit bemerkt, veröffentlichten diese *logographen* ihre Reden zunächst zu Werbezwecken, doch schon bald wurden die Reden zu Kunstwerken, die zum bloßen Gefallen gelesen wurden[20]. Im romanischen und angloamerikanischen Rechtsraum ist dieser Umstand noch präsenter, wo es üblicher ist, Gerichtsreden zu veröffentlichen und zu analysieren[21]. Jose Baez, dessen Plädoyer aus

---

19 *Alsberg*, in: Taschke (Hrsg.), Max Alsberg, 2. Aufl. 2013, Das Plaidoyer, S. 592.

20 *Nietzsche*, in: Bornmann (Hrsg.), Kritische Gesamtausgabe, 2. Abteilung, 4. Bd., 1995, Geschichte der griechischen Beredsamkeit, Vorlesungsaufzeichnung aus dem Wintersemester 1872–1873, S. 371–372.

21 In Italien z.B. *Carnelutti*, Controvento, 1961; *Carponi Schittar*, Requisitoria vs. arringa, 2003; *Gulotta / Puddu*, La persuasione forense, 2004; *Pangallo / Quadri*, Lo stile argomentativo e persuasivo nelle arringhe, 2021; im angloamerikanischen Rechtsraum

dem US-amerikanischen Strafverfahren wir uns gleich ansehen, erzählt, dass er zur Vorbereitung bekannte Plädoyers gelesen habe, um zu sehen, was sie überzeugend mache[22]. Zweitens soll der Beitrag zeigen, dass die klassische Rhetorik vorzügliche Mittel bereitstellt, um die Wirkungen von Reden zu analysieren[23]. Ein Vorgang, den wir sonst unsystematisch und unbewusst vornehmen[24]. Denn jeder von uns fragt sich, ob der Verteidiger die Richter mit seinem Plädoyer überzeugen konnte und stellt Mutmaßungen darüber an, warum er das erreicht haben könnte. Die klassische Rhetorik bietet für dieses Nachdenken ein System an. Die Gerichtsrede stand im Mittelpunkt der antiken Rhetorik[25] und für den heutigen Gerichtsredner stellen sich dieselben Herausforderungen, die sich den antiken Rednern stellten und die zur Ausbildung der fünf rhetorischen Produktionsstadien geführt haben: Die Auffindung des Stoffes (*inventio*), dessen Anordnung (*dispositio*) und sprachliche Gestaltung (*elocutio*) sowie das Einprägen (*memoria*) und wirkungsvolle Vortragen der Rede (*actio*)[26]. Der italienische Schriftsteller und Literaturkritiker Giuseppe Pontiggia vergleicht die Rhetorik mit dem Erlernen von Schwimmtechniken[27]: Um nicht unterzugehen, müssen wir bestimmte Schwimmtechniken lernen. Diese sind kunstgemäß, aber nicht künstlich. Sie sind vielmehr die natürliche Weise, sich im Wasser fortzubewegen. Die Kunst entspringt der Natur, da wir beobachten, welche Bewegungen erforderlich sind, um nicht unterzugehen, wir diese systematisieren und so lehren und lernen können. Und so ist es auch für die Rhetorik: Sie beobachtet und beschreibt, welche Wirkung Sprache hat, um so deren bewussten und zweckgerichteten Einsatz zu ermöglichen[28]. In diesem

---

z.B. *Lief / Caldwell*, The Devil's Advocates: Greatest Closing Arguments in Criminal Law, 2007; *Lief / Caldwell / Bycel*, Ladies And Gentlemen Of The Jury: Greatest Closing Arguments In Modern Law, 2000.

22 *Baez*, Presumed Guilty, 2013, S. 295.

23 Zur analytischen Rechtsrhetorik siehe insbesondere *von Schlieffen*, in: Hilgendorf / Joerden (Hrsg.), Handbuch Rechtsphilosophie, 2. Aufl. 2021, Rechtsrhetorik, S. 328–329.

24 Vgl. *Nietzsche*, in: Bornmann (Hrsg.), Kritische Gesamtausgabe, 2. Abteilung, 4. Bd., 1995, Darstellung der antiken Rhetorik, Vorlesungsaufzeichnung aus dem Sommersemester 1874, S. 425: „Es ist aber nicht schwer zu beweisen, daß was man, als Mittel bewußter Kunst 'rhetorisch' nennt, als Mittel unbewußter Kunst in der Sprache u. deren Werden thätig waren, ja daß die Rhetorik eine Fortbildung der in der Sprache gelegenen Kunstmittel ist, am hellen Lichte des Verstandes."

25 Vgl. nur *Hohmann*, in: von Schlieffen (Hrsg.), Handbuch Juristische Rhetorik, 2025, S. 68; *T. Walter*, Kleine Rhetorikschule für Juristen, 2. Aufl. 2017, S. 23.

26 *Quintilian*, Institutio oratoria, III 3 1; *Cicero*, De inventione, I 9; Rhetorica ad Herennium, I 3.

27 *Pontiggia*, Per scrivere bene imparate a nuotare, 2020, S. 62–63.

28 Vgl. *Cicero*, De oratore, I 146; zur Natürlichkeit der Rhetorik auch *Andersen*, Im Garten der Rhetorik, 2001, S. 62–63 und S. 222.

Sinne will die Rhetorik nicht vorschreiben, sondern beschreiben[29]. Und so soll sie auch im Folgenden bei der Analyse unserer beiden Plädoyers zum Einsatz kommen.

II. The most hated person in America: The State of Florida vs. Casey Anthony

Casey Anthony war angeklagt, ihre fast dreijährige Tochter, Caylee, getötet zu haben. Die Mutter der Angeklagten meldete der Polizei am 15. Juli 2008, dass ihre Enkelin vermisst sei und sie diese einige Woche nicht gesehen habe. Casey erzählt der Polizei daraufhin, die Nanny habe ihre Tochter bereits am 9. Juni entführt und sie habe die Polizei nicht alarmiert, weil sie sich selbst um die Angelegenheit habe kümmern wollen. Wie sich schnell herausstellte, war die Geschichte von der Entführung ebenso erfunden wie die Nanny selbst. Am 11. Dezember fand die Polizei die Überreste von Caylee in einem Waldstück in der Nähe des Hauses der Anthonys. Die Staatsanwaltschaft klagte Casey Anthony wegen *first degree murder* an und versuchte die Todesstrafe zu erreichen. Auch wenn die genaue Todesursache nicht mehr festzustellten war, warf die Staatsanwaltschaft Casey vor, ihre Tochter getötet zu haben, da sie sich von ihren elterlichen Pflichten habe befreien wollen. Sie habe ihre Tochter mit Chloroform betäubt und Klebeband über Mund und Nase angebracht und Caylee auf diese Weise getötet.

Das Verfahren erregte medial große Aufmerksamkeit. Das Time Magazine titelt: „How the Casey Anthony Murder Case Became the Social-Media Trial of the Century“[30]. Die öffentliche Meinung wandte sich gegen Casey. In einer Umfrage belegte sie vor O.J. Simpson den ersten Platz als meistgehasste Person Amerikas[31]. Auslöser für diesen Missmut waren neben Caseys Lügen vor allem Fotos, auf denen sie zu sehen ist, wie sie sich auf Partys amüsiert und die so das Narrativ der Anklage befeuerten, Casey habe ihre Tochter getötet, um sich von ihren elterlichen Pflichten zu befreien. An dem Tag bevor Caylee vermisst gemeldet worden war, ließ sich Casey zudem ein Tattoo mit dem Schriftzug „bella vita“ stechen. Ein Umstand, den nicht nur die Medien gegen sie interpretierten, sondern auch die Staatsanwaltschaft, die ihren Schlussvor-

---

29 *Pontiggia*, Dentro la sera, 2016, S. 130–131.

30 https://time.com/archive/6917499/how-the-casey-anthony-murder-case-became-the-social-media-trial-of-the-century/ (zuletzt abgerufen am 10.4.2025).

31 https://www.reuters.com/article/lifestyle/casey-anthony-is-most-hated-person-in-america-poll-idUSTRE77934O/ (zuletzt abgerufen am 10.4.2025).

trag damit beendete, zwei Fotos von Casey zu zeigen: Ein Foto, auf dem sie auf einer Party zu sehen ist, und ein Foto von dem Tattoo.

Als der Verteidiger von Casey Anthony, Jose Baez, mit seinem Plädoyer begann, dürfte es der allgemeinen Erwartungshaltung entsprochen haben, dass er die Verurteilung seiner Mandantin nicht mehr wird verhindern können[32]. Zum großen Entsetzen der Öffentlichkeit sprach die Jury Casey Anthony jedoch frei. Selbstverständlich lässt sich auch hier nicht mit Sicherheit sagen, was der ausschlaggebende Faktor war. Aber selbst die Jurymitglieder, die bereits zu einem Freispruch geneigt haben könnten, dürfte das Plädoyer von Baez in ihrer Sichtweise bestärkt haben. Sein Plädoyer ist ein hervorragendes Beispiel für eine kunstgemäße Rede, in der sich eine Vielzahl klassisch-rhetorischer Mittel findet. Die klassische Rhetorik teilt die Rede in verschiedene Teile ein: Einleitung, Darstellung des Sachverhalts, Argumentation (bei der noch einmal unterschieden werden kann zwischen der Begründung des eigenen und der Widerlegung des gegnerischen Standpunktes) und dem Schluss[33]. Wichtiger als diese wenig überraschende[34] Einteilung ist zu erkennen, dass jeder dieser Redeteile verschiedene Ziele hat und wie der Redner sie erreichen kann. Mit der Einleitung soll der Redner das Wohlwollen der Richter gewinnen und sie aufmerksam und belehrbar machen[35]. Jose Baez beginnt sein Plädoyer wie folgt:

> „Here we are, at the end of our journey. And I have to tell you, that I probably think that you have more questions than answers. If you recall at opening statement, the final thing that I told you, at the end of the day, when everything is set and down, the one question will never be answered, the key questions in this case will never be answered, it will never be proven, and that is: How did Caylee die? (…) What is proven beyond and to the exclusion of every reasonable doubt, not just some, but every single one?“

Bereits in der Einleitung nutzt Jose Baez mehrere rhetorische Mittel, beispielsweise die Metapher für den Prozess als gemeinsame Reise. Eine Metapher, die wenig überraschend ist und daher nicht besonders ins Auge springt. Auf der anderen Seite ist die Metapher noch keine verblasste Metapher[36], bei der wir überhaupt nicht mehr an die ursprüngliche Bedeutung denken. So würden wohl die wenigsten an ein Bein denken, wenn sie das Wort „Tischbein“

32 Das Plädoyer ist auf unterschiedlichen YouTube-Kanälen verfügbar, z.B. unter https://www.youtube.com/watch?v=muVATnlDh_8 (zuletzt abgerufen am 10.4.2025).

33 *Quintilian*, Institutio oratoria, VIII Vorrede 11.

34 *T. Walter*, Kleine Rhetorikschule für Juristen, 2. Aufl. 2017, S. 123–124.

35 *Cicero*, Partitiones oratoriae, 15; Rhetorica ad Herennium, I 6.

36 *Ueding / Steinbrink*, Grundriß der Rhetorik, 5. Aufl. 2011, S. 297.

hören. Bei der Bezeichnung eines Prozesses als gemeinsame Reise ist die Bedeutungsübertragung hingegen erkennbar. Baez' Metapher kann helfen, dass die Jury seine folgenden Ausführungen wohlwollender aufnimmt, da er sich selbst nicht als Außenstehender oder gar Gegenspieler präsentiert, sondern als jemand, der mit der Jury gemeinsam auf der Suche nach der richtigen Entscheidung ist. Sein Redebeginn kann das abbauen, was die moderne Psychologie Reaktanz nennt: Es ist ein bewährter Befund, dass wir uns gefühlten Einengungen unserer (Entscheidungs-)Freiheit widersetzen[37]. Aufdringliche Werbung, aber auch penetrante Überredungsversuche und zu starker rhetorischer Druck können Reaktanz auslösen und dazu führen, dass sich der Adressat genau entgegengesetzt zum Überzeugungsversuch verhält[38]. Metaphern beeinflussen, wie wir Informationen bewerten und kategorisieren. In einem Experiment der Stanford University erhielten die Probanden einen Bericht über eine fiktive Kleinstadt, in der es zum Anstieg der Kriminalität kam. Nach der Lektüre des Berichts mussten sie Gegenmaßnahmen vorschlagen[39]. Wählte der Bericht für das Phänomen des Kriminalitätsanstiegs die Metapher „beast", so schlugen die Probanden häufiger harte Strafen und ein striktes Vorgehen gegen Verbrechen vor als die Probanden, bei denen der Bericht das Phänomen als „virus" bezeichnete. In dieser Konstellation schlugen die Probanden signifikant öfter Sozialreformen vor. Der Effekt zeigte sich indessen nur, wenn der Bericht die Metaphern am Anfang nannte. Erwähnte er sie erst am Ende, so schlugen die Teilnehmer nicht wesentlich unterschiedliche Gegenmaßnahmen vor. Das deutet daraufhin, dass Metaphern einen Interpretationsrahmen für folgende Informationen und Argumente bieten. Akzeptieren die Juroren die Metapher von der gemeinsamen Reise, könnten sie die folgenden Argumente von Baez weniger als Überredungsversuche ansehen und wohlwollender aufnehmen. Ebenfalls auf das Wohlwollen zielt der zweite Satz der Einleitung. Baez versucht den Juroren das Gefühl zu vermitteln, dass er ihre Situation versteht, indem er sich ausdrücklich auf ihre Gedankenwelt bezieht. Hierzu nutzt er eine einprägsame antithetische Satzstruktur, die zwei gegensätzliche Begriffe gegenüberstellt („I probably think that you have more questions than answers").

Ein weiteres Ziel des Redebeginns ist nach der klassischen Rhetorik, die Zuhörer belehrbar zu machen. Das kann der Redner erreichen, indem er in seiner

---

37 *Maderthaner*, Psychologie, 3. Aufl. 2021, S. 350–351.

38 *Maderthaner*, Psychologie, 3. Aufl. 2021, S. 350–351.

39 *Thibodeau / Boroditksy*, PLoS ONE, 2011, 1 ff., abrufbar unter https://doi.org/10.1371/journal.pone.0016782 (zuletzt abgerufen am 10.4.2025).

Einleitung den Hauptpunkt der Rede nennt[40]. Damit gibt er zu erkennen, dass er über für die Entscheidung relevante Punkte sprechen wird, so dass ein Anreiz für die Entscheider besteht zuzuhören. Das macht Baez, indem er sein Hauptargument nennt: Die Anklage könne die genaue Todesursache von Caylee nicht feststellen, so dass es an der für eine Verurteilung erforderlichen Gewissheit fehle. Er nutzt Wiederholungen, um Spannung aufzubauen und zu betonen, dass die Entscheidung (seiner Meinung nach) nur um einen Umstand kreise („the one question will never be answered, the key questions in this case will never be answered, it will never be proven“). Dann geht er über zur Frage: „How did Caylee die?“ Hierbei handelt es sich nicht um eine rhetorische Frage im herkömmlichen Sinne[41], denn eine Antwort auf sie ist nicht offensichtlich, sondern es ist vielmehr offensichtlich, dass eine Antwort nicht möglich ist. Das ist möglicherweise die Fragefigur namens *percontatio*, die Cicero neben der bekannten rhetorischen Frage (*rogatio*) als Figur nennt und die sich als verhörende, nachbohrende Frage übersetzen lässt[42]. Bei dieser Figur dürfte es sich um eine für das Verteidigungsplädoyer typische handeln, gilt es doch hier Umstände hervorzuheben, die die Anklage nicht beweisen kann. Fragen, die unbeantwortet bleiben, gehen zu Lasten der Anklage. Sie muss die Schuld des Angeklagten beweisen, nicht die Verteidigung seine Unschuld[43]. Von diesem Hautpunkt in tatsächlicher Hinsicht geht Baez über zu den rechtlichen Voraussetzungen. Seine Rede zielt auch im weiteren Verlauf darauf ab, dass die Anklage ihren Vorwurf nicht frei von vernünftigen Zweifeln habe beweisen können. Die Voraussetzungen der für eine Verurteilung erforderlichen Gewissheit betont er zu Beginn seines Plädoyers mit einer Antithese („What is proven beyond and to the exclusion of every reasonable doubt, not just some, but every single one“). Die antithetische Satzstruktur prägt den Juroren ein, dass es für eine Verurteilung nicht ausreichend ist, insgesamt die Überzeugung zu haben, die Angeklagte sei schuldig, sondern dass sie jeden einzelnen Einwand gegen die Vorwürfe als unvernünftig abtun müssen[44].

Von entscheidender Bedeutung für die Staatsanwaltschaft waren die Zeugenaussagen von George Anthony, dem Vater der Angeklagten. Ein wesentlicher Punkt war, dass George behauptete, er habe den „Geruch des Todes“ gerochen, als er den Wagen von Casey von einem Abschleppplatz abholte und den Koffer-

---

40 Rhetorica ad Herennium, I 8.

41 Vgl. hierzu *Kolmer / Rob-Santer*, Studienbuch Rhetorik, 2002, S. 87.

42 *Cicero*, De oratore, III 203; „bohrende Frage“ ist die Übersetzung für percontatio von *Nüßlein*, 2007.

43 *Klemke / Elbs*, Einführung in die Praxis der Strafverteidigung, 4. Aufl. 2019, Rn. 1165.

44 Vgl. Zur kognitiven Wirkung einer Antithese *Aristoteles*, Rhetorik, 1409b–1410a.

raum öffnete. Mit Hilfe von Ironie zieht Baez die Glaubhaftigkeit dieser Aussage in Zweifel und damit auch die Glaubwürdigkeit von George selbst, dessen Verhalten nach dieser angeblichen Entdeckung nicht nachvollziehbar erscheint:

> „And he showed up to pick up the car with his key. And when he got there, you all remember, he smelled the smell of death, he smelled the smell that you never forget. And of course he did what every responsible parent would do and that is: nothing. Just go home and go to work. Nothing. Don't call to find out if my daughter is alive who I have not seen since the 24th of June. I don't call to find out if my granddaughter is alive since I haven't seen her since the 16th."

Es zeigt sich wieder, warum Ironie ein typisches Mittel der Verteidigung ist[45]. Bei der Ironie nimmt der Redner scheinbar den Standpunkt der Gegenseite ein, nur um zu zeigen, warum dieser absurd ist[46]. Und das ist das Ziel der Verteidigung ist, wenn sie in tatsächlicher Hinsicht falsche Vorwürfe widerlegen will. Ironie verwendet Baez auch, um das von der Anklage behauptete Tatmotiv, Casey habe sich durch den Tod ihrer Tochter von ihren elterlichen Pflichten befreien wollen, in Zweifel zu ziehen:

> „As opposed to the state's theory where she is a loving, wonderful mother, and one day: I am gonna go party, on a Monday afternoon, even though there is no party or club to go to (…) She now wants her freedom, is that what you do to get freedom, you kill someone? That's outrageous, that's nonsense. Nobody gonna come looking for little Caylee, she is going to party everyday and everynight? That's nonsense."

Die Ironie präsentiert sich hier in Form einer *sermocinatio*: der Charakterisierung einer Person durch Wiedergabe von wirklichen oder fingierten Aussagen oder Gedanken[47]. Baez versucht zu zeigen, dass die Charakterisierung der Angeklagten, wie sie die Staatsanwaltschaft vornimmt, unplausibel ist. Mit der rhetorischen Frage nötigt er den Zuhörern eine Antwort auf die Frage ab, ob man jemanden töte, um Freiheit zu erlangen. Natürlich sind die Argumente von Baez nicht zwingend; aber das sind die der Anklage auch nicht, sonst wäre eine unterschiedliche Bewertung der Sach- oder Rechtslage von vornherein undenkbar. Eine mathematische, logische Gewissheit ist in der Rechtswissenschaft grundsätzlich unerreichbar[48]. Aber die Argumente von Baez wirken plausibel, zumal er sie im weiteren Verlauf der Rede stützt, indem er darauf verweist, dass kein einziger Zeuge bekundet hat, er habe erlebt, wie Casey ihre Tochter schlecht behandelt habe. Auffallend ist auch die (ironische) Argumen-

---

45 *Moro*, Figures of Speech and Legal Style, TCRS 2020, 131, 140.

46 Vgl. *Lausberg*, Handbuch der literarischen Rhetorik, 4. Aufl. 2008, § 903.

47 *Lausberg*, Handbuch der literarischen Rhetorik, 4. Aufl. 2008, § 820 und § 903.

48 Vgl. *T. Walter*, Kleine Rhetorikschule für Juristen, 2. Aufl. 2017, S. 148–149.

tation, dass Casey die Tat wohl nicht begangen habe, da jemand nach Caylee gesucht hätte und die Tat – so die implizite Schlussfolgerung – aufgefallen wäre und daher offensichtlich in keiner Weise Freiheit bedeutet hätte. Hierbei handelt es sich um einen Gemeinplatz, der bereits den ersten Rhetorikern bekannt war: Der Beschuldigte habe die Tat nicht begannen, da es für ihn offensichtlich gewesen sei, dass der Verdacht auf ihn fiele[49]. Freilich ein Argument, das logisch nicht zwingend ist und nur im Einzelfall überzeugen kann.

Baez musste sich mit dem unstrittigen Umstand auseinandersetzen, dass Casey mehrmals log und die Behörden in die Irre führte. Sein wesentliches Argument ist, dass sie mit Lügen aufgewachsen sei und daher gewohnt sei, mit Lügen auf Probleme zu reagieren. Insbesondere ihr Vater George soll dazu beigetragen haben. Dessen Glaubwürdigkeit zu erschüttern, war noch aus einem anderen Grund wesentlich für die Verteidigung: Denn nach ihrer Darstellung sei Caylee bei einem Pool-Unfall gestorben, den George versucht habe zu verheimlichen. Um die Glaubwürdigkeit von George zu erschüttern, warf die Verteidigung ihm vor, Casey sexuell missbraucht zu haben, was jedoch nicht bewiesen werden konnte. Es war jedoch bewiesen, dass er sich heimlich mit einer anderen Frau traf. In dem folgenden Abschnitt versucht Baez mit eindringlichen Fragen und Wiederholungen den Fokus auf George zu lenken und prangert an, dass die Behörden nicht in seine Richtung ermittelten, sondern sich (vor)schnell auf Casey als Beschuldigte festgelegt hätten, deren Hang zum Lügen mehr Ausdruck eines bemitleidenswerten und kindlichen Schutzmechanismus als krimineller Energie sei:

> „Lies are what pumps and what lives within this family. And I told you that in the very beginning: she was raised that way, raised to lie. Is it a surprise that she has this fantasy world? Is it a surprise that she has all these imaginary friends? Is it a surprise that she turned out this way? Knowing these lies and actually seeing them first hand. (…) And these are only the lies uncovered. What about all the other things that could have been investigated and never were. How is it that they didn't get his (George's) cell phone activity during that time? How is it that they can't tell us the comings and goings of that? (…) they should have done more, they should have looked elsewhere, they should have opened that net."

Auffallend sind die Anspielungen auf die Lügen, die nicht aufgedeckt werden konnten und die Erkenntnisse, die die Behörden möglicherweise nicht erlangt haben, weil sie sich auf Casey als Täterin festlegten. Es bleibt der Fantasie der Zuhörer überlassen, die möglichen Tatsachen weiterzuspinnen und selbst einen alternativen Sachverhalt zu konstruieren[50]. Im Laufe seiner Rede kommt Baez

49 Vgl. *Aristoteles*, Rhetorik, 1402a.

50 Vgl. zur Wirkung von Anspielungen *Quintilian*, Institutio oratoria, VIII 4 25–26.

mehrmals ausdrücklich auf seine bereits in der Einleitung präsentierte Kernthese zurück, dass die Anklage die Schuld von Casey nicht frei von vernünftigen Zweifeln beweisen könne, da sie die Todesursache nicht aufklären konnte. In einem prägnanten Abschnitt stellt er dies abermals durch bohrende Fragen heraus:

> „How did she die? Where did she die? (...) When did she die? Why? (...) They wanna give you the who without the where, the how or the why."

Die Staatsanwaltschaft ließ die medizinische Sachverständige Jan Garavaglia aussagen, die jedoch keine Angaben zu der genauen Todesursache machen konnte. Sie sagte indessen, sie gehe mit Sicherheit von einer Tötung aus und begründete ihre Ansicht insbesondere damit, dass die Angeklagte ihre Tochter nicht als vermisst gemeldet habe und Caylees Leichnam in einem Waldstück gefunden worden sei. In seinem Plädoyer geht Baez darauf ein, dass es sich hierbei um bloße Mutmaßungen handele, die in keinem Zusammenhang zur medizinischen Expertise der Sachverständigen stünden:

> „These are all opinions that have nothing to do with what this woman was trained to do. Nothing. Absolutely nothing. A person on the street riding a bicycle could give you these same facts and say the same thing. This is not science."

Die Wiederholung von „nothing" und die Steigerung zu „absolutely nothing" heben eindringlich hervor, dass für die Aussagen von Garavaglia keine medizinische Expertise erforderlich war. Ein Punkt, den Baez durch den sarkastischen Vergleich verstärkt und damit die Unwissenschaftlichkeit der Ausführungen der Sachverständigen betont. Inhaltlich hätte Baez sagen können, dass dieselben Mutmaßungen von einer Person ohne medizinische Expertise hätten angestellt werden können. Diese unauffällige, unrhetorische Ausdrucksweise hätte aber nicht denselben Effekt gehabt. Durch den Vergleich mit einer Person, die auf der Straße Fahrrad fährt, stellt er die absolute Banalität der Behauptungen heraus, was in einem starken Kontrast zu den Erwartungen an eine Sachverständige steht. Hiermit zeigt Baez zum einen, dass die Anklage keine harten Fakten präsentieren kann, zum anderen die Fruchtlosigkeit ihrer Ermittlungsbemühungen. Diesen letzten Punkt greift er zum Ende seiner Rede mit einer *enumeratio* auf, indem er Punkte aufzählt, die die Ermittlungsbehörden nicht herausfinden konnten. Auf einem Clipboard sind die einzelnen Punkte aufgezählt, wobei vor jedem Punkt ein farblich hervorgehobenes „NO" steht. Mit dieser visuellen Unterstützung zählt Baez auf, welche Ermittlungshandlungen der Behörden ins Leere liefen und welche Umstände sie nicht aufklären konnten, wie z.B., dass sie keine Fingerabdrücke und DNA-Spuren auf dem Klebeband finden konnten, welches sich an Caylees Leichnam befand. Baez listet eine Vielzahl solcher Punkte nah aneinandergereiht auf. Was ist der Sinn einer solchen Aufzählung? Dass sich der Zuhörer an alle Punkte erinnert? Wohl eher nicht, jedenfalls wird dieser Zweck umso unsinniger, je länger die Liste wird. Es geht vielmehr darum, dem Zuhörer (oder Leser) die Idee zu geben, es könne unendlich so weitergehen[51]. In dem Roman 1793 von Victor Hugo nennt der adlige Lantenac dem Matrosen Halmalo gefühlt endlose viele Namen und Ortschaften, die jener aufsuchen solle, um sie zum Aufstand aufzufordern[52]. Hierzu bemerkt Umberto Eco treffend:

> „Es ist klar, dass der arme Halmalo sich diese riesige Liste nie und nimmer wird merken können, und sicher erwartet Hugo das auch nicht von seinem Leser. Die enorme Länge der Namenliste soll einfach die enorme Größe des Volksaufstandes suggerieren."[53]

Derartige Auflistungen beruhten „auf der Unersättlichkeit, auf dem Topos der Unsagbarkeit"[54]. Und eine ähnliche Wirkung ruft auch die Auflistung von Jose Baez hervor: Die enorme Anzahl der erfolglosen Ermittlungsmaßnahmen und ungeklärten Fragen soll den Juroren hängenbleiben und weniger die einzelnen Punkte. Nach der Aufzählung geht Baez zu seinem Schlussappell über:

> „We are going to ask you to render a verdict of not guilty on these charges, because they simply are not proven. And they are simply not true. Just look at what they have and what they don't have."

Wie eingangs erwähnt, lässt sich nicht aufklären, welchen Einfluss das Plädoyer von Baez auf die Entscheidung der Jurymitglieder hatte. Einzelne rhetorische Mittel und Strategien lassen sich jedoch identifizieren, die dazu beigetragen haben könnten und die zumindest auf einer analytischen Ebene als geeignet angesehen werden können, Unstimmigkeiten in der Anklage hervorzuheben und vernünftige Zweifel bei den Entscheidern hervorzurufen.

III. Hokuspokus von Curt Goetz

Das folgende Beispiel für ein fiktives Verteidigungsplädoyer stammt aus dem Bühnenwerk Hokuspokus von Curt Goetz. Von dem Bühnenwerk gibt es zwei Fassungen und mehrere Verfilmungen. Das hier vorgestellte Plädoyer stammt aus der Neufassung des Bühnenwerks[55], an der sich die Verfilmung aus dem

---

51 *Eco*, Bekenntnisse eines jungen Schriftstellers, 2011, S. 123.

52 *Hugo*, Dreiundneunzig (1793), aus dem Französischen übertragen von *Hans Wimmer*, S. 48–53.

53 *Eco*, Bekenntnisse eines jungen Schriftstellers, 2011, S. 141.

54 *Eco*, Bekenntnisse eines jungen Schriftstellers, 2011, S. 142.

55 *Goetz*, Sämtliche Bühnenwerke, Neuauflage 1987, S. 459 ff.

Jahr 1953, in der Curt Goetz selbst die Hauptrolle des Strafverteidigers Peer Bille übernimmt, weitgehend orientiert.

Bis auf die Anfangsszene spielt sich das Stück ausschließlich im Gerichtssaal ab. Die Verhandlung leitet der Gerichtspräsident Ferdinand Arden, der von der Schuld der Angeklagten überzeugt ist. Über ihre Schuld müssen indessen Geschworene entscheiden und nicht Arden. Der Staatsanwalt wirft der Angeklagten Agda Kjerulf vor, ihren Ehemann und erfolglosen Maler, Hilmar Kjerulf, heimtückisch ermordet zu haben. Auf einer gemeinsamen Bootstour mit ihrem Mann, der Nichtschwimmer ist, habe sie das Boot absichtlich zum Kentern gebracht, damit ihr Ehemann ertrinke. Der Staatsanwalt stützt den von ihm konstruierten Sachverhalt auf unterschiedliche Indizien: So steht fest, dass Agda Kjerulf mit ihrem Ehemann zum Bootsfahren ging, alleine nach Haus kam und dann versuchte, ein verschmutztes Kleid zu entsorgen. Ferner sah eine Nachbarin, wie Agda Kjerulf kurze Zeit nach dem Tod ihres Mannes zuhause einen Liebhaber empfing. Wohlwissend, dass Peer Bille als Verteidiger der Angeklagten die Überzeugungskraft des Indizienbeweises angreifen wird, beginnt der Staatsanwalt sein Plädoyer mit einem *argumentum a simile*[56], um den Indizienbeweis als solchen zu rechtfertigen:

> „Nun – meine Damen und Herren – es braucht kein Geist vom Grabe herzukommen – das ist ein Zitat, Herr Verteidiger, und nur als solches zu bewerten –, um uns zu belehren, daß ein Indiz nicht genügt zur Überführung eines Angeklagten. Sie werden niemanden verurteilen, der etwa eine graue Mütze besitzt, nur weil der Täter auch eine graue Mütze trug. Oder der stottert, und der Täter stotterte auch. Oder der hinkt, und der Täter hinkte auch. Nein – meine Damen und Herren Geschworenen, keines dieser Indizien allein würde genügen. Aber wenn wir wissen, daß der Täter, der eine graue Mütze trug, außerdem stotterte und nebenbei hinkte, und der Verdacht fällt auf einen Mann, der eine gleiche graue Mütze trägt, und es stellt sich heraus, daß er nebenbei stottert und außerdem hinkt – dann, meine Damen und Herren Geschworenen, ist es nach menschlicher Einsicht nicht mehr erlaubt, an der Schuld des Verdächtigen zu zweifeln. Ich brauche nicht zu betonen, daß es nicht das einzelne Glied ist, sondern die Kette von Gliedern, die dem Indizienbeweis seine überzeugende Kraft gibt und seinen rechtmäßigen Platz im Prozeßverfahren.“[57]

Der Staatsanwalt nutzt im letzten Satz eine sog. *preateritio*[58]: Die Nennung eines Umstandes, indem der Redner sagt, genau jenen Umstand auszulassen („Ich brauche nicht zu betonen ...“). Damit versucht der Staatsanwalt die

---

56 *Lausberg*, Handbuch der literarischen Rhetorik, 4. Aufl. 2008, § 394.

57 *Goetz*, Sämtliche Bühnenwerke, Neuauflage 1987, S. 513–514.

58 *Lausberg*, Handbuch der literarischen Rhetorik, 4. Aufl. 2008, §§ 882–885.

Selbstverständlichkeit seiner Behauptung zu unterstreichen. Bevor der Verteidiger auf den Indizienbeweis eingeht, beginnt er sein Plädoyer mit dem Gemeinplatz, die Rede der Gegenseite sei bloße Rhetorik und versuche die Zuhörer durch schöne Wörter zu manipulieren:

> „Ist das Plädieren an sich schon eine große Kunst, wieviel größer ist sie, ohne Material zu plädieren, wieviel grandioser, ohne Material gegen eine Unschuldige zu plädieren, wieviel gigantischer, einen Überfluß von Mangel an Beweisen in ein Plädoyer zu gießen, das beinahe überzeugend klingt! Angesichts dieser Tatsachen ist die Rede des Herrn Staatsanwalts als eine Gipfelleistung forensischer Zauberkunst zu bewerten!“[59]

Natürlich ist dieses Argument selbst rhetorisch und kunstfertig, eine *rhetorica contra rhetoricam*[60]. Es war bereits in der Antike bekannt und die Redner versuchten stets, den Eindruck der Unnatürlichkeit zu vermeiden. Eine Rede müsse kunstvoll ausgearbeitet sein, aber das dürfe nicht ins Auge fallen, da der Zuhörer sonst das Gefühl bekomme, durch schöne Worte manipuliert zu werden[61]. An zweiter Stelle geht Peer Bille sodann auf den Indizienbeweis ein. Freilich nimmt er eine ganz andere Bewertung als der Staatsanwalt vor, bezieht sich dabei bereits ausdrücklich auf den Fall:

> „Ein Indizienbeweis ist ein Verlegenheitsbeweis. Er besteht aus gewissen erwiesenen Tatsachen, die aber an sich nicht ausreichen würden, einen Angeklagten zu verurteilen, und aus den an diese Tatsachen geknüpften nicht erwiesenen Vermutungen, die diesem Übel abhelfen sollen. Was sind nun diese erwiesenen Tatsachen in unserem Falle? Eine Frau geht mit ihrem Mann Boot fahren. Eine Frau kommt ohne ihren Mann nach Hause. Eine Frau trällert ein Liedchen. Eine Frau vernichtet ein beschmutztes Kleid. Eine Frau bekommt den Besuch eines Mannes und weigert sich, den Namen zu nennen. Keine dieser Tatsachen ist vor dem Gesetz strafbar. Und doch wünscht der Herr Staatsanwalt auf Grund dieser Tatsachen die Angeklagte verurteilt zu sehen. Um dies zu erreichen, sollen an diese Tatsachen geknüpfte, nicht erwiesene Vermutungen zu Hilfe kommen. Vermutungen können zahlreich sein wie Sterne am Himmel.“[62]

Auffallend ist die Anapher („Eine Frau … Eine Frau …“), mit der Peer Bille die jeweiligen Indizien einleitet. Die Wiederholung hebt den Umstand hervor, dass es sich um alltägliche Verhaltensweisen handelt, denen typisch ist, wiederkehrend zu sein. Hiermit und mit einer einfachen Satzstruktur unterstreicht

59 *Goetz*, Sämtliche Bühnenwerke, Neuauflage 1987, S. 517–518.

60 *Kienpointer*, in: Historisches Wörterbuch der Rhetorik, Bd. 7: Pos-Rhet, 2005, S. 1395 ff.

61 *Cicero*, Orator, 208–209; *Nietzsche*, in: Bornmann (Hrsg.), Kritische Gesamtausgabe, 2. Abteilung, 4. Bd., 1995, Darstellung der antiken Rhetorik, Vorlesungsaufzeichnungen aus dem Sommersemester 1874, S. 433; *Alsberg*, in: Taschke (Hrsg.), Max Alsberg, 2. Aufl. 2013, Das Plaidoyer, S. 593.

62 *Goetz*, Sämtliche Bühnenwerke, Neuauflage 1987, S. 518.

er die Banalität der einzelnen Umstände. Der letzte Satz stellt ein Analogieargument in Form einer Hyperbel[63] dar, also einer Übertreibung, und soll pointiert verdeutlichen, dass die Vermutungen des Staatsanwalts nur einige von vielen möglichen seien. Peer Bille bietet sodann andere Erklärungen für die unterschiedlichen Umstände an und kommt zum Schluss:

> „Sie sehen, ich komme auf Grund derselben Tatsachen zu ganz anderen Vermutungen. Und ich verlange nicht von Ihnen, daß Sie sie mir glauben. Denn ich kann sie nicht beweisen. Aber dann dürfen Sie die des Staatsanwalts ebensowenig glauben, denn er kann die seinen ebensowenig beweisen. (...) Ernsthaft, meine Damen und Herren Geschworenen, solange Tatsachen verschiedene Deutungen zulassen, belastende und harmlose, solange dürfen Sie nicht die belastenden aussuchen, um einen Menschen vom Leben zum Tode zu befördern.“[64]

Bille gesteht ein, dass er seine Erklärungen nicht beweisen kann. Eine derartige *concessio*[65] kann die Glaubwürdigkeit des Redners steigern[66]. Der Staatsanwalt argumentiert in seinem Plädoyer, dass die Angeklagte mehrere Motive gehabt habe, die Tat zu begehen: Sie habe sich von einer unglücklichen Ehe befreien wollen, ihr Vater habe ihr versprochen, sie wieder als Erbin einzusetzen, wenn sie sich von ihrem Mann trenne und sie habe einen anderen geliebt. Zu dieser Mehrzahl an Motiven bemerkt Peer Bille zunächst sarkastisch:

> „Jeder Staatsanwalt hat gelernt, daß er ein Motiv finden muß. Aber unserer fand gleich drei, um die Qualität durch Quantität zu ersetzen.“[67]

Danach unternimmt Peer Bille die Widerlegung der einzelnen Motive. Dabei nutzt er die gliedernde Funktion einer Anapher[68], um seine Rede zu strukturieren, indem er die jeweiligen Widerlegungen einleitet mit „Motiv Nr. 1“, „Motiv Nr. 2“ und „Motiv Nr. 3“. Zu dem letzten Motiv sagt er etwa:

> „Motiv Nr. 3: Sie mordete, weil sie einen anderen liebte! – Warum auch nicht? Weil es feststeht, daß sie nach dem Tode ihres Gatten einen Geliebten hatte – was ihre Privatangelegenheit ist –, steht es für den Staatsanwalt fest, daß sie auch vorher einen hatte! Wir können hier eine gewisse Großzügigkeit in den Schlußfolgerungen des Staatsanwalts feststellen.“[69]

Die Untertreibung („gewisse Großzügigkeit“) wirkt humorvoll und lässt wörtliche und tatsächliche Bedeutung auseinanderfallen. Peer Bille musste sich

---

63 *Kolmer / Rob-Santer*, Studienbuch Rhetorik, 2002, S. 128.

64 *Goetz*, Sämtliche Bühnenwerke, Neuauflage 1987, S. 519.

65 *Kolmer / Rob-Santer*, Studienbuch Rhetorik, 2002, S. 95.

66 *Williams / Bourgeois / Croyle*, Law and Human Behavior, 1993, 597, 603.

67 *Goetz*, Sämtliche Bühnenwerke, Neuauflage 1987, S. 520.

68 *Kolmer / Rob-Santer*, Studienbuch Rhetorik, 2002, S. 65.

69 *Goetz*, Sämtliche Bühnenwerke, Neuauflage 1987, S. 520–521.

noch mit einem belastenden Umstand auseinandersetzen: Wie in dem realen Verfahren gegen Casey Anthony stand fest, dass die Angeklagte gelogen und sich in Widersprüche verstrickt hatte. Peer Bille argumentiert, dass sie einfachere Möglichkeiten gehabt hätte, das Verbrechen, hätte es tatsächlich stattgefunden, zu verdecken. Es ist typisch für eine rhetorische Argumentation, Schlussfolgerungen nicht vollständig auszuführen, sondern es den Zuhörern zu überlassen, diese selbst aus dem Gesagten herzuleiten[70]. Das implizite Argument hier: Hätte die Angeklagte das Verbrechen tatsächlich, wie vom Staatsanwalt behauptet, planmäßig vorbereitet, so hätte sie auch geplant, Zuflucht zu besseren Lügen zu nehmen.

> „Ist es Ihnen nicht aufgefallen, meine Damen und Herren Geschworenen, daß die Angeklagte nie versucht hat, die Sache als einen Unfall darzustellen? Wenn sie das Gericht bei der Annahme, daß das Boot gekentert sei, gelassen hätte, wer in Gottes Welt hätte ihr nachweisen können, daß sie es war, die es zum Kentern brachte: Motiv hin, Motiv her, – Verdacht hin, Verdacht her, – kein Gericht der Erde hätte sie verurteilen können! Und warum hatte sie manchmal die Unwahrheit gesagt? Ich will es Ihnen verraten: aus Angst!“[71]

Schon die Antike kannte den Gemeinplatz, dass Unschuldige aus Angst lügen können und Lügen daher kein sicheres Indiz für die Schuld einer Person sind[72]. Der BGH schließt sich also einer langen Tradition an, wenn er festhält:

> „Lügen lassen sich nur mit Vorsicht als Beweisanzeichen für seine Schuld werten, weil auch ein Unschuldiger vor Gericht Zuflucht zur Lüge nehmen kann und ein solches Verhalten nicht ohne weiteres tragfähige Rückschlüsse darauf gestattet, was sich in Wirklichkeit ereignet hat.“[73]

Auf die Ausführungen Peer Billes lächelt einer der Geschworenen, da er offensichtlich nicht glaubt, dass die Angeklagte aus Angst gelogen haben könnte. Peer Bille spricht ihn daraufhin direkt an und nicht mehr die Geschworenen in ihrer Gesamtheit. Ein solches Abwenden vom eigentlichen Publikum ist eine Apostrophe[74]. Sie wirkt emotionalisierend, da sich die Rede hierdurch auf eine persönlichere, zwischenmenschliche Ebene verlagert. Peer Bille nutzt ein kurzes Gleichnis[75], um zu verdeutlichen, warum Angst als Motivation nicht abwegig sei:

---

70 *Ottmers*, Rhetorik, 2. Aufl. 2007, S. 75–76.

71 *Goetz*, Sämtliche Bühnenwerke, Neuauflage 1987, S. 522.

72 Rhetorica ad Herennium, II 8.

73 BGH NStZ 1995, 559.

74 *Halsall*, in: Historisches Wörterbuch der Rhetorik, Bd. 1: A-Bib, 1992, S. 830.

75 *Heininger*, in: Historisches Wörterbuch der Rhetorik, Bd. 3: Eup-Hör, 1996, S. 1000–1001.

„Ich sehe einen der jüngeren Herren Geschworenen lächeln. – Nun, mein junger Freund, lassen Sie uns annehmen, daß Sie eines Nachts spazierengehen, und Sie finden einen Mann in einer Blutlache liegen. Sie knien nieder, heben seinen Kopf und ziehen ein Messer aus seiner Brust. Der Mann stirbt unter Ihren Händen. In diesem Augenblick hören Sie Schritte, und plötzlich kommt Ihnen Ihre Situation zum Bewußtsein: Sie knien über einer Leiche, die Mordwaffe ist in Ihrer Hand, Sie sind mit Blut besudelt, der Tote kann nicht mehr für Sie zeugen … und Sie rennen davon, wie von Furien gejagt. Aber man fängt Sie. Nun sagen Sie, wie es war. Aber man glaubt Ihnen nicht. Warum, hält man Ihnen entgegen, sind Sie davongelaufen, wenn Sie unschuldig sind? … Und in dieser Situation, mein lächelnder Freund, würden auch Sie beten für verständnisvolle, psychologisch geschulte Richter! Nicht wahr?“[76]

Peer Bille beendet sein Plädoyer mit einer Anheimstellung, indem er die Verantwortung für das Schicksal der Angeklagten ausdrücklich den Geschworenen überlässt[77]:

„Vertrauensvoll lege ich das Leben und die Ehre meiner Mandantin in Ihre Hände.“

Teilweise können derartige Anheimstellungen zu einem Gleichnis anwachsen. Der US-amerikanische Anwalt Gerry Spence nutzte in seinen Schlussvorträgen oft dieses als „Bird Story“ bekannt gewordenes Gleichnis:

„Once there was a wise old man and a smart-aleck boy. The boy was driven by a single desire — to expose the wise old man as a fool. The smart aleck boy had a plan. With the bird cupped in his hands, the boy's scheme was to approach the old man and ask him, 'Old man, what do I have in my hand?' to which the wise old man would reply, 'You have a bird, my son.' Then the boy would ask, 'Old man, is the bird alive or is it dead?' If the old man replied that the bird was dead, the smart aleck would open his hands and allow the bird to fly off into the forest. But if the old man replied that the bird was alive, they boy would crush the bird inside his cupped hands, and crush it and crush it until, at last, the bird was dead. Then the boy would open his hands and say, 'See, old man, the bird is dead!' And so, as the story goes, the smart-aleck boy went to the old man, and he said, as planned, 'Old man, what do I have in my hands?' The old man replied, 'You have a bird, my son.' 'Old man,' the boy then said, his voice dripping with disdain, 'Is the bird alive or is it dead?' Whereupon the old man looked at the boy with his kindly old eyes and replied, 'The bird is in your hands, my son.' It is then that I turn to the jury and say, 'And so, too, ladies and gentlemen, the life of my client is in yours.'“[78]

Peer Bille endet sein Plädoyer hingegen mit einer wesentlichen kürzeren Anheimstellung und mit seinem Plädoyer endet auch der dritte Akt des Stücks. Das Spannungsmoment für Leser oder Zuschauer folgt hier aus dem Umstand, dass sie sich fragen, wie die Geschworenen entscheiden werden. Und ebenso

76 *Goetz*, Sämtliche Bühnenwerke, Neuauflage 1987, S. 522–523.

77 Rhetorica ad Herennium, IV 39.

78 *Spence*, How to Argue and Win Every Time, 1995, S. 141–142.

wie bei einem wirklichen Plädoyer können sie die Wirkungen des Plädoyers untersuchen und machen dies zumindest unterbewusst, um Mutmaßungen über den Fortgang der Handlung anzustellen. Der vierte und letzte Akt soll mit der Urteilsverkündung beginnen. Bevor der Gerichtspräsident Arden aber das Urteil der Geschworenen verkünden kann, klärt sich der Fall auf: Der für tot geglaubte Hilmar Kjerulf taucht plötzlich im Gerichtssaal auf. Der Tote, der ertrunken aufgefunden worden war, war tatsächlich ein anderer. Da sich aber die Kunstwerke des Hilmar Kjerulf besser verkauften, als man ihn für tot hielt, klärte er den Umstand auf Betreiben seiner Ehefrau nicht auf. Der Mann, den die Angeklagte zu Hause heimlich empfing, war ihr Ehemann.

IV. Schlussbemerkungen

Mit seinem Plädoyer nimmt der Verteidiger im Interesse des Mandanten an dem Diskurs teil, der der Rechtsherstellung dient. Das richtige Urteil wird nicht durch einen Akt der Erkenntnis gefunden, sondern durch Sprache hergestellt[79]. Gesetze und höchstrichterliche Vorgaben sind der Stoff dieser Rechtsherstellung, die Rhetorik ihr Verfahren[80]. Zwar mag in empirischer Hinsicht zweifelhaft sein, ob und unter welchen Umständen der Verteidiger die Richter mit seinem Plädoyer erreichen kann[81], aber es bleibt das Paradebeispiel einer Überzeugungsrede, die sich zu untersuchen lohnt, da die Analyse viel über die Wirkungsweisen von Sprache verrät. Es wäre daher wünschenswert, wenn mehr deutsche Strafverteidiger ihre Plädoyers (anonymisiert) veröffentlichen würden[82]. Deren Lektüre kann aufschlussreicher sein als das Studium theoretischer Schriften[83]. Natürlich lassen sich mit Hilfe der klassischen Rhetorik auch andere juristische Reden und Texte analysieren. So gibt es rhetorische Analysen von Urteilen, die zum einen deutlich machen, dass Urteile keineswegs frei von rhetorischen Figuren sind, und zum anderen, dass deren Vorkommen sogar besonders hoch ist in den neuralgischen Abschnitten des Urteils[84]. Rhetorische Fähigkeiten können getrost als juristische Kernkompetenz bezeichnet

79 Vgl. *T. Walter*, Kleine Rhetorikschule für Juristen, 2. Aufl. 2017, S. 149–150, der von „Rechtsherstellung" statt „Rechtsfindung" spricht; sowie *Johnston*, in: von Schlieffen (Hrsg.), Handbuch Juristische Rhetorik, 2025, S. 207; *von Schlieffen*, in: Hilgendorf / Joerden (Hrsg.), Handbuch Rechtsphilosophie, 2. Aufl. 2021, Rechtsrhetorik, S. 325.

80 *T. Walter*, Kleine Rhetorikschule für Juristen, 2. Aufl. 2017, S. 150.

81 *Ventzke*, Praxiskommentar zu BGH NStZ 2023, 437.

82 Das ist bis jetzt die Ausnahme, eine ist *Hannover*, Reden vor Gericht, 2012.

83 *Augustinus*, De doctrina christiana, IV 4.

84 *Johnston*, in: von Schlieffen (Hrsg.), Handbuch Juristische Rhetorik, 2025, S. 214–216; *von Schlieffen* JA 2013, 1, 3; *dies.* (als Sobota) JZ 1992, 231 ff.

werden[85]. Und ganz gleich, ob wir uns anschicken, ein Plädoyer zu halten, ein Urteil zu schreiben oder einen wissenschaftlichen Aufsatz: Wir wollen überzeugen. Und bevor wir nach außen kommunizieren, fragen wir uns selbst in einem inneren Monolog, von was wir überzeugt sind und warum[86]. Diesem tatsächlich-praktischen Stellenwert rhetorischer Fähigkeiten wird es nicht gerecht, dass § 5a Abs. 3 DRiG der Rhetorik nur den Rang einer Schlüsselqualifikation einräumt.

---

85 Vgl. *T. Walter*, Kleine Rhetorikschule für Juristen, 2. Aufl. 2017, S. 186; *Hirtz*, in: Soudry (Hrsg.) Rhetorik, 2. Aufl. 2006, Vom anwaltlichen Wortgebrauch, S. 87; *Thelen*, BRJ 2012, 210, 210 und 212.

86 Vgl. *Isokrates*, Rede des Nikokles, 5–9; *ders*. Antidosis, 256 und 277.

9.

Jannina Schäffer

„Harry Potter und die Gesetze der Macht" am Beispiel der Gewaltenteilung

I. Einführung

Als ich im Herbst 2019 Prof. Anja Schiemann an der Deutschen Hochschule der Polizei in Münster besuchte, um ihr mein Dissertationsprojekt im Bereich *Law and Literature* vorzustellen, war die Welt noch eine andere.

Nur wenige Monate später hatte die Corona-Pandemie uns alle fest im Griff. Am 24. Februar 2022 begann Russland seinen völkerrechtswidrigen Angriffskrieg gegen die Ukraine. 364 Menschen wurden am 7. Oktober 2023 im Rahmen des Anschlags auf das Supernova-Festival durch Hamas getötet – noch immer befinden sich Geiseln im Gazastreifen in ihrer Gewalt. In ganz Europa (Italien, Ungarn, Polen, Frankreich usw.) haben in den letzten Jahren rechtspopulistische und rechtsradikale Parteien an Zulauf gewonnen. Zuletzt auch – nach dem Bruch der Ampel-Koalition – bei der vorgezogenen Bundestagswahl am 23. Februar 2025, bei der die rechtsradikale[1] AfD 20% der Stimmen für sich verbuchen konnte. Bei der Präsidentschaftswahl am 5. November 2024 wurde mit Donald Trump ein mehrfach verurteilter Krimineller[2] zum Präsidenten der größten Demokratie und Militärmacht der Welt gewählt – finanziell unterstützt durch den reichsten Mann der Erde, Elon Musk.

Unter dem Titel *Harry Potter und die Gesetze der Macht* erschien meine Dissertation letztendlich im Juli 2024 im Verlag Fachmedien Recht und Wirt-

1 Das OVG NRW bestätigte die Einstufung der AfD und der Jungen Alternative (JA) durch das Bundesamt für Verfassungsschutz als rechtsextremistischer Verdachtsfall, OVG Münster, Urt. v. 13.5.2024, Az. 5 A 1216/22, 5 A 1217/22 und 5 A 1218/22.

2 Donald Trump wurde am 30.5.2024 in allen 34 Anklagepunkten eines Schweigegeldprozesses für schuldig befunden, The People of the State of New York v. Donald J. Trump (Criminal), Ind. No. 71543/2023; vor dem United States District Court for the Southern District of New York wurde er am 9.5.2023 wegen sexuellem Missbrauch verurteilt, E. Jean Carroll v. Donald J. Trump, No. 23–793 (2d Cir. 2024).

https://doi.org/10.1515/9783112206744-010

schaft. Auch wenn Prof. Schiemann diesem ungewöhnlichen Thema von Anfang an offen gegenüberstand (wofür ich ihr sehr dankbar bin), konnte weder sie noch ich absehen, wie aktuell die Themen, die ich in meiner Dissertation erläutere, (leider wieder) werden würden. Am Beispiel der sieben Harry-Potter-Romane der britischen Autorin J.K. Rowling zeichne ich nach, wie der Aufstieg eines Diktators durch fehlende Schutzmechanismen in Recht und Gesellschaft ermöglicht und erleichtert wurde. Die Machtergreifung Lord Voldemorts in der Zaubererwelt vergleiche ich dabei mit dem aktuell geltenden deutschen Recht, sowie dem historischen Recht unter den Nationalsozialisten. Das Fazit meiner Arbeit: Das Recht in den Harry-Potter-Büchern ähnelt den Zuständen im NS-Unrechtsstaat deutlich mehr als unserer aktuellen Rechtsordnung[3].

Auf der Tagung *Recht in Literatur und Film* vom 24. bis 25. Januar 2025 an der Universität zu Köln trug ich einen kleinen Ausschnitt aus meiner Dissertation vor. Im Zentrum stand dabei das Thema Gewaltenteilung, das schon den Nationalsozialisten ein Dorn im Auge war. Fast zeitgleich zur Tagung fand die Amtseinführung von Präsident Trump statt, der statt *checks and balances* in ihrer heutigen Form eine Theorie der einheitlichen Exekutive (*unitary executive theory*) propagiert[4]. Wie die fehlende Gewaltenteilung wiederum in der Zaubererwelt die Machtergreifung Lord Voldemorts erleichterte, soll im Folgenden dargestellt werden.

II. Ist die Zaubererwelt ein Staat?

Der Begriff der Gewaltenteilung bezieht sich auf die Staatsgewalt. Bevor man sich mit der Gewaltenteilung in den Harry-Potter-Romanen beschäftigen kann, muss man also die Vorfrage aufwerfen: *Ist die Zaubererwelt ein Staat?*

Mit der *Zaubererwelt* ist dabei die Gesellschaft gemeint, die in den Büchern von J.K. Rowling aus Sicht des jugendlichen Hauptcharakters, Harry Potter, beschrieben wird. Harry wächst bei seinen *Muggel*-Verwandten in einem Vorort von London auf und geht auf die Zaubererschule *Hogwarts*, ein Internat in Schottland. Die sieben Harry-Potter-Romane spielen hauptsächlich auf dem Territorium unseres heutigen Großbritanniens, auf dem sich aber auch magische Orte befinden (Zaubereiministerium, Hogsmeade, Winkelgasse usw.).

---

3 *Jannina Schäffer*, Harry Potter und die Gesetze der Macht, 2024, S. 473 ff.

4 *Kim Lane Scheppele*, Trumps Gegenverfassung: „He who saves his Country does not violate any Law.“, in: VerfBlog, 2025/2/21, https://verfassungsblog.de/trumps-gegenverfassung/, DOI: 10.59704/4fb13c5bcd906d41 (abgerufen am: 1.3.2025).

Nach dem österreichisch-deutschen Staatsrechtler Georg Jellinek[5] ist ein Staat ein soziales Gebilde, das ein von Grenzen umgebenes Territorium (*Staatsgebiet*), eine darauf als Kernbevölkerung ansässige Gruppe von Menschen (*Staatsvolk*) sowie eine auf diesem Gebiet herrschende *Staatsgewalt* voraussetzt. Auf diese Drei-Elemente-Lehre[6] soll auch hier zurückgegriffen werden.

1. Teile Großbritanniens als Staatsgebiet

Als *Urban/Contemporary Fantasy*[7] haben die Harry-Potter-Bücher die Besonderheit, dass sie (im Vergleich zu z.B. *High-Fantasy*-Romanen wie Herr der Ringe) in unserer zeitgenössischen realen Welt spielen, die durch fantastische Elemente wie Magie und Fabelwesen durchbrochen wird. Das Fiktionale gilt innerhalb dieser imaginären Welt als real. Gleichzeitig werden die Harry-Potter-Bücher als *Portal Fantasy*[8] beschrieben, weil der Hauptcharakter aus unserer realen Welt in eine magische Parallelwelt katapultiert wird. Bereits diese Einordnung zeigt, dass sich die beiden Welten in den Harry-Potter-Büchern auch räumlich überschneiden und somit die Frage eines originären Zauberer-Staatsgebietes aufgeworfen wird.

Das Staatsgebiet wird dabei juristisch definiert als ein durch Grenzen umschlossener geographischer Raum, über den ein Staat territoriale Souveränität ausübt. Dieser begrenzte Teil der Erdoberfläche zieht sich nach oben bis zur Stratosphäre und nach unten bis zum Erdmittelpunkt[9]. Das Staatsgebiet ist

---

5 Zu diesem: *Christopher Danwert*, Die prägenden Thesen und Ideen des Georg Jellinek (1851–1911), in: JuS 2011, S. 406–410.

6 *Georg Jellinek*, Allgemeine Staatslehre, 3. Aufl. 1913 (Neudruck 1976), S. 394–434. Die Drei-Elemente-Lehre ist nicht unumstritten. Als Gegenansicht zur deklaratorischen Theorie wird die konstitutive Theorie vertreten, die für einen Staat die Anerkennung durch Drittstaaten voraussetzt. Daran könnte man bei der Zaubererwelt zweifeln, weil die Muggel nichts von der Existenz der magischen Welt wissen. Allerdings wird der jeweilige Premierminister Großbritanniens vom Zaubereiminister über die Zaubererwelt aufgeklärt (*J.K. Rowling*, Harry Potter 6, 29. Aufl., 2010, Der andere Minister, S. 10 ff.). Zumindest dem Premierminister ist es (in Vertretung seines Staates) also durchaus möglich, die Zaubererwelt anzuerkennen. Fordert man darüber hinaus eine völkerrechtliche Vertretung nach außen, existiert diese aller Wahrscheinlichkeit nach mit der Internationalen Zaubereivereinigung (zum Vergleich mit EU und UN: *Jannina Schäffer*, Harry Potter und die Gesetze der Macht, 2024, S. 75 f.). Fordert man als weiteres Element eine Staatsverfassung, wird deren Existenz in den Harry-Potter-Büchern nicht erwähnt. Allerdings kommt auch Großbritannien ohne eine kodifizierte Verfassung aus.

7 *Jannina Schäffer*, Harry Potter und die Gesetze der Macht, 2024, S. 39.

8 *Jannina Schäffer*, Harry Potter und die Gesetze der Macht, 2024, S. 39 f.

9 *Anna Dulski-Alfes / Marc Bungenberg*, in: Horst Günter Krenzler / Christoph Herrmann / Marian Niestedt (Hrsg.), EU-Außenwirtschafts- und Zollrecht, 24. EL September 2024, Art. 1 Kimberley-VO, Rn. 2 f.

damit in positiver Hinsicht die räumliche Grundlage der Herrschaft über sämtliche im Staat niedergelassenen Menschen (unabhängig von ihrer Staatsangehörigkeit oder ihrem Wohnsitz). Zur Ausübung der territorialen Souveränität gehört in negativer Hinsicht aber auch, dass es jeder anderen Macht untersagt ist, auf diesem Territorium Staatsgewalt auszuüben[10].

Zwar spielen die Harry-Potter-Bücher in Großbritannien, neben britischen Hexen und Zauberern gibt es aber auch in anderen Ländern eine magische Bevölkerung. So erfährt man in Band vier, dass im Jahr 1994 die 422. Quidditch-Weltmeisterschaft zwischen Irland und Bulgarien stattfindet[11]. Im gleichen Buch kommen außerdem Schüler aus Frankreich (*Beauxbatons*) und Osteuropa (*Durmstrang*) zu Besuch, um in Hogwarts am *Trimagischen Turnier* teilzunehmen[12]. Weltweit gibt es elf große Zaubererschulen[13]. Insgesamt werden in den sieben Bänden mehr als 20 real existierende Länder namentlich aufgeführt[14] – darunter beispielsweise Albanien, das Land, in dem Bertha Jorkins von Peter Pettigrew und Lord Voldemort getötet wird[15]. Die in unserer realen Welt existierenden Länder gibt es mit den uns bekannten Landesgrenzen also auch in den Harry-Potter-Büchern. Das stellt uns beim Kriterium des Staatsgebietes allerdings vor ein Problem: Die magische Bevölkerung Großbritanniens teilt sich ein Territorium mit der Muggelbevölkerung. Wie sieht diese Symbiose im Einzelfall aus?

In London wurde diese Problematik so gelöst, dass das *Zaubereiministerium* unter der Erde angesiedelt ist[16]. Die nichtmagische Bevölkerung weiß nicht, dass sie sich ihr Staatsgebiet – das grundsätzlich bis zum Erdmittelpunkt reicht – mit Hexen und Zauberern im Untergrund teilt. Da die Muggel das Zaubereiministerium auch nicht betreten können, liegt hier ein horizontal geteiltes Territo-

---

10 *Christopher Danwert*, Die prägenden Thesen und Ideen des Georg Jellinek (1851–1911), in: JuS 2011, S. 408.

11 *J.K. Rowling*, Harry Potter 4, 33. Aufl., 2008, Die Narbe, S. 35; Die Quidditch-Weltmeisterschaft, S. 109 ff.

12 *J.K. Rowling*, Harry Potter 4, 33. Aufl., 2008, Das Trimagische Turnier, S. 196 ff.; Beauxbatons und Durmstrang, S. 256 ff.

13 Bekannt sind neben den Schulen des Trimagischen Turniers: Ilvermorny (Massachusetts), Castelobruxo (Brasilien), Koldovstoretz (Russland), Mahoutokoro (Japan) und Uagadou (Afrika), https://www.harrypotter.com/de/writing-by-jk-rowling/wizarding-schools (abgerufen am 1.3.2025).

14 Kartenmaterial: https://www.reddit.com/r/MapPorn/comments/3y7l99/1425_x_625_countries_mentioned_in_harry_potter/#lightbox (abgerufen am: 1.3.2025).

15 *J.K. Rowling*, Harry Potter 4, 33. Aufl., 2008, Weasleys zauberhafte Zauberscherze, S. 67; Der Ungarische Hornschwanz, S. 350; Veritaserum, S. 719.

16 *J.K. Rowling*, Harry Potter 5, 32. Aufl., 2009, Das Zaubereiministerium, S. 151 ff.

rium vor. Über der Erde übt der britische Muggel-Staat die Staatsgewalt aus. Unter der Erde herrscht der Zauberer-Staat.

Etwas anders funktioniert das in dem rein magischen Dorf *Hogsmeade* sowie der (in London hinter einem Pub angesiedelten) *Winkelgasse*. Beide können – genauso wie Hogwarts – nur von Hexen und Zauberern (bzw. auf Einladung) betreten werden. Abgesichert wird dies durch magische Barrieren und Schutzzauber. Um in die Winkelgasse zu gelangen, muss man beispielsweise ein bestimmtes Muster mit einem Zauberstab tippen (und damit über Magie verfügen), um eine gemauerte Wand zu öffnen.

> „Unterdessen zählte Hagrid die Backsteine an der Mauer über dem Mülleimer ab. (…) Mit der Spitze des Schirms (Anmk. Zauberstabs) klopfte er dreimal gegen die Mauer. Der Stein, auf den er geklopft hatte, erzitterte, wackelte und in der Mitte erschien ein kleiner Spalt. – Der wurde immer breiter, und eine Sekunde später standen sie vor einem Torbogen, der selbst für Hagrid groß genug war. Er führte hinaus auf eine gepflasterte Gasse, die sich in einer engen Biegung verlor. ‘Willkommen in der Winkelgasse’, sagte Hagrid.“[17]

Innerhalb der uns bekannten Landesgrenzen Großbritanniens gibt es damit einzelne „Inseln“, die von Muggeln weder gesehen noch betreten werden können. Dass diese „Inseln“ nicht durchgängig miteinander verbunden sind, spielt für die magische Bevölkerung dabei in praktischer Hinsicht keine Rolle. Denn mit Hilfe magischer Transportmittel wie dem *Apparieren*[18] und der Verwendung von *Flohpulver*[19] ist eine Reise zwischen den einzelnen Territorien unproblematisch (und sogar ohne Entdeckung durch Muggel) möglich. Vieles spricht deswegen dafür, dass zumindest diese umschlossenen geographischen Räume souveränes Zauberer-Territorium sind, über die allein das britische Zaubereiministerium die Staatsgewalt ausübt.

2. Hexen und Zauberer als Staatsvolk

Die magische Bevölkerung bezeichnet nicht-magische Menschen als *Muggel*[20]. Doch auch beim Staatsvolk der Zaubererwelt gibt es problematische Überschneidungen. Denn Hexen und Zauberer, die von Muggeln abstammen (sog. *Muggelstämmige*) wachsen zunächst ausschließlich in der Muggelwelt auf und kommen erst mit elf Jahren, wenn sie in Hogwarts eingeschult werden, zum

17 *J.K. Rowling*, Harry Potter 1, 56. Aufl., 2005, In der Winkelgasse, S. 80.

18 *J.K. Rowling*, Harry Potter 4, 33. Aufl., 2008, Der Portschlüssel, S. 72 f.

19 *J.K. Rowling*, Harry Potter 4, 33. Aufl., 2008, Zurück zum Fuchsbau, S. 50.

20 *J.K. Rowling*, Harry Potter 1, 56. Aufl., 2005, Der Hüter der Schlüssel, S. 61.

ersten Mal in Kontakt mit der Zaubererwelt. Verfügt die Zaubererwelt über ein eigenes Staatsvolk und welche Personengruppen gehören dazu?

Das Staatsvolk meint juristisch die dem Staat zugehörigen Menschen in ihrer Gesamtheit. Maßgebend für die Zuordnung sind dabei nicht Tradition, Kultur oder Ethnie, sondern die subjektiv-rechtliche Zugehörigkeit in Form des Staatsangehörigkeitsrechts[21]. Das Staatsvolk ist der Staatsgewalt unterworfen. Zu den Pflichten eines Staates gehört umgekehrt u.a. seinen Staatsangehörigen die Einreise ins und den Aufenthalt im Staatsgebiet zu gestatten[22]. In einer Demokratie ist das Staatsvolk zudem Legitimationssubjekt, da die Staatsgewalt vom Staatsvolk ausgeht (*Volkssouveränität*). Für die Zugehörigkeit zum Staatsvolk kommt es jedoch nicht darauf an, ob der Staat seinem Volk bestimmte Bürgerrechte gewährt, sodass auch nicht-demokratische Staaten (z.B. *Diktaturen*) ein Staatsvolk haben[23].

In den Harry-Potter-Büchern gibt es zunächst Hexen und Zauberer, die in Zaubererfamilien hineingeboren werden und sich primär in der Zaubererwelt aufhalten, z.B. die Weasleys oder die Malfoys. Diese Personen haben keinerlei Bezugspunkt[24] zum Muggel-Staat Großbritanniens und schicken ihre Kinder beispielsweise auch nicht auf Muggel-Schulen. Bei ihnen handelt es sich – unabhängig davon, ob sie *reinblütig* sind oder nicht – unstrittig um das Staatsvolk der britischen Zaubererwelt.

Muggelstämmige Personen wie Hermine Granger – deren Eltern beide keine magischen Fähigkeiten haben – wachsen zunächst (wie auch Harry) aus-

---

21 *Christopher Danwert*, Die prägenden Thesen und Ideen des Georg Jellinek (1851–1911), in: JuS 2011, S. 408. Das deutsche Staatsangehörigkeitsrecht kennt verschiedene Möglichkeiten, die deutsche Staatsangehörigkeit zu erwerben (§ 3 StAG); unter anderem durch Geburt (Nr. 1) sowie durch Einbürgerung (Nr. 5). In Großbritannien unterscheidet man zwischen der Staatsbürgerschaft durch Geburt (im Inland), Abstammung („by descent") und Einbürgerung („by naturalisation").

22 *Thomas Giegerich*, in: Günter Dürig / Roman Herzog / Rupert Scholz (Hrsg.), GG-Kommentar, 105. EL, August 2024, Art. 6 GG, Rn. 44.

23 *Klaus-Ferdinand Gärditz*, in: Görres-Gesellschaft, Staatslexikon, 8. Aufl., 2021, Bd. 5, Staatsvolk.

24 Die Weasley leben am Rande des Muggel-Dorfes Ottery St. Catchpole, das sich auf dem Staatsgebiet Großbritanniens befindet. Die Häuser von Hexen und Zauberern sind aber in den meisten Fällen von Schutzzaubern umgeben (der Fuchsbau ist jedenfalls ab Band sechs „unauffindbar", ebenso Grimmauldplatz Nr. 12, das Haus der Familie Black in London), sodass man wie oben wiederum argumentieren könnte, dass es sich dabei um reines Zauberer-Territorium handelt, das nicht von Muggeln gesehen/betreten werden kann. Selbst wenn das nicht der Fall sein sollte, müssen sich Staatsangehörige jedoch nicht dauerhaft innerhalb der Grenzen ihres Heimatstaates aufhalten, um dessen Staatsgewalt unterworfen zu sein.

schließlich in der Muggelwelt auf. Sie haben eine Muggel-Geburtsurkunde, einen britischen Pass und gehen in der Muggelwelt zur Schule. Erst mit elf Jahren werden sie in Hogwarts eingeschult und bekommen Zugang zu den magischen Institutionen wie z.B. zur Winkelgasse, wo sie ihren Zauberstab kaufen und ein Zaubererkonto in der Zaubererbank *Gringotts* eröffnen können[25]. Ab diesem Moment sind sie zur Einreise ins und dem Aufenthalt im Staatsgebiet der Zaubererwelt berechtigt, müssen sich umgekehrt aber auch der Staatsgewalt des Zaubereiministerium unterwerfen (was sich u.a. darin zeigt, dass sich Harry in Band fünf vor dem höchsten Gericht, dem Zaubergamot, strafrechtlich verantworten muss[26]).

Grundsätzlich scheint die Staatsgewalt der Zaubererwelt die Staatsgewalt des Muggelstaates dabei in den Fällen zu „übertrumpfen“, in denen eine Hexe oder ein Zauberer als Opfer oder als Täter einer Straftat in Erscheinung tritt. Dies erinnert an die Zuständigkeitsvorschriften in § 3 ff. StGB – insbesondere § 7 StGB. Beispielsweise im Fall der durch Lord Voldemort ermordeten Ministeriumsangestellten Amelia Bones, deren Tod in der Muggelwelt als tragischer, unaufklärbarer Mord an einer alleinstehenden Dame ausgegeben wird[27]. Oder auch im Fall des (angeblichen) Serienmörders Sirius Black, von dem es in der Muggelwelt (fälschlicherweise) heißt, er sei verrückt und mit einer Pistole bewaffnet[28]. In beiden Fällen behält sich das Zaubereiministerium die Strafverfolgung vor und vertuscht jegliche Form von Magie gegenüber den Muggeln.

---

25 *J.K. Rowling*, Harry Potter 1, 56. Aufl., 2005, In der Winkelgasse, S. 81 ff.

26 *J.K. Rowling*, Harry Potter 5, 32. Aufl., 2009, Das Zaubereiministerium, S. 166 ff.

27 „‘Amelia Bones. Leiterin der Abteilung für Magische Strafverfolgung. Wir glauben, Er, dessen Name nicht genannt werden darf, könnte sie selbst ermordet haben, weil sie eine sehr begabte Hexe war und – und alles darauf hindeutete, dass sie sich mit ihrem Mörder einen richtigen Kampf geliefert hat.’ (…) ‘Aber dieser Mord ging durch die Zeitungen’, sagte der Premierminister, einen Moment lang von seiner Wut abgelenkt. ‘Durch unsere Zeitungen. Amelia Bones … es hieß nur, sie sei eine Frau mittleren Alters gewesen, die allein gelebt habe. Es war ein – ein grausiger Mord, nicht wahr? Er hat ziemliches Aufsehen erregt. Die Polizei steht vor einem Rätsel, wissen Sie.’“, *J.K. Rowling*, Harry Potter 6, 29. Aufl., 2010, Der andere Minister, S. 20.

28 „Stan hatte inzwischen eine Ausgabe des Tagespropheten aufgeschlagen und las mit der Zunge zwischen den Zähnen in dem Blatt. Ein großes Foto von einem Mann mit eingesunkenem Gesicht und langem, verfilztem Haar blickte Harry von der Titelseite entgegen. (…) Während die Muggel gewarnt wurden, dass Black mit einer Pistole bewaffnet ist (eine Art metallener Zauberstab, mit dem sich die Muggel gegenseitig umbringen), lebt die Zauberergemeinschaft in Furcht vor einem weiteren Massaker wie dem vor zwölf Jahren, als Black mit einem einzigen Fluch dreizehn Menschen tötete.“, *J.K. Rowling*, Harry Potter 3, 40. Aufl., 2007, Der Fahrende Ritter, S. 45.

Inwiefern muggelstämmige Hexen und Zauberer ihre britische Staatsbürgerschaft aufgeben müssen, um die magische Staatsbürgerschaft anzunehmen, ist nicht bekannt. Am wahrscheinlichsten ist eine Art „doppelte Staatsbürgerschaft“, deren Anerkennung der Zaubereiminister mit dem (jeweiligen) Muggel-Premierminister ausgehandelt hat.

Auch wie die magische Staatsbürgerschaft rechtlich konkret ausgestaltet ist, ist nicht bekannt – insbesondere weiß man nicht, ob es magische Ausweispapiere gibt. Sicher ist jedoch, dass die Geburt von Hexen und Zauberern registriert wird (was für eine magische Geburtsurkunde spricht). Denn das Zaubereiministerium belegt alle minderjährigen Hexen und Zauberer mit der sogenannten *Spur*, einem Zauber, der alle magischen Aktivitäten rund um diese Person registriert[29]. Hinzu kommt ein Schulregister in Hogwarts, in dem die (magische) *Feder der Akzeptanz* für die spätere Einschulung die Geburt aller magischen Kinder niederschreibt[30]. Als eine Art Ausweispapier fungiert außerdem der Zauberstab, der Hexen und Zauberern individuell zugeteilt wird und damit eine Art magischen Fingerabdruck darstellt. Der Zauberstab wird beim Besuch des Zaubereiministeriums an der Pforte registriert[31] und wird als Identitätsnachweis benötigt, um das eigene Verließ in der Zaubererbank Gringotts zu öffnen.

> „‘Können Sie sich … ausweisen?’, fragte der Kobold. ‘Ausweisen? Man – man hat noch nie von mir verlangt, dass ich mich ausweisen soll’, sagte Hermine (in der Gestalt von Bellatrix Lestrange...). ‘Ihr Zauberstab wird genügen, Madame’, sagte der Kobold.“[32]

Das alles spricht dafür, dass Hexen und Zauberer über eine eigene magische Staatsbürgerschaft verfügen und unabhängig von ihrer Herkunft (Muggelstämmig, Halbblut, Reinblut) das Staatsvolk der (britischen) Zaubererwelt darstellen.

---

29 *J.K. Rowling*, Harry Potter 7, 24. Aufl., 2011, Die sieben Potters, S. 53.

30 https://www.harrypotter.com/de/writing-by-jk-rowling/the-quill-of-acceptance-and-the-book-of-admittance (abgerufen am: 3.3.2025).

31 „‘Zauberstab’, brummte der Sicherheitszauberer zu Harry, legte das goldene Instrument beiseite und streckte die Hand aus. Harry zog seinen Zauberstab hervor. Der Zauberer ließ ihn auf ein merkwürdiges Messinginstrument fallen, das an eine Waage mit nur einer Schale erinnerte. Es fing an zu vibrieren. Ein schmaler Pergamentstreifen schnellte aus einem Schlitz im Sockel hervor. Der Zauberer riss ihn ab und verlas die Aufschrift. ‘Elf Zoll, Kern Phönixfeder, vier Jahre in Gebrauch. Ist das korrekt?’ ‘Ja’, sagte Harry nervös. ‘Das hier behalte ich’, sagte der Zauberer und spießte den Pergamentstreifen auf einen kleinen Messingdorn. ‘Den bekommen Sie zurück’, fügte er hinzu und drückte Harry den Zauberstab in die Hand.“, *J.K. Rowling*, Harry Potter 5, 32. Aufl., 2009, Das Zaubereiministerium, S. 155.

32 *J.K. Rowling*, Harry Potter 7, 24. Aufl., 2011, Gringotts, S. 539.

3. Alle Staatsgewalt dem Zaubereiministerium

Die *Staatsgewalt* erstreckt sich auf das Staatsgebiet und alle darin befindlichen Personen unabhängig von ihrer Staatsangehörigkeit (*Gebietshoheit*) und auf alle Staatsangehörigen ungeachtet ihres Aufenthaltsorts (*Personalhoheit*)[33]. Gem. Art. 20 Abs. 2 GG geht in Deutschland alle Staatsgewalt vom Volk aus und wird vom Volk in Wahlen und Abstimmungen und durch besondere Organe der Gesetzgebung, der vollziehenden Gewalt und der Rechtsprechung ausgeübt (näheres dazu im Kapitel zur Gewaltenteilung). Nach dem BVerfG ist alles amtliche Handeln mit Entscheidungscharakter eine Ausübung von Staatsgewalt[34].

In der Zaubererwelt wird die gesamte Staatsgewalt vom Zaubereiministerium ausgeübt. Das Zaubereiministerium hat die Gebietshoheit über alle Personen, die sich in der Zaubererwelt aufhalten (also z.B. auch über Muggel-Eltern wie Mr und Mrs Granger, die mit Hermine die Winkelgasse besuchen). Außerdem übt das Zaubereiministerium die Personalhoheit über alle Hexen und Zauberer aus, was sich u.a. dadurch zeigt, dass Harry in den Sommerferien, die er bei seiner Muggelverwandtschaft in der Muggelwelt verbringt, vom Zaubereiministerium mehrmals verwarnt[35] und in Band fünf wegen (angeblicher) Verstöße gegen das magische Recht sogar zu einer disziplinarischen Anhörung ins Zaubereiministerium geladen wird[36].

Damit liegen die nach der Drei-Elemente-Lehre von Georg Jellinek erforderlichen Voraussetzungen für die Existenz eines Staates vor. Die Zaubererwelt verfügt über ein Staatsgebiet, ein Staatsvolk sowie Staatsgewalt und stellt damit einen souveränen magischen Zauberer-Staat dar.

III. Gibt es in der Zaubererwelt die Gewaltenteilung?

Unter Gewaltenteilung versteht man sowohl die *vertikale Gewaltenteilung*, also die Aufteilung der rechtlichen Kompetenzen eines Gesamtstaates zwischen dessen Zentralorganen und den Mitgliedstaaten, als auch die *horizontale Gewaltenteilung* in Gesetzgebung (Legislative), ausführende Gewalt (Exekutive) und Rechtsprechung (Judikative). Beide sollen hier anhand der Zaubererwelt vorgestellt werden.

---

33 *Thomas Giegerich*, in: Günter Dürig / Roman Herzog / Rupert Scholz (Hrsg.), GG-Kommentar, 105. EL, August 2024, Art. 16 GG, Rn. 42.

34 BVerfG Urt. v. 31.10.1990, Az. 2 BvF 3/89, BVerfGE 83, 60 (73).

35 *J.K. Rowling*, Harry Potter 2, 39. Aufl., 2006, Dobbys Warnung, S. 26.

36 *J.K. Rowling*, Harry Potter 5, 32. Aufl., 2009, Die Anhörung, S. 166 ff.

1. Vertikale Gewaltenteilung

Gem. Art. 20 Abs. 1 GG ist die Bundesrepublik Deutschland ein demokratischer und sozialer *Bundesstaat*. Deutschland untergliedert sich in den Bund und die 16 Länder (*Föderalismus*). Im Bundesstaat haben sowohl die Gliedstaaten als auch der Gesamtstaat eigene unabgeleitete, originäre Staatsgewalt[37]. Als *Einheitsstaat* wird im Gegensatz dazu ein Staatengebilde bezeichnet, in dem die Staatsgewalt über das gesamte Staatsgebiet meist von der Hauptstadt aus zentralistisch ausgeübt wird[38]. Bei der Zaubererwelt handelt es sich um einen solchen Einheitsstaat. Es gibt *ein* Zaubereiministerium[39], das die Staatsgewalt von London über die gesamte britische Zaubererwelt ausübt.

Dafür spricht beispielsweise, dass sogar Hogwarts, ein privates Internat, das in Schottland liegt, in den Einflussbereich des Zaubereiministeriums fällt. Bereits in Harrys fünftem Schuljahr nehmen Angestellte des Zaubereiministeriums die ZAG-Prüfung ab; später wird die Zauberschule komplett vom Zaubereiministerium gesteuert, wobei Lord Voldemort in Band sieben erstmals eine Schulpflicht einführt, um Einfluss auf die Bildung aller jungen Hexen und Zauberer zu nehmen[40].

In der Zaubererwelt gibt es damit keine vertikale Gewaltenteilung. Alle Staatsgewalt geht vielmehr zentralistisch vom Londoner Zaubereiministerium aus.

2. Horizontale Gewaltenteilung

Normativer Anknüpfungspunkt für die horizontale Gewaltenteilung ist Art. 20 Abs. 2 GG, der die Unterteilung in die klassischen drei Gewalten Legislative (Gesetzgebung), Exekutive (ausführende Gewalt) und Judikative (Rechtsprechung) vorsieht.

---

37 *Christoph Schröder*, Die Gewaltenteilung – Teil 2: Ausgestaltung nach dem Grundgesetz, aktuelle Fragen, in: JuS 2022, 122 (123).

38 *Bernd Grzeszic*, in: Günter Dürig / Roman Herzog / Rupert Scholz (Hrsg.), GG-Kommentar, 105. EL, August 2024, Art. 20 GG, Rn. 31.

39 In allen sieben Harry-Potter-Büchern wird lediglich von dem (einen) Zaubereiministerium gesprochen. Andere Ministerien werden nicht erwähnt. Hinzu kommt, dass das Zaubereiministerium aus Abteilungen besteht, die den in vielen Staaten typischerweise vorhandenen Ministerien ähneln (Innen, Justiz, Bildung, Sport usw.), sodass für weitere Ministerien neben dem (einen) Zaubereiministerium auch zuständigkeitshalber kein Platz ist. Mit Cornelius Fudge und seinen Nachfolgern gibt es außerdem jeweils (nur) einen Zaubereiminister, der die Kontrolle über das gesamte politische Geschehen hat, *Jannina Schäffer*, Harry Potter und die Gesetze der Macht, 2024, S. 68 f.

40 Dazu: *Jannina Schäffer*, Harry Potter und die Gesetze der Macht, 2024, S. 137 ff.

a) Legislative

In repräsentativen Demokratien wie Deutschland bilden die *Parlamente* die Legislative. Auf Bundesebene besteht sie aus dem Deutschen *Bundestag* (Art. 38 GG) als Einkammerparlament und dem *Bundesrat* (Art. 50 GG) als Organ der Ländermitwirkung. In den Ländern erfolgt die Gesetzgebung durch die Landesparlamente. In der Zaubererwelt gibt es hingegen kein Parlament (und auch keine Parteien)[41]. Ein Parlament wird in den sieben Harry-Potter-Romanen nicht nur nicht erwähnt, sondern es werden auch alle Regelungen (die Bezeichnung als „Gesetz“, „Abkommen“, „Verbot“ oder „Erlass“ ist uneinheitlich[42]) ohne formales Gesetzgebungsverfahren durch das Zaubereiministerium „erlassen“. Dementsprechend gibt es keine formellen Gesetze.

Innerhalb des hierarchisch organisierten Zaubereiministeriums sind die jeweils fachlich mit der Thematik befassten Abteilungen für neue Regelungen zuständig. So arbeitet die *Abteilung für Internationale Magische Zusammenarbeit* z.B. eine (internationale) Regelungen bzgl. der Dicke von Kesselwänden aus, weil ausländische „Importkessel“ immer so schnell tropfen[43]. Der *Erlass zur vernunftgemäßen Beschränkung der Zauberei Minderjähriger* stammt mit großer Wahrscheinlichkeit von der *Abteilung für Magische Strafverfolgung*, welche auch dessen Einhaltung überwacht. Das *Muggelschutzgesetz* wird wiederum von Mr Weasley für das *Büro gegen den Missbrauch von Muggelartefakten* (das nur aus zwei Mitarbeitenden besteht) ausgearbeitet[44]. Die einzelnen Abteil-

---

41 Einige englischsprachige Fans haben die Theorie aufgestellt, dass der Zaubergamot („Wizengamot“) dem britischen House of Lords entspricht. Hierfür gibt es jedoch keine textbasierten Hinweise, sodass diese These abzulehnen ist (siehe dazu: *Jannina Schäffer*, Harry Potter und die Gesetze der Macht, 2024, S. 7).

42 Das im englischen Original als „Statute of Secrecy“ (*J.K. Rowling*, Harry Potter 2, 46. Aufl., 1998, Dobby's Warning, S. 21) bezeichnete „Abkommen“ hat in der deutschen Übersetzung gleich drei Namen: „Geheimhaltungsabkommen der Internationalen Zauberervereinigung“ (*J.K. Rowling*, Harry Potter 2, 39. Aufl., 2006, Dobbys Warnung, S. 26) oder „Internationales Geheimhaltungsabkommen“ (*J.K. Rowling*, Harry Potter 7, 24. Aufl., 2011, Godric's Hollow, S. 327) oder „Abkommen zur Geheimhaltung der Zauberei“ (*J.K. Rowling*, Quidditch im Wandel der Zeiten, 1. Aufl., 2001, S. 20). Neben dem Abkommen gibt es aber auch noch das „Verbot der Zauberei Minderjähriger“ (*J.K. Rowling*, Harry Potter 2, 39. Aufl., 2006, Dobbys Warnung, S. 17 ff.); im Original: „Decree for the Reasonable Restriction of Underage Sorcery“ (*J.K. Rowling*, Harry Potter 2, 46. Aufl., 1998, Dobby's Warning, S. 21). Aus dem „Muggle Protection Act“ (*J.K. Rowling*, Harry Potter 2, 46. Aufl., 1998, Dobby's Reward, S. 247) wird im deutschen das „Muggelschutzgesetz“ (*J.K. Rowling*, Harry Potter 2, 39. Aufl., 2006, Dobbys Belohnung, S. 358) usw.

43 *J.K. Rowling*, Harry Potter 4, 33. Aufl., 2008, Weasleys Zauberhafte Zauberscherze, S. 61.

44 *J.K. Rowling*, Harry Potter 2, 39. Aufl., 2006, Der Vielsaft-Trank, S. 239, Dobbys Belohnung, S. 358.

ungen sind dabei aber gegenüber ihren Abteilungsleitern sowie dem Zaubereiminister als Oberhaupt der Behörde weisungsgebunden[45].

Dies führt zu der problematischen Schlussfolgerung, dass der Zaubereiminister allein bestimmen kann, welche Regelungen in der Zaubererwelt erlassen werden und gelten – ohne die Einschaltung eines Parlaments[46]. Damit kennt die Zaubererwelt im Rahmen der Gewaltenteilung keine eigenständige Legislative bzw. diese fällt mit der Exekutive zusammen.

b) Exekutive

Unter der Exekutiven versteht man die Regierung (*Gubernative*) und die öffentliche Verwaltung (*Administrative*), denen die Ausführung der Gesetze anvertraut ist[47]. Zur Exekutive gehören in Deutschland die Bundesregierung sowie alle verwaltungstätigen Behörden des Bundes, der Länder und der Kommunen. Es gelten die Grundsätze des Vorbehalts und des Vorrangs des Gesetzes[48]. Auch die Exekutive kann normsetzende Befugnisse wahrnehmen; insbesondere durch den Erlass von Rechtsverordnungen (Art. 80 GG).

Dies geschieht – wie oben gezeigt – auch in den Harry-Potter-Büchern. Hier erlässt das Zaubereiministerium als Exekutive (mangels eines Parlaments) eigene Regelungen nicht definierten Charakters. Entweder existiert in der Zaubererwelt somit überhaupt keine Legislative oder das Zaubereiministerium

---

45 Ausführungen dazu: *Jannina Schäffer*, Harry Potter und die Gesetze der Macht, 2024, S. 98–102.

46 Unter Fans gibt es die Spekulation, dass es sich beim Zaubergamot um eine Art Parlament handeln könnte. Der Zaubergamot wird in den Harry-Potter-Bücher jedoch ausschließlich als „Oberstes Gericht der Zauberer" (*J.K. Rowling*, Harry Potter 5, 32. Aufl., 2009, Der Orden des Phönix, S. 117 f.) bezeichnet und tritt auch ausschließlich in rechtsprechender Funktion auf. In keinem der sieben Bände werden dem Zaubergamot gesetzgebende Kompetenzen zugesprochen, sodass es für diese Theorie keine textbasierten Hinweise gibt. Selbst wenn man den Zaubergamot als eine Art Parlament ansehen würde, hätte man im Rahmen der Gewaltenteilung dann aber problematische Überschneidungen zwischen Legislative und Judikative, da das „Parlament" mit den gleichen Personen besetzt wäre, wie das höchste Gericht.

47 *Klaus Schönenbroicher*, in: Thomas Mann / Christoph Sennekamp / Michael Uechtritz (Hrsg.): VwVfG-Kommentar, § 1 Rn. 37 f.

48 Der Vorrang des Gesetzes gebietet, dass das Handeln von Legislative, Exekutive und Judikative nie gegen geltende Gesetze verstoßen darf. Der Vorbehalt des Gesetzes regelt, dass (belastende) Hoheitsakte nur aufgrund einer gesetzlichen Ermächtigung ergehen dürfen, *Bernd Grzeszic*, in: Günter Dürig / Roman Herzog / Rupert Scholz (Hrsg.), GG-Kommentar, 105. EL, August 2024, Art. 20 Rn. 72–76.

nimmt neben exekutiven Befugnissen jedenfalls auch alle legislativen Befugnisse wahr[49].

Das britische Zaubereiministerium befindet sich unter der Erdoberfläche Londons (s.o.) und ist für ganz Großbritannien zuständig. Es ist hierarchisch in mehrere Abteilungen mit über 500 Mitarbeitenden gegliedert und wird von jeweils einem Zaubereiminister geleitet, der alle sieben Jahre direkt vom Volk gewählt wird[50].

Teil des Zaubereiministeriums ist die oben erwähnte Abteilung für Magische Strafverfolgung, zu der die *magische Strafverfolgungspatrouille* (magische Polizei) und die *Aurorenzentrale* (Polizei, die speziell schwarze Magier verfolgt) gehören.

> „‘Werden die Auroren sie fangen?’ ‘O nein, das war nur Kleinkram für die Auroren, das macht die gewöhnliche Magische Strafverfolgungspatrouille – ah, Harry, das ist Perkins.’“ (Anmk. sagte Mr Weasley)[51]

Unter Lord Voldemort wird die magische Polizei dann nicht mehr zur Verfolgung schwarzer Magier eingesetzt, sondern zur Verfolgung und Inhaftierung Muggelstämmiger[52].

Das Zaubereiministerium ist in der Lage, die Einhaltung der – durch das Ministerium erlassenen – Regelungen zu kontrollieren und Verstöße durch die Abteilung für Magische Strafverfolgung, die wie eine Staatsanwaltschaft auftritt, anzuklagen.

Wie stark alle drei Gewalten in der Zaubererwelt miteinander verwoben sind bzw. jeweils in der Hand des Zaubereiministeriums bzw. des Zaubereiministers liegen, zeigen zwei Beispiele:

Einmal die von Dolores Umbridge geleitete *Registrierungskommission für Muggelstämmige*. Diese stellt eine im siebten Band gegründete neue Abteilung des Zaubereiministeriums dar. Die Registrierungskommission erlässt unter Lord Voldemort neue Gesetze, die muggelstämmige Hexen und Zauberer u.a. verpflichtet, nachzuweisen, dass sie ihre Magie von einem Vorfahren

---

49 Ausführungen dazu: *Jannina Schäffer*, Harry Potter und die Gesetze der Macht, 2024, S. 102–108.

50 Zum Zaubereiministerium: *Jannina Schäffer*, Harry Potter und die Gesetze der Macht, 2024, S. 67 ff.; zur Wahl der Zaubereiministers: *Jannina Schäffer*, Harry Potter und die Gesetze der Macht, 2024, S. 91 ff.

51 *J. K. Rowling*, Harry Potter 5, 32. Aufl., 2009, Das Zaubereiministerium, S. 161 f.

52 Dies geschieht u.a. mit Hilfe der sog. „Greifer“, Kopfgeldjäger, die Muggelstämmige jagen, *J.K. Rowling*, Harry Potter 7, 24. Aufl., 2011, Der Dunkle Lord erhebt sich, S. 12.

geerbt haben[53]. Können sie den Beweis nicht erbringen, geht die Kommission davon aus, dass die Magie und der Zauberstab widerrechtlich erlangt wurden und beschlagnahmt letzteren. Muggelstämmige, die in diesem neu eingeführten Verfahren keinen anerkannten „Blutstatus" zuerkannt bekommen, werden in Askaban inhaftiert.

> „'Nein, nein, ich bin Halbblüterin, ich bin Halbblüterin, das versichere ich Ihnen! Mein Vater war ein Zauberer, wirklich, schauen Sie nach Arkie Alderton, er ist ein bekannter Besenkonstrukteur, schauen Sie nach, ich versichere es Ihnen – lassen Sie mich los, lassen Sie mich –' 'Dies ist Ihre letzte Verwarnung", sagte Umbridge leise (…) Wenn Sie sich wehren, werden Sie den Kuss des Dementors zu spüren bekommen.'"[54]

Dolores Umbridge schafft diese neuen Regelungen (=Legilative), verfolgt Muggelstämmige und klagt (angebliche) Verstöße an (=Exekutive). Sie leitet als Vorsitzende Richterin die Prozesse gegen die Betroffenen, in denen sie allein über die Bestrafung entscheidet (=Judikative). Dabei handelt Dolores Umbridge auf Weisung des jeweiligen Zaubereiministers. Die Registrierungskommission für Muggelstämmige vereint damit legislative, exekutive und judikative Befugnisse[55].

Ein weiteres Beispiel ist die disziplinarische Anhörung gegen Harry Potter vor dem Zaubergamot in Band fünf, in dem das Zaubereiministerium Harry vorwirft, gegen Zauberergesetze verstoßen zu haben, weil er in den Sommerferien in Anwesenheit von Muggeln (zur Selbstverteidigung) zauberte[56]. Die Gesetze wurden vom Zaubereiministerium erlassen (=Legislative). Vor dem Zaubergamot verliest der amtierende Zaubereiminister Cornelius Fudge als eine Art Staatsanwalt die Anklage (=Exekutive), leitet die Verhandlung als Vorsitzender Richter und stimmt gemeinsam mit dem Richtergremium über die Schuld des Angeklagten ab (=Judikative).

> „'Disziplinarische Anhörung vom zwölften August', sagte Fudge mit schriller Stimme und sofort fing Percy an zu protokollieren, 'in Sachen Verstöße gegen den Erlass zur Vernunftgemäßen Beschränkung der Zauberei Minderjähriger und gegen das Internationale Geheimhaltungsabkommen durch Harry Potter, wohnhaft Ligusterweg

---

53 *J.K. Rowling*, Harry Potter 7, 24. Aufl., 2011, Das Bestechungsgeschenk, S. 216; Die Registrierungskommission für Muggelstämmige, S. 254–269.

54 *J.K. Rowling*, Harry Potter 7, 24. Aufl., 2011, Die Registrierungskommission für Muggelstämmige, S. 266.

55 Ausführungen dazu: *Jannina Schäffer*, Harry Potter und die Gesetze der Macht, 2024, S. 431–436.

56 Angeklagt ist ein Verstoß gegen das Internationale Geheimhaltungsabkommen sowie ein Verstoß gegen das Zaubereiverbot Minderjähriger, *J.K. Rowling*, Harry Potter 5, 32. Aufl., 2009, Eulen über Eulen, S. 37 ff.

> Nummer vier, Little Whinging, Surrey. Es führen das Verhör: Cornelius Oswald Fudge, Zaubereiminister; Amelia Susan Bones, Leiterin der Abteilung für Magische Strafverfolgung; Dolores Jane Umbridge, Erste Untersekretärin des Ministers. Gerichtsschreiber, Percy Ignatius Weasley …' (…) 'Du bist Harry James Potter, wohnhaft Ligusterweg Nummer vier, Little Whinging, Surrey?' fragte Fudge und funkelte Harry über sein Pergament hinweg an."[57]

Damit nimmt der Zaubereiminister – hier Cornelius Fudge – ebenfalls Befugnisse aller drei Gewalten in einer Person wahr[58]. Und das lange vor der Machtergreifung Lord Voldemorts in einem ganz normalen Strafverfahren gegen einen Jugendlichen[59].

c) Judikative

Die Judikative, also die rechtsprechende Gewalt, wird in Deutschland durch unabhängige Richter (Art. 97 Abs. 1 GG) ausgeübt, die an Gesetz und Recht gebunden sind (Art. 20 Abs. 3 GG). Man unterscheidet zwischen der ordentlichen Gerichtsbarkeit und der Fachgerichtsbarkeit, wobei aufgrund des hierarchischen Aufbaus der Judikative in Deutschland ein Instanzenzug entsteht, an dessen oberster Stelle das Bundesverfassungsgericht mit seiner Doppelfunktion steht[60].

In der magischen Welt von Harry Potter gibt es nur ein einziges Gericht: den *Zaubergamot*[61]. Dieser wird als *„Oberstes Gericht der Zauberer"*[62] beschrieben, was darauf schließen lassen könnte, dass es auch noch Gerichte niedrigerer Ordnung gibt. In den Harry-Potter-Büchern werden aber keine anderen Gerichte erwähnt. Zwar kommt in Band vier erstmalig und einmalig ein *„Rat für das magische Gesetz"* vor, dabei handelt es sich aber mit großer Wahrscheinlichkeit um den gleichen Gerichtskörper (also den Zaubergamot) in einer anderen Besetzung, denn der einzige Unterschied ist die Bezeichnung der abstimmenden Personen als „Jury"[63] statt als „Richter".

---

57 *J.K. Rowling*, Harry Potter 5, 32. Aufl., 2009, Die Anhörung, S. 166, 168.

58 Ausführungen dazu: *Jannina Schäffer*, Harry Potter und die Gesetze der Macht, 2024, S. 334–368.

59 Zur Tatsache, dass es in der magischen Welt kein eigenes Jugendstrafrecht gibt: *Jannina Schäffer*, Harry Potter und die Gesetze der Macht, 2024, S. 299–308.

60 *Monika Jachmann-Michel*, in: Günter Dürig / Roman Herzog / Rupert Scholz (Hrsg.): GG, Art. 95 Rn. 98; *Herbert Bethge*, in: Bruno Schmidt-Bleibtreu / Franz Klein / Herbert Bethge (Hrsg.): BVerfGG, § 1 Rn. 3 ff., 52 ff.

61 *Jannina Schäffer*, Harry Potter und die Gesetze der Macht, 2024, S. 127–136.

62 *J.K. Rowling*, Harry Potter 5, 32. Aufl., 2009, Der Orden des Phönix, S. 118.

63 *J.K. Rowling*, Harry Potter 4, 33. Aufl., 2008, Das Denkarium, S. 620.

In den Büchern werden vor dem Zaubergamot nur Strafprozesse verhandelt, sodass nicht bekannt ist, ob der Zaubergamot auch für andere Rechtsgebiete zuständig ist. Im Strafrecht verhandelt das Gericht – je nach Schwere des Falles – in einer kleinen oder einer großen (ähnlich der kleinen und der großen Strafkammer, § 76 GVG) Besetzung.

> „Aber Mr Weasley unterbrach sich, denn die Tür zum Gerichtsraum war soeben wieder aufgegangen. Die Zaubergamot kamen einer nach dem anderen heraus. 'Beim Barte des Merlin!', rief Mr Weasley verblüfft und zog Harry beiseite, um sie alle vorbeizulassen. 'Das gesamte Gericht hat in deiner Sache verhandelt?' 'Ich glaub schon', sagte Harry leise."[64]

Neben dem Zaubergamot haben aber auch die einzelnen Abteilungen des Zaubereiministeriums zumindest rechtsprechungsähnliche Befugnisse. Dies zeigt sich an folgenden Beispielen: In Band vier verhängt das Ministerium gegen ein junges Pärchen eine „saftige Geldbuße", weil dieses ohne Erlaubnis appariert ist[65]. Mr Weasley wird in Band zwei wegen des Verzauberns eines fliegenden Ford Anglia nach einer Anhörung durch eine Untersuchungskommission des Zaubereiministeriums zu einer Geldbuße von 50 Galleonen verurteilt[66].

Bei der „Geldbuße" ist allerdings fraglich, ob das Zaubereiministerium hier nicht als Verwaltungsbehörde eine Ordnungswidrigkeit ahnden möchte. Die Bezeichnung als „Geldbuße" statt „Geldstrafe" könnte hierfür sprechen. Ob das magische Recht die Unterscheidung zwischen Straftat und Ordnungswidrigkeit überhaupt kennt, ist nicht bekannt. In der deutschen Übersetzung wird einheitlich von „Geldbuße" gesprochen. Im englischen Original von „was fined", was eine Unterscheidung jeweils sprachlich nicht deutlich macht. Letztendlich ist in der Zaubererwelt aber sowie für alles das Zaubereiministerium zuständig, sodass es auf die Unterscheidung im Ergebnis nicht ankommt[67].

Ein drittes Beispiel: Rubeus Hagrid wird ebenfalls in Band zwei fälschlicherweise der Angriffe auf Hogwartsschüler verdächtigt und auf alleinige Anweisung des Zaubereiminister Cornelius Fudge – ohne irgendeine Form von Verfahren – temporär nach Askaban geschickt.

> „'Sehen Sie es doch mal von meinem Standpunkt', sagte Fudge und fummelte an seinem Hut. 'Ich stehe mächtig unter Druck. Man erwartet von mir, dass ich

64 *J.K. Rowling*, Harry Potter 5, 32. Aufl., 2009, Mr Weasleys Wehklage, S. 183.

65 *J.K. Rowling*, Harry Potter 4, 33. Aufl., 2008, Der Portschlüssel S. 72 f.

66 *J.K. Rowling*, Harry Potter 2, 39. Aufl., 2006, Der Vielsaft-Trank, S. 239.

67 *Jannina Schäffer*, Harry Potter und die Gesetze der Macht, 2024, S. 113.

> handle. Wenn sich herausstellt, dass Hagrid unschuldig ist, kommt er zurück und die Sache ist erledigt. Aber ich muss ihn mitnehmen. Geht nicht anders. Täte sonst nicht meine Pflicht –' 'Mich mitnehmen?', sagte Hagrid und erschauerte. 'Wohin mitnehmen?' 'Nur für kurze Zeit', sagte Fudge und wich Hagrids Blick aus. 'Keine Strafe, Hagrid, eher eine Vorsichtsmaßnahme. Wenn jemand anders erwischt wird, kommen Sie mit einer offiziellen Entschuldigung raus –' 'Nicht Askaban?', krächzte Hagrid."[68]

Auffallend ist in diesem Zusammenhang aber auch die rechtsprechenden Befugnisse der *Registrierungskommission für Muggelstämmige*, die oben bereits erläutert wurde.

Das bedeutet im Ergebnis: Die Zaubererwelt verfügt zwar über den Zaubergamot als höchstes Gericht, viele rechtsprechende Befugnisse werden aber trotzdem direkt oder indirekt durch das Zaubereiministerium ausgeübt. Dieses ist damit nicht nur die Exekutive und Legislative, sondern stellt auch noch einen nicht unbeachtlichen Teil der Judikative dar[69].

Damit bündeln sich letztendlich alle drei Gewalten in der Hand des Zaubereiministers. Eine Gewaltenteilung gibt es in der Zaubererwelt nicht.

IV. Was hat Harry Potter mit dem NS-Unrechtsstaat zu tun?

In meiner Dissertation vergleiche ich das Recht in den Harry-Potter-Büchern nicht nur mit unserer heutigen Rechtsordnung, sondern auch mit dem Recht unter den Nationalsozialisten. Dies hat zwei zentrale Gründe: Einerseits zieht die Autorin den Vergleich zum NS-Staat in Interviews selbst, andererseits ist diese Parallele in der Wissenschaft allgemein anerkannt. Eine Forschungslücke bestand vor meiner Arbeit aber darin, im Hinblick auf die Themen Machtergreifung, Gewaltenteilung, Justiz und Strafrecht Ähnlichkeiten – aber auch Unterschiede – herauszuarbeiten.

---

68 *J.K. Rowling*, Harry Potter 2, 39. Aufl., 2006, Cornelius Fudge, S. 281. Auch hier ist allerdings nicht klar, ob der Zaubereiminister präventiv-polizeilich zur Gefahrenabwehr oder repressiv im Rahmen der Strafverfolgung tätig wird. Bei doppelfunktionalen Maßnahmen kommt es im deutschen Recht auf den Schwerpunkt der Maßnahme an. Im magischen Staat spielt die Abgrenzung aufgrund der engen Verflechtung der drei Gewalten im Ergebnis ebenfalls keine Rolle, weil die Zuständigkeit sowieso auf dem einen oder anderen Weg beim Zaubereiministerium liegt. Außerdem problematisch ist, dass der Zaubereiminister die Maßnahme ohne Beteiligung anderer Personen/Abteilungen allein anweisen darf, sodass es keinerlei prozessuale Absicherung (in Hagrids Fall sogar vor einer Inhaftierung) gibt.

69 *Jannina Schäffer*, Harry Potter und die Gesetze der Macht, 2024, S. 114.

1. Allgemeine Parallelen

J.K. Rowling weist in mehreren Interviews selbst auf die Ähnlichkeiten zwischen der Zaubererwelt und dem NS-Staat hin, beispielsweise:

> „I wanted Harry to leave our world and find exactly the same problems in the wizarding world. So you have the intent to impose a hierarchy, you have bigotry, and this notion of purity, which is this great fallacy, but it crops up all over the world. People like to think themselves superior and that if they can pride themselves in nothing else they can pride themselves on perceived purity. So yeah that follows a parallel (to Nazism).“[70]

Die systematische Diskriminierung Muggelstämmiger und anderer Minderheiten in der Zaubererwelt sowie die Ideologie Lord Voldemorts werden (hauptsächlich) in den Literaturwissenschaften dabei schon lange mit der Politik unter Adolf Hitler verglichen[71].

Ausgangspunkt der Ideologie Lord Voldemorts und seiner Anhänger ist dabei die Ansicht, dass Muggel gegenüber Hexen und Zauberern eine „minderwertigere Rasse“ darstellen und Muggelstämmige im Verhältnis zu Reinblütern „weniger Wert“ seien. Die Lehre vom „Blutstatus“[72] in der magischen Welt

---

70 Interview in der Carnegie Hall, Oktober 2007: http://www.the-leaky-cauldron.org/2007/10/20/j-k-rowling-at-carnegie-hall-reveals-dumbledore-is-gay-neville-marries-hannah-abbott-and-scores-more/ (abgerufen am: 1.3.2025).

71 Unter anderem: *Martina Wolter*, Die literarische Repräsentation des Bösen in den Harry Potter Romanen von J. K. Rowling, 2017, S. 52; *Paul Bürvenich*, Der Zauber des Harry Potter, 2007, S. 69; *Bethany Barratt*, The Politics of Harry Potter, 2012, S. 61 ff.; *Nancy R. Reagin*, Was Voldemort a Nazi? Death Eater Ideology and National Socialism, in: Nancy R. Reagin, (Hrsg.): Harry Potter and History, 2011, S. 127 (141); *Petra Kohlová*, Social Issues in the Harry Potter Books, 2017, S. 19; *Birgit Baltzar*, Power and Evil in the Harry Potter Series, 2007, S. 123; *Elaine Ostry*, Accepting Mudbloods: The Ambivalent Social Vision of J. K. Rowling's Fairy Tales, in: Anatol, Giselle Liza (Hrsg.): Reading Harry Potter, 2003, S. 89 (93); *Andrew Blake*, The Irresistible Rise of Harry Potter, 2022, S. 104; *Jill Reading*, Critical Literacy in a Global Context – Reading Harry Potter, 2006, S. 126; *Aida Patient / Kori Street*, Holocaust History Amongst the Hallows – Understanding Evil in Harry Potter, in: Patterson, Diana (Hrsg.): Harry Potter's World Wide Influence, 2009, S. 201 (226); *Sarah Fiona Winters*, From Satan to Hitler: Theological and Historical Evil in C. S. Lewis, Philip Pullman, and J. K. Rowling, in: Buttsworth, Sara / Abbenhuis, Maartje (Hrsg.): Monsters in the Mirror, 2010, S. 53 (67); *Devin Rutter*, „Bad Blood Will Out“ Racial Purity In Harry Potter And Parallels To World War II, 2017, S. 17; *Sara Wente*, The Making of a New World – Nazi Ideology and It's Influence on Harry Potter, in: Farr, Cecilia Konchar (Hrsg.): A Wizard of Their Age, 2017, S. 89 (100).

72 Muggeln=Menschen ohne magische Fähigkeiten; Muggelstämmigen=Menschen mit magischen Fähigkeiten, obwohl beide Elternteile Muggel sind; Halbblütern=Menschen mit magischen Fähigkeiten, aber irgendeinem Muggel-Vorfahren; Reinblütern=Menschen aus reinen Zaubererfamilien; *Jannina Schäffer*, Harry Potter und die Gesetze der Macht, 2024, S. 412 f.

findet dabei eine direkte Parallele in Begrifflichkeiten wie „Halbjude“ und Vierteljude“ im NS-Staat[73]. Neben dieser offensichtlichen Bezugnahme haben Wissenschaftler aber auch noch viele weitere Ähnlichkeiten gefunden und Vergleiche gezogen[74]. Interessant ist dabei auch, dass es bereits vor Lord Voldemorts bzw. Adolf Hitlers Machtergreifung Ressentiments gegenüber Muggelstämmigen bzw. Juden (und anderen marginalisierten Gruppierungen) gab. Beide Diktatoren haben ihre Ideologie jedoch institutionalisiert und Menschen, die ihr nicht entsprachen, gezielt verfolgt und letztendlich (im Fall von Adolf Hitler millionenfach) ermorden lassen.

Dabei gibt es auch sprachlich starke Gemeinsamkeiten zwischen den Reden Adolf Hitlers und den Reden Lord Voldemorts.

> „‘Viele unserer ältesten Familienstammbäume werden mit der Zeit etwas kränklich’, sagte er (Anmk. Lord Voldemort), während Bellatrix atemlos und flehentlich zu ihm hinsah. ‘Man muss einen Baum stutzen, damit er gesund bleibt, nicht wahr? Die Teile wegschneiden, welche die Gesundheit des Übrigen bedrohen.’ (…) ‘Und wie in deiner Familie, so auch in der Welt … Wir werden das Krebsgeschwür wegschneiden, das uns verseucht, bis nur noch die von wahrem Blut zurückbleiben…’“[75]

Das „Wegschneiden des Krebsgeschwürs“ ist hier in gleicher Art und Weise zu verstehen wie Hitlers „Endlösung der Judenfrage“. Auch Adolf Hitler machte sich in „Mein Kampf“ dabei medizinisch-biologische Metaphern zu eigen und sprach im Hinblick auf Juden von „*Parasiten*“ und „*Schmarotzern*“. Beide Diktatoren äußern, dass die „Vermischung des Blutes“ zu einem Verlust kultureller, geistiger und körperlicher (in der Zaubererwelt magischer) Fähigkeiten führe[76].

Die Harry-Potter-Bücher sind damit von Anspielungen auf den NS-Staat und die Ideologie Adolf Hitlers durchzogen, was die Autorin auch selbst mehrfach als beabsichtigt bestätigte.

---

73 *Jannina Schäffer*, Harry Potter und die Gesetze der Macht, 2024, S. 412 ff.

74 Einige Beispiele: Der Sieg über den schwarzen Magier Grindelwald fällt auf das Ende des Zweiten Weltkrieges 1945; Lord Voldemorts Anhänger tragen ein tätowiertes Dunkles Mal auf dem Arm, Mitglieder der Waffen-SS hatten ihre Blutgruppe auf den Arm tätowiert, während die Hakenkreuz-Binde Teil der Uniform war; beide Diktatoren entsprachen jeweils selbst nicht ihrem Idealbild (Lord Voldemort war Halbblut, Adolf Hitler ein kleiner, schmächtiger, dunkelhaariger Österreicher), weitere Beispiele: *Jannina Schäffer*, Harry Potter und die Gesetze der Macht, 2024, S. 415 ff.

75 *J.K. Rowling*, Harry Potter 7, 24. Aufl., 2011, Der Dunkle Lord erhebt sich, S. 18 f.

76 Weitere Parallelen in der Rhetorik: *Jannina Schäffer*, Harry Potter und die Gesetze der Macht, 2024, S. 426 ff.

2. Machtergreifung und Gewaltenteilung

Eine zentrale Weichenstellung bei der Machtergreifung Lord Voldemorts stellt dabei die fehlende Gewaltenteilung in der Zaubererwelt dar (siehe oben). Deswegen bündelt sich in den Harry-Potter-Büchern die gesamte politische Macht auf problematische Weise im Zaubereiministerium und der Person des Zaubereiministers – und das schon lange vor der Machtergreifung Lord Voldemorts. Das führt in Band sechs dazu, dass Lord Voldemort lediglich den bisherigen Zaubereiminister – Rufus Scrimgeour – ermorden[77] und eine von ihm gewählte Marionette als Zaubereiminister installieren muss. Neuer Zaubereiminister wird der unter dem willenssteuernden *Imperius-Fluch* stehende Pius Thickness, der ab diesem Zeitpunkt allen Befehlen Lord Voldemorts folgt und das Zaubereiministerium von innen heraus nach dessen Wünschen umgestaltet. Die Machtergreifung läuft deswegen für die Bevölkerung fast unbemerkt und ohne Widerstand ab.

> „'Die Machtübernahme ist reibungslos und weitgehend ruhig verlaufen', sagte Lupin. 'Die offizielle Version von Scrimgeours Ermordung ist, dass er zurückgetreten sei; er wurde durch Pius Thickness ersetzt, der unter dem Imperius Fluch steht.' (…) 'Warum hat Voldemort sich nicht selbst zum Zaubereiminister ernannt', fragte Ron. Lupin lachte. 'Das braucht er nicht, Ron. Tatsächlich ist er der Minister, aber warum sollte er an einem Schreibtisch im Ministerium hocken? Seine Marionette Thickness kümmert sich um das Alltagsgeschäft und Voldemort kann ungehindert seine Macht über das Ministerium hinaus ausweiten.'"[78]

Über Pius Thickness kann Lord Voldemort das Personal des Zaubereiministeriums austauschen[79], neue Abteilungen schaffen (z.B. die Registrierungskommission für Muggelstämmige) und bestehende Abteilungen abschaffen sowie im Alleingang Gesetze, die beispielsweise den Blutstatus betreffen, erlassen. Zudem kommt es zu Massenverhaftungen von Muggelstämmigen in Askaban.

> „'Waren es Todesser oder Ministeriumsleute?', warf Hermine ein. 'Sowohl als auch; aber da gibt es praktisch keinen Unterschied mehr', sagte Lupin. (…) 'Eins muss dir klar werden, Harry, die Todesser haben jetzt die ganze Macht des Ministeriums auf ihrer Seite', sagte Lupin. 'Sie sind ermächtigt, brutale Zauber auszuführen, ohne dass sie Gefahr laufen, sich ausweisen zu müssen oder verhaftet zu werden. Es ist ihnen gelungen, jeden Schutzzauber zu durchdringen, den wir gegen

---

77 *J.K. Rowling*, Harry Potter 7, 24. Aufl., 2011, Die Hochzeit, S. 166.

78 *J.K. Rowling*, Harry Potter 7, 24. Aufl., 2011, Das Bestechungsgeschenk, S. 215.

79 Muggelstämmige Angestellte werden entlassen; Mr Weasley steht als „Muggelfreund" unter dauerhafter Beobachtung; Todesser wie Corban Yaxley werden zu Abteilungsleitern ernannt usw., *Jannina Schäffer*, Harry Potter und die Gesetze der Macht, 2024, S. 172 ff., 431 ff.

sie errichtet hatten, und sobald sie drin waren, bekannten sie ganz offen, warum sie gekommen waren’“[80]

Der größte Unterschied zum NS-Staat besteht darin, dass die Nationalsozialisten die Staatsstrukturen aktiv umgestalten mussten, während Lord Voldemort bereits einen für eine Machtergreifung anfälligen Staat vorfand, dessen Systemschwächen er lediglich ausnutzen musste. Dies zeigt sich an folgenden Beispielen:

Zur vertikalen Gewaltenteilung: Diese war in der Weimarer Republik vorhanden, wurde von Adolf Hitler jedoch direkt nach seiner Machtergreifung abgeschafft. Durch das „*Vorläufige Gesetz zur Gleichschaltung der Länder mit dem Reich*“ (RGBl. I 1933, S. 153) vom 31. März 1933 wurden die Landtage, Kreistage und Gemeinderäte aufgelöst. Diese wurden sodann auf Basis der Stimmenzahl der Reichstagswahl vom 5. März 1933, bei der die NSDAP mit 43,9% der Stimmen stärkste Kraft war, neu gebildet. Das „*Zweite Gesetz zur Gleichschaltung der Länder mit dem Reich*“ (RGBl. I 1933, S. 173) vom 7. April 1933 führte Reichsstatthalter ein, die den Vorsitzenden der Landesregierung ernennen und entlassen, den Landtag auflösen und Neuwahlen anordnen konnten. Das „*Gesetz über den Neuaufbau des Reichs*“ (RGBl. I 1934, S. 75) vom 30. Januar 1934 übertrug alle Hoheitsrechte der Länder auf das Reich und schaffte den Reichsrat ab. Zudem wurde die Reichsregierung ermächtigt, neues Verfassungsrecht zu setzen[81].

Insofern ist festzustellen, dass sowohl die Zaubererwelt als auch der NS-Staat keine vertikale Gewaltenteilung kannten, wobei die zentralistische Ausrichtung der magischen Welt schon immer so angelegt war und Lord Voldemort die Machtergreifung erleichterte, weil es keine Gliedstaaten bzw. einzelnen Landesregierungen und Landesministerien gab, die ihn hätten stoppen können.

Zur Legislative: Nach Art. 48 WRV konnte der Reichspräsident der Weimarer Republik formelle Notverordnungen mit materieller Gesetzeskraft erlassen. Dies machte sich Adolf Hitler zu nutze. Infolge der Vereinigung des Amtes des Reichspräsidenten mit dem Reichskanzler durch die „*Volksabstimmung über das Staatsoberhaupt des Deutschen Reichs*“ am 19. August 1934 hatte er als „*Führer und Reichskanzler*“ diese Befugnisse. Mit dem *Ermächtigungsgesetz* vom 24. März 1933 ging letztendlich die gesetzgebende Gewalt auf die Reichsregierung (also die Exekutive) über. Zwar blieb der Reichstag als Institution formal bestehen, seit dem „*Gesetz gegen die Neubildung der Parteien*“ (RGBl. I 1933, S. 479) vom 14. Juli 1933 war die NSDAP jedoch die einzige zugelassene Partei. Die Folge: Der Reichstag erließ bis 1939 nur noch sieben

---

80 *J.K. Rowling*, Harry Potter 7, 24. Aufl., 2011, Das Bestechungsgeschenk, S. 212 f.

81 Dazu: *Jannina Schäffer*, Harry Potter und die Gesetze der Macht, 2024, S. 97.

Gesetze, während die übrigen ca. 5.000 Gesetze und Verordnungen von der Spitze des NS-Regimes erlassen wurden[82].

Damit verfügte die Exekutive im NS-Staat (im Gegensatz zu heute) genauso wie in der Zaubererwelt über weitreichende legislative Kompetenzen. Auch dies war für Lord Voldemort nützlich, der – indem er den Zaubereiminister austauschte und unter den Imperius-Fluch stellte – nach Belieben neue Gesetze erlassen konnte. Und das ohne die Einschaltung eines Parlaments und ohne den Widerstand von Parteien, da es beides in der Zaubererwelt nicht gibt. Diesen Zustand musste Adolf Hitler mit der Entmachtung des Reichstags und der Gleichschaltung der Parteienlandschaft zunächst erreichen.

Zur Exekutive: Im NS-Staat wurden neue Reichsministerien geschaffen und mit regierungstreuen Beamten besetzt, die u.a. einen „*Ariernachweis*" erbringen mussten[83]. Im Rahmen der Exekutive kam es im NS-Staat insbesondere zu einem Umbau der Polizei[84]. Die Kompetenzen der mit dem „*Gesetz über die Errichtung eines Geheimen Staatspolizeiamts*" vom 26. April 1933 gegründeten Gestapo wurden immer weiter ausgedehnt. Verfügungen und Anordnungen der Gestapo unterlagen ab 1936 keiner verwaltungsgerichtlichen Nachprüfung mehr. Dazu gehörte auch die Einweisung in KZs[85]. Gleichzeitig übte Adolf Hitler durch die starke Stellung der Staatsanwaltschaften auch inhaltlich einen großen Einfluss auf die Judikative aus.

Die starke Stellung der Exekutive im NS-Staat und die fehlende Kontrolle nach dem Gedanken der „checks and balances" ist eine weitere Gemeinsamkeit mit dem magischen Recht – und auch hier musste Adolf Hitler den Staat zunächst nach seinen Vorstellungen „umbauen", während Lord Voldemort diese Strukturen bereits vorfand.

---

82 Dazu: *Jannina Schäffer*, Harry Potter und die Gesetze der Macht, 2024, S. 108.

83 Das „Gesetz zur Wiederherstellung des Berufsbeamtentums" (RGBl. I 1933, S. 175) vom 7.4.1933 entfernte jüdische Beamte aus dem Dienst. Der Arierparagraf in § 3 I BBG verlangte von Ärzten, Juristen, Mitgliedern der SS und der öffentlichen Verwaltung sowie von Wissenschaftlern an Hochschulen einen Ariernachweis, *Jannina Schäffer*, Harry Potter und die Gesetze der Macht, 2024, S. 413.

84 Das „Gesetz über den Neuaufbau des Reichs" vom 30.1.1934 führte zur „Verreichlichung" der Polizei. Oberste Polizeibehörde war nun der Reichsinnenminister. Der „Erlass über die Einsetzung eines Chefs der Deutschen Polizei im Reichsministerium des Innern" (RGBl. I 1936, S. 487) führte zur „Verschmelzung" von Polizei und SS mit Heinrich Himmler als Reichsführers SS und Chefs der Deutschen Polizei. Das „Gesetz über die Überführung von Angehörigen der Landespolizei in die Wehrmacht" (RGBl. I 1935, S. 851) vom 3.7.1935 führte zur Eingliederung der Landespolizeieinheiten in die Wehrmacht, *Jannina Schäffer*, Harry Potter und die Gesetze der Macht, 2024, S. 104.

Zur Judikative: Auch die Judikative war im Dritten Reich von Umstürzen gezeichnet. In personeller Hinsicht kam es zu einer „Säuberung“, bei der jüdische Richter, Staatsanwälte und Anwälte aus dem Dienst entfernt wurden[86]. Mit der „*Verordnung der Reichsregierung über die Bildung von Sondergerichten*“ (RGBl. I 1933, S. 136) vom 21. März 1933 wurden für jeden Oberlandesgerichtsbezirke Sondergerichte gebildet, gegen deren Entscheidungen kein Rechtsmittel zulässig war. Durch das „*Gesetzes zur Änderung von Vorschriften des Strafrechts und des Strafverfahrens*“ vom 24. April 1934 wurde der Volksgerichtshof als Sondergericht zur Aburteilung von Hoch- und Landesverrat eingerichtet. Das „*Gesetz über Maßnahmen der Staatsnotwehr*“ (RGBl. I 1933, S. 529) vom 3. Juli 1934 erklärte den sog. „Röhm-Putsch“ (und damit die Ermordung von Menschen) als „Staatsnotwehr“ für legal, wodurch der Wille des „Führers“ dem kodifizierten Recht übergeordnet wurde. Durch den Reichstagsbeschluss vom 26. April 1942 ließ Hitler sich zum *obersten Gerichtsherrn* ernennen[87]. Im Folgenden kam es auch im materiellen und prozessualen Strafrecht zu zahlreichen Gesetzesänderungen, die meist eine schärfere Strafe vorsahen, Juden, Kommunisten und politische Gegner gezielt verfolgten und gleichzeitig die Rechte der Angeklagten aufweichten.

Diese Maßnahmen im NS-Staat ähneln den Maßnahmen Lord Voldemorts, wobei dieser einmal mehr den Vorteil hatte, mit dem Zaubergamot bereits eine schwache, von der Exekutives abhängige, Justiz vorzufinden[88].

Die fehlende Gewaltenteilung stellt damit die zentrale Weichenstellung bei der Machtergreifung Lord Voldemorts dar. Wäre die politische Macht in der Zaubererwelt vertikal auf mehrere Behörden verteilt oder horizontal durch eine gegenseitige Kontrolle geprägt gewesen, hätte Lord Voldemort das Zaubereiministerium nicht so einfach, schnell und ohne Widerstand unterwandern können. Auch wenn das System der Weimarer Republik mit Sicherheit nicht fehlerlos war, musste Adolf Hitler den Staat bis zur vollständigen Gleichschaltung und Unterwerfung stärker umbauen als das in der Zaubererwelt der Fall war.

---

85 *Martin Ibler*, Rechtspflegender Rechtsschutz im Verwaltungsrecht, 1999, S. 314 ff.; *Thomas Würtenberger / Dirk Heckmann*, Polizeirecht, 2017, Rn. 14.

86 „Gesetz zur Wiederherstellung des Berufsbeamtentums“ (RGBl. I 1933, S. 175) vom 7. 4.1933 und „Gesetz über die Zulassung zur Rechtsanwaltschaft“ (RGBl. I 1933, S. 188) vom 7.4.1933.

87 Überblick: *Jannina Schäffer*, Harry Potter und die Gesetze der Macht, 2024, S. 114 ff.

88 Zu den fehlenden Rechtsmitteln: *Jannina Schäffer*, Harry Potter und die Gesetze der Macht, 2024, S. 288 ff.; zu den schwach ausgeprägten Prozessmaximen und Angeklagtenrechten: *Jannina Schäffer*, Harry Potter und die Gesetze der Macht, 2024, S. 288 ff.; zu den Fehlurteilen des Zaubergamot: *Jannina Schäffer*, Harry Potter und die Gesetze der Macht, 2024, S. 369 ff.

Gegenüber dem historischen Recht sind wir heute mit unserem Grundgesetz gegen eine „Machtergreifung“ besser gewappnet. In Sicherheit wiegen sollten wir uns deswegen aber trotzdem nicht. Dies machen die zahlreichen Angriffe auf den Rechtsstaat weltweit und das Aufsteigen der Neuen Rechten auch in Deutschland deutlich.

V. Ausblick

Für überzeugte Demokratinnen und Demokraten ist die aktuelle weltpolitische Lage manchmal nur schwer zu ertragen. Allzugern flüchtet man sich in die schöne Literatur, um zumindest zeitweise Abstand gewinnen zu können. Wie dieser Text zeigt, ist Harry Potter dafür aber nicht unbedingt die richtige Lektüre. Gleichzeitig ist das zivile Engagement stark angestiegen. Anfang des Jahres haben weit über eine Million Menschen[89] in Deutschland an Demonstrationen für Demokratie und gegen Rechts teilgenommen. Auch das Interesse an meiner Dissertation nimmt nicht ab. Seit der Veröffentlichung habe ich zahlreiche Interviews gegeben und mehrere Vorträge zu verschiedenen rechtlichen Themen in den Harry-Potter-Büchern gehalten.

Unter anderem auf einem Buchmesseempfang in Frankfurt am Main., bei der Kriminalpolizei in Wiesbaden und bei der Bayreuther Rechtszeitschrift. An einem Webinar der Volkshochschule Nienburg zur Förderung des Demokratieverständnisses in der Bevölkerung nahmen über 100 Personen teil. Im Juni 2025 war ich beim Kolloquium des Internationalen Forschungs- und Dokumentationszentrums Kriegsverbrecherprozesse im Marburg zu Gast. Weitere Veranstaltungen sind geplant.

Die Zusammenhänge zwischen Kunst und Recht bzw. Law and Literature interessiert und bewegt viele Menschen – das hat auch die Tagung in Köln nochmals gezeigt. Der Umweg über beliebte und bekannte Bücher und Filme ermöglicht Juristinnen und Juristen, auch fachfremde Personen für rechtliche Themen zu begeistern. Ein Teil der Magie der Harry-Potter-Romane ist für mich seit dem Erscheinen meiner Dissertation jetzt auch die Vermittlung von (Herrschafts-)Wissen über unsere Demokratie, unseren Rechtsstaat sowie das Strafrecht und Strafprozessrecht an Menschen, die sich mit diesen Themen außerhalb der Zaubererwelt eher nicht beschäftigt hätten. *Lumos*!

---

89 Laut Polizei 1,4 Millionen, https://www.demokrateam.org/report/ (abgerufen am: 1.3.2025).

Autorenverzeichnis

AKAY, BÜŞRA

Akademische Rätin a.Z. am Lehrstuhl für Strafrecht, Strafprozessrecht und Kriminalpolitik an der Universität zu Köln

PROF. DR. HURST, MATTHIAS

Professor für Filmwissenschaft am Bard College Berlin

DR. NICOLAI, FLORIAN

Akademischer Rat a.Z. und Habilitand am Lehrstuhl für Strafrecht, Strafprozessrecht und Rechtsphilosophie (Prof. Dr. Hans Kudlich) an der Friedrich-Alexander-Universität Erlangen-Nürnberg

NIPPEN, DAMIEN

Akademischer Rat a.Z. am Lehrstuhl für Strafrecht und Strafprozessrecht, deutsches, europäisches und internationales Wirtschafts-, Steuer- und Medizinstrafrecht (Professor Martin Waßmer) an der Universität zu Köln

DR. SCHÄFFER, JANNINA

Lehrbeauftragte für Strafrecht an der FernUni Hagen, Chefredakteurin des Online-Magazins JURios, Redakteurin für beck-aktuell (C.H. Beck Verlag, Frankfurt a.M.)

PROF. DR. SCHIEMANN, ANJA

Professorin für Strafrecht, Strafprozessrecht und Kriminalpolitik an der Universität zu Köln

SCHULZE ZURMUSSEN, HANNAH

Studentische Hilfskraft am Lehrstuhl für Strafrecht, Strafprozessrecht und Kriminalpolitik (Anja Schiemann) an der Universität zu Köln

DR. SOMMER, AYLA

Hochschule für Polizei und öffentliche Verwaltung NRW, Köln

PROF. DR. DR. THIEL, MARKUS

Professor für Öffentliches Recht mit Schwerpunkt Polizeirecht an der Deutschen Hochschule der Polizei - Universität der Polizeien des Bundes und der Länder

DR. ODERMATT, FABIAN

Gerichtsschreiber am Straf-, Zwangsmassnahmen- und Jugendgericht des Kantons Basel-Landschaft, nebenamtlicher Richter am Strafgericht Basel-Stadt, Aktuar der Fachkommission Aufsicht über die Staatsanwaltschaft und Jugendanwaltschaft des Kantons Basel-Landschaft

Juristische Zeitgeschichte

Herausgeber: Prof. Dr. Dr. Dr. h.c. Thomas Vormbaum, FernUniversität in Hagen

Abteilung 1: Allgemeine Reihe

1 *Thomas Vormbaum (Hrsg.):* Die Sozialdemokratie und die Entstehung des Bürgerlichen Gesetzbuchs. Quellen aus der sozialdemokratischen Partei und Presse (1997)
2 *Heiko Ahlbrecht:* Geschichte der völkerrechtlichen Strafgerichtsbarkeit im 20. Jahrhundert (1999)
3 *Dominik Westerkamp:* Pressefreiheit und Zensur im Sachsen des Vormärz (1999)
4 *Wolfgang Naucke:* Über die Zerbrechlichkeit des rechtsstaatlichen Strafrechts. Gesammelte Aufsätze zur Strafrechtsgeschichte (2000)
5 *Jörg Ernst August Waldow:* Der strafrechtliche Ehrenschutz in der NS-Zeit (2000)
6 *Bernhard Diestelkamp:* Rechtsgeschichte als Zeitgeschichte. Beiträge zur Rechtsgeschichte des 20. Jahrhunderts (2001)
7 *Michael Damnitz:* Bürgerliches Recht zwischen Staat und Kirche. Mitwirkung der Zentrumspartei am Bürgerlichen Gesetzbuch (2001)
8 *Massimo Nobili:* Die freie richterliche Überzeugungsbildung. Reformdiskussion und Gesetzgebung in Italien, Frankreich und Deutschland seit dem Ausgang des 18. Jahrhunderts (2001)
9 *Diemut Majer:* Nationalsozialismus im Lichte der Juristischen Zeitgeschichte (2002)
10 *Bianca Vieregge:* Die Gerichtsbarkeit einer „Elite". Nationalsozialistische Rechtsprechung am Beispiel der SS- und Polizeigerichtsbarkeit (2002)
11 *Norbert Berthold Wagner:* Die deutschen Schutzgebiete (2002)
12 *Miloš Vec:* Die Spur des Täters. Methoden der Identifikation in der Kriminalistik (1879–1933), (2002)
13 *Christian Amann:* Ordentliche Jugendgerichtsbarkeit und Justizalltag im OLG-Bezirk Hamm von 1939 bis 1945 (2003)
14 *Günter Gribbohm:* Das Reichskriegsgericht (2004)
15 *Martin M. Arnold:* Pressefreiheit und Zensur im Baden des Vormärz. Im Spannungsfeld zwischen Bundestreue und Liberalismus (2003)
16 *Ettore Dezza:* Beiträge zur Geschichte des modernen italienischen Strafrechts (2004)
17 *Thomas Vormbaum (Hrsg.):* „Euthanasie" vor Gericht. Die Anklageschrift des Generalstaatsanwalts beim OLG Frankfurt/M. gegen Werner Heyde u. a. vom 22. Mai 1962 (2005)
18 *Kai Cornelius:* Vom spurlosen Verschwindenlassen zur Benachrichtigungspflicht bei Festnahmen (2006)
19 *Kristina Brümmer-Pauly:* Desertion im Recht des Nationalsozialismus (2006)
20 *Hanns-Jürgen Wiegand:* Direktdemokratische Elemente in der deutschen Verfassungsgeschichte (2006)
21 *Hans-Peter Marutschke (Hrsg.):* Beiträge zur modernen japanischen Rechtsgeschichte (2006)
22 *Katrin Stoll:* Die Herstellung der Wahrheit (2011)

23 *Thorsten Kurtz:* Das Oberste Rückerstattungsgericht in Herford (2014)
24 *Sebastian Schermaul:* Die Umsetzung der Karlsbader Beschlüsse an der Universität Leipzig 1819–1848 (2013)
25 *Minoru Honda:* Beiträge zur Geschichte des japanischen Strafrechts (2020)
26 *Michael Seiters:* Das strafrechtliche Schuldprinzip. Im Spannungsfeld zwischen philosophischem, theologischem und juridischem Verständnis von Schuld (2020)
27 *Hannes Ludyga:* Rechtsgeschichte Saarbrückens im 20. Jahrhundert (2022)
28 *Wolfgang Naucke:* Strafrecht als Teil politischer Macht. Beiträge zur juristischen Zeitgeschichte (2023)

Abteilung 2: Forum Juristische Zeitgeschichte

1 *Franz-Josef Düwell / Thomas Vormbaum (Hrsg.):* Themen juristischer Zeitgeschichte (1) – Schwerpunktthema: Recht und Nationalsozialismus (1998)
2 *Karl-Heinz Keldungs:* Das Sondergericht Duisburg 1943–1945 (1998)
3 *Franz-Josef Düwell / Thomas Vormbaum (Hrsg.):* Themen juristischer Zeitgeschichte (2) – Schwerpunktthema: Recht und Juristen in der Revolution von 1848/49 (1998)
4 *Thomas Vormbaum:* Beiträge zur juristischen Zeitgeschichte (1999)
5 *Franz-Josef Düwell / Thomas Vormbaum:* Themen juristischer Zeitgeschichte (3), (1999)
6 *Thomas Vormbaum (Hrsg.):* Themen juristischer Zeitgeschichte (4), (2000)
7 *Frank Roeser:* Das Sondergericht Essen 1942–1945 (2000)
8 *Heinz Müller-Dietz:* Recht und Nationalsozialismus – Gesammelte Beiträge (2000)
9 *Franz-Josef Düwell (Hrsg.):* Licht und Schatten. Der 9. November in der deutschen Geschichte und Rechtsgeschichte – Symposium der Arnold-Freymuth-Gesellschaft, Hamm (2000)
10 *Bernd-Rüdiger Kern / Klaus-Peter Schroeder (Hrsg.):* Eduard von Simson (1810–1899). „Chorführer der Deutschen" und erster Präsident des Reichsgerichts (2001)
11 *Norbert Haase / Bert Pampel (Hrsg.):* Die Waldheimer „Prozesse" – fünfzig Jahre danach. Dokumentation der Tagung der Stiftung Sächsische Gedenkstätten am 28. und 29. September in Waldheim (2001)
12 *Wolfgang Form (Hrsg.):* Literatur- und Urteilsverzeichnis zum politischen NS-Strafrecht (2001)
13 *Sabine Hain:* Die Individualverfassungsbeschwerde nach Bundesrecht (2002)
14 *Gerhard Pauli / Thomas Vormbaum (Hrsg.):* Justiz und Nationalsozialismus – Kontinuität und Diskontinuität. Fachtagung in der Justizakademie des Landes NRW, Recklinghausen, am 19. und 20. November 2001 (2003)
15 *Mario Da Passano (Hrsg.):* Europäische Strafkolonien im 19. Jahrhundert. Internationaler Kongreß des Dipartimento di Storia der Universität Sassari und des Parco nazionale di Asinara, Porto Torres, 25. Mai 2001 (2006)
16 *Sylvia Kesper-Biermann / Petra Overath (Hrsg.):* Die Internationalisierung von Strafrechtswissenschaft und Kriminalpolitik (1870–1930). Deutschland im Vergleich (2007)
17 *Hermann Weber (Hrsg.):* Literatur, Recht und Musik. Tagung im Nordkolleg Rendsburg vom 16. bis 18. September 2005 (2007)

18 *Hermann Weber (Hrsg.):* Literatur, Recht und (bildende) Kunst. Tagung im Nordkolleg Rendsburg vom 21. bis 23. September 2007 (2008)
19 *Francisco Muñoz Conde / Thomas Vormbaum (Hrsg.):* Transformation von Diktaturen in Demokratien und Aufarbeitung der Vergangenheit (2010)
20 *Kirsten Scheiwe / Johanna Krawietz* (Hrsg.): (K)Eine Arbeit wie jede andere? Die Regulierung von Arbeit im Privathaushalt (2014)
21 *Helmut Irmen:* Das Sondergericht Aachen 1941–1945 (2018)

Abteilung 3: Beiträge zur modernen deutschen Strafgesetzgebung. Materialien zu einem historischen Kommentar

1 *Thomas Vormbaum / Jürgen Welp (Hrsg.):* Das Strafgesetzbuch seit 1870. Sammlung der Änderungen und Neubekanntmachungen; fünf Textbände (1999–2017) und drei Supplementbände (2005, 2006)
2 *Christian Müller:* Das Gewohnheitsverbrechergesetz vom 24. November 1933. Kriminalpolitik als Rassenpolitik (1998)
3 *Maria Meyer-Höger:* Der Jugendarrest. Entstehung und Weiterentwicklung einer Sanktion (1998)
4 *Kirsten Gieseler:* Unterlassene Hilfeleistung – § 323c StGB. Reformdiskussion und Gesetzgebung seit 1870. (1999)
5 *Robert Weber:* Die Entwicklung des Nebenstrafrechts 1871–1914 (1999)
6 *Frank Nobis:* Die Strafprozeßgesetzgebung der späten Weimarer Republik (2000)
7 *Karsten Felske:* Kriminelle und terroristische Vereinigungen – §§ 129, 129a StGB (2002)
8 *Ralf Baumgarten:* Zweikampf – §§ 201–210 a.F. StGB (2003)
9 *Felix Prinz:* Diebstahl – §§ 242 ff. StGB (2003)
10 *Werner Schubert / Thomas Vormbaum (Hrsg.):* Entstehung des Strafgesetzbuchs. Kommissionsprotokolle und Entwürfe. Band 1: 1869 (2002); Band 2: 1870 (2004)
11 *Lars Bernhard:* Falsche Verdächtigung (§§ 164, 165 StGB) und Vortäuschen einer Straftat (§ 145d StGB), (2003)
12 *Frank Korn:* Körperverletzungsdelikte – §§ 223 ff., 340 StGB. Reformdiskussion und Gesetzgebung von 1870 bis 1933 (2003)
13 *Christian Gröning:* Körperverletzungsdelikte – §§ 223 ff., 340 StGB. Reformdiskussion und Gesetzgebung seit 1933 (2004)
14 *Sabine Putzke:* Die Strafbarkeit der Abtreibung in der Kaiserzeit und in der Weimarer Zeit. Eine Analyse der Reformdiskussion und der Straftatbestände in den Reformentwürfen (1908–1931), (2003)
15 *Eckard Voßiek:* Strafbare Veröffentlichung amtlicher Schriftstücke (§ 353d Nr. 3 StGB). Gesetzgebung und Rechtsanwendung seit 1851 (2004)
16 *Stefan Lindenberg:* Brandstiftungsdelikte – §§ 306 ff. StGB. Reformdiskussion und Gesetzgebung seit 1870 (2004)
17 *Ninette Barreneche †:* Materialien zu einer Strafrechtsgeschichte der Münchener Räterepublik 1918/1919 (2004)
18 *Carsten Thiel:* Rechtsbeugung – § 339 StGB. Reformdiskussion und Gesetzgebung seit 1870 (2005)

19 *Vera Große-Vehne:* Tötung auf Verlangen (§ 216 StGB), „Euthanasie“ und Sterbehilfe. Reformdiskussion und Gesetzgebung seit 1870 (2005)
20 *Thomas Vormbaum / Kathrin Rentrop (Hrsg.):* Reform des Strafgesetzbuchs. Sammlung der Reformentwürfe. Band 1: 1909 bis 1919. Band 2: 1922 bis 1939. Band 3: 1959 bis 1996 (2008)
21 *Dietmar Prechtel:* Urkundendelikte (§§ 267 ff. StGB). Reformdiskussion und Gesetzgebung seit 1870 (2005)
22 *Ilya Hartmann:* Prostitution, Kuppelei, Zuhälterei. Reformdiskussion und Gesetzgebung seit 1870 (2006)
23 *Ralf Seemann:* Strafbare Vereitelung von Gläubigerrechten (§§ 283 ff., 288 StGB). Reformdiskussion und Gesetzgebung seit 1870 (2006)
24 *Andrea Hartmann:* Majestätsbeleidigung (§§ 94 ff. StGB a.F.) und Verunglimpfung des Staatsoberhauptes (§ 90 StGB). Reformdiskussion und Gesetzgebung seit dem 19. Jahrhundert (2006)
25 *Christina Rampf:* Hausfriedensbruch (§ 123 StGB). Reformdiskussion und Gesetzgebung seit 1870 (2006)
26 *Christian Schäfer:* „Widernatürliche Unzucht“ (§§ 175, 175a, 175b, 182, a.F. StGB). Reformdiskussion und Gesetzgebung seit 1945 (2006)
27 *Kathrin Rentrop:* Untreue und Unterschlagung (§§ 266 und 246 StGB). Reformdiskussion und Gesetzgebung seit dem 19. Jahrhundert (2007)
28 *Martin Asholt:* Straßenverkehrsstrafrecht. Reformdiskussion und Gesetzgebung seit dem Ausgang des 19. Jahrhunderts (2007)
29 *Katharina Linka:* Mord und Totschlag (§§ 211–213 StGB). Reformdiskussion und Gesetzgebung seit 1870 (2008)
30 *Juliane Sophia Dettmar:* Legalität und Opportunität im Strafprozess. Reformdiskussion und Gesetzgebung von 1877 bis 1933 (2008)
31 *Jürgen Durynek:* Korruptionsdelikte (§§ 331 ff. StGB). Reformdiskussion und Gesetzgebung seit dem 19. Jahrhundert (2008)
32 *Judith Weber:* Das sächsische Strafrecht im 19. Jahrhundert bis zum Reichsstrafgesetzbuch (2009)
33 *Denis Matthies:* Exemplifikationen und Regelbeispiele. Eine Untersuchung zum 100-jährigen Beitrag von Adolf Wach zur „Legislativen Technik“ (2009)
34 *Benedikt Rohrßen:* Von der „Anreizung zum Klassenkampf“ zur „Volksverhetzung“ (§ 130 StGB). Reformdiskussion und Gesetzgebung seit dem 19. Jahrhundert (2009)
35 *Friederike Goltsche:* Der Entwurf eines Allgemeinen Deutschen Strafgesetzbuches von 1922 (Entwurf Radbruch) (2010)
36 *Tarig Elobied:* Die Entwicklung des Strafbefehlsverfahrens von 1846 bis in die Gegenwart (2010)
37 *Christina Müting:* Sexuelle Nötigung; Vergewaltigung (§ 177 StGB) (2010)
38 *Nadeschda Wilkitzki:* Entstehung des Gesetzes über Internationale Rechtshilfe in Strafsachen (IRG) (2010)
39 *André Brambring:* Kindestötung (§ 217 a.F. StGB). Reformdiskussion und Gesetzgebung seit 1870 (2010)
40 *Wilhelm Rettler:* Der strafrechtliche Schutz des sozialistischen Eigentums in der DDR (2010)
41 *Yvonne Hötzel:* Debatten um die Todesstrafe in der Bundesrepublik Deutschland von 1949 bis 1990 (2010)

42 *Dagmar Kolbe:* Strafbarkeit im Vorfeld und im Umfeld der Teilnahme (§§ 88a, 110, 111, 130a und 140 StGB). Reformdiskussion und Gesetzgebung seit dem 19. Jahrhundert (2011)
43 *Sami Bdeiwi:* Beischlaf zwischen Verwandten (§ 173 StGB). Reform und Gesetzgebung seit 1870 (2014)
44 *Michaela Arnold:* Verfall, Einziehung und Unbrauchbarmachung (§§ 73 bis 76a StGB). Reformdiskussion und Gesetzgebung seit dem 19. Jahrhundert (2015)
45 *Andrea Schurig:* „Republikflucht" (§§ 213, 214 StGB/DDR). Gesetzgeberische Entwicklung, Einfluss des MfS und Gerichtspraxis am Beispiel von Sachsen (2016)
46 *Sandra Knaudt:* Das Strafrecht im Großherzogtum Hessen im 19. Jahrhundert bis zum Reichsstrafgesetzbuch (2017)
47 *Michael Rudlof:* Das Gesetz zur Strafbarkeit der geschäftsmäßigen Förderung der Selbsttötung (§ 217 StGB nF.) (2018)
48 *Karl Müller:* Steuerhinterziehung (§§ 370, 371 AO). Gesetzgebung und Reformdiskussion seit dem 19. Jahrhundert (2018)
49 *Katharina Kühne:* Die Entwicklung des Internetstrafrechts unter besonderer Berücksichtigung der §§ 202a–202c StGB sowie § 303a und § 303b StGB (2018)
50 *Benedikt Beßmann:* Das Strafrecht des Herzogtums Braunschweig im 19. Jahrhundert bis zum Reichsstrafgesetzbuch (2019)
51 *Josef Roth:* Die Entwicklung des Weinstrafrechts seit 1871 (2020)
52 *Arne Fischer*: Die Legitimität des Sportwettbetrugs (§ 265c StGB). Unter besonderer Berücksichtigung des „Rechtsguts" Integrität des Sports (2020)
53 *Julius Hagen*: Die Nebenklage im Gefüge strafprozessualer Verletztenbeteiligung. Der Weg in die viktimäre Gesellschaft. Gesetzgebung und Reformdiskurs seit 1870 (2021)
54 *Teresa Frank*: Die Wiederaufnahme zuungunsten des Angeklagten im Strafverfahren. Reformdiskussion und Gesetzgebung seit dem Neunzehnten Jahrhundert (2022)
55 *Tobias Hanschke*: Die Entstehung und Entwicklung von Jugendstrafverfahren und Jugendgerichtsverfassung in Deutschland (2025)
56 *Christoph Hagemann:* Spionageabwehr und Gegenspionage: Zur Überwerbung von »Countermen« im Lichte der Nötigungsstrafbarkeit (2025)

Abteilung 4: Leben und Werk. Biographien und Werkanalysen

1 *Mario A. Cattaneo:* Karl Grolmans strafrechtlicher Humanismus (1998)
2 *Gerit Thulfaut:* Kriminalpolitik und Strafrechtstheorie bei Edmund Mezger (2000)
3 *Adolf Laufs:* Persönlichkeit und Recht. Gesammelte Aufsätze (2001)
4 *Hanno Durth:* Der Kampf gegen das Unrecht. Gustav Radbruchs Theorie eines Kulturverfassungsrechts (2001)
5 *Volker Tausch:* Max Güde (1902–1984). Generalbundesanwalt und Rechtspolitiker (2002)
6 *Bernd Schmalhausen:* Josef Neuberger (1902–1977). Ein Leben für eine menschliche Justiz (2002)

7 *Wolf Christian von Arnswald:* Savigny als Strafrechtspraktiker. Ministerium für die Gesetzesrevision (1842–1848), (2003)
8 *Thilo Ramm:* Ferdinand Lassalle. Der Revolutionär und das Recht (2004)
9 *Martin D. Klein:* Demokratisches Denken bei Gustav Radbruch (2007)
10 *Francisco Muñoz Conde:* Edmund Mezger – Beiträge zu einem Juristenleben (2007)
11 *Whitney R. Harris:* Tyrannen vor Gericht. Das Verfahren gegen die deutschen Hauptkriegsverbrecher nach dem Zweiten Weltkrieg in Nürnberg 1945–1946 (2008)
12 *Eric Hilgendorf (Hrsg.):* Die deutschsprachige Strafrechtswissenschaft in Selbstdarstellungen (2010)
13 *Tamara Cipolla:* Friedrich Karl von Strombeck. Leben und Werk – Unter besonderer Berücksichtigung des Entwurfes eines Strafgesetzbuches für ein Norddeutsches Staatsgebiet (2010)
14 *Karoline Peters:* J.D.H. Temme und das preußische Strafverfahren in der Mitte des 19. Jahrhunderts (2010)
15 *Eric Hilgendorf (Hrsg.):* Die ausländische Strafrechtswissenschaft in Selbstdarstellungen. Die internationale Rezeption des deutschen Strafrechts (2019)
16 *Hannes Ludyga:* Otto Kahn-Freund (1900–1979). Ein Arbeitsrechtler in der Weimarer Zeit (2016)
17 *Rudolf Bastuck:* Rudolf Wassermann. Vision und Umsetzung einer inneren Justizreform (2020)
18 *Eric Hilgendorf (Hrsg.)*: Die deutschsprachige Strafrechtswissenschaft in Selbstdarstellungen II (2021)
19 *Hannes Ludyga*: Franz Mestitz (1904–1994) (2024)

Abteilung 5: Juristisches Zeitgeschehen. Rechtspolitik und Justiz aus zeitgenössischer Perspektive

Mitherausgegeben von Gisela Friedrichsen („Der Spiegel")
und RA Prof. Dr. Franz Salditt

1 *Diether Posser:* Anwalt im Kalten Krieg. Ein Stück deutscher Geschichte in politischen Prozessen 1951–1968. 3. Auflage (1999)
2 *Jörg Arnold (Hrsg.):* Strafrechtliche Auseinandersetzung mit Systemvergangenheit am Beispiel der DDR (2000)
3 *Thomas Vormbaum (Hrsg.):* Vichy vor Gericht: Der Papon-Prozeß (2000)
4 *Heiko Ahlbrecht / Kai Ambos (Hrsg.):* Der Fall Pinochet(s). Auslieferung wegen staatsverstärkter Kriminalität? (1999)
5 *Oliver Franz:* Ausgehverbot für Jugendliche („Juvenile Curfew") in den USA. Reformdiskussion und Gesetzgebung seit dem 19. Jahrhundert (2000)
6 *Gabriele Zwiehoff (Hrsg.):* „Großer Lauschangriff". Die Entstehung des Gesetzes zur Änderung des Grundgesetzes vom 26. März 1998 und des Gesetzes zur Änderung der Strafprozeßordnung vom 4. Mai 1998 in der Presseberichterstattung 1997/98 (2000)
7 *Mario A. Cattaneo:* Strafrechtstotalitarismus. Terrorismus und Willkür (2001)
8 *Gisela Friedrichsen / Gerhard Mauz:* Er oder sie? Der Strafprozeß Böttcher/Weimar. Prozeßberichte 1987 bis 1999 (2001)

9 *Heribert Prantl / Thomas Vormbaum (Hrsg.):* Juristisches Zeitgeschehen 2000 in der Süddeutschen Zeitung (2001)

10 *Helmut Kreicker:* Art. 7 EMRK und die Gewalttaten an der deutsch-deutschen Grenze (2002)

11 *Heribert Prantl / Thomas Vormbaum (Hrsg.):* Juristisches Zeitgeschehen 2001 in der Süddeutschen Zeitung (2002)

12 *Henning Floto:* Der Rechtsstatus des Johanniterordens. Eine rechtsgeschichtliche und rechtsdogmatische Untersuchung zum Rechtsstatus der Balley Brandenburg des ritterlichen Ordens St. Johannis vom Spital zu Jerusalem (2003)

13 *Heribert Prantl / Thomas Vormbaum (Hrsg.):* Juristisches Zeitgeschehen 2002 in der Süddeutschen Zeitung (2003)

14 *Kai Ambos / Jörg Arnold (Hrsg.):* Der Irak-Krieg und das Völkerrecht (2004)

15 *Heribert Prantl / Thomas Vormbaum (Hrsg.)*: Juristisches Zeitgeschehen 2003 in der Süddeutschen Zeitung (2004)

16 *Sascha Rolf Lüder:* Völkerrechtliche Verantwortlichkeit bei Teilnahme an „Peacekeeping“-Missionen der Vereinten Nationen (2004)

17 *Heribert Prantl / Thomas Vormbaum (Hrsg.)*: Juristisches Zeitgeschehen 2004 in der Süddeutschen Zeitung (2005)

18 *Christian Haumann:* Die „gewichtende Arbeitsweise“ der Finanzverwaltung. Eine Untersuchung über die Aufgabenerfüllung der Finanzverwaltung bei der Festsetzung der Veranlagungssteuern (2008)

19 *Asmerom Ogbamichael:* Das neue deutsche Geldwäscherecht (2011)

20 *Lars Chr. Barnewitz:* Die Entschädigung der Freimaurerlogen nach 1945 und nach 1989 (2011)

21 *Ralf Gnüchtel:* Jugendschutztatbestände im 13. Abschnitt des StGB (2013)

22 *Helmut Irmen:* Stasi und DDR-Militärjustiz. Der Einfluss des MfS auf Militärjustiz und Militärstrafvollzug in der DDR (2014)

23 *Pascal Johann:* Möglichkeiten und Grenzen des neuen Vermögenschabschöpfungsrechts. Eine Untersuchung zur vorläufigen Sicherstellung und der Einziehung von Vermögen unklarer Herkunft (2019)

24 *Zekai Dağaşan:* Das Ansehen des Staates im türkischen und deutschen Strafrecht (2015)

25 *Camilla Bertheau:* Politisch unwürdig? Entschädigung von Kommunisten für nationalsozialistische Gewaltmaßnahmen. Bundesdeutsche Gesetzgebung und Rechtsprechung der 50er Jahre (2016)

26 *Anja J. Weissbrodt:* Etwas Besseres als den Tod – Aktuelle Regelung der Suizidbeihilfe und ihre Auswirkungen auf die Ärzteschaft (2021)

Abteilung 6: Recht in der Kunst – Kunst im Recht

Mitherausgegeben von Prof. Dr. Gunter Reiß
und Prof. Dr. Anja Schiemann

1 *Heinz Müller-Dietz:* Recht und Kriminalität im literarischen Widerschein. Gesammelte Aufsätze (1999)

2 *Klaus Lüderssen (Hrsg.):* »Die wahre Liberalität ist Anerkennung«. Goethe und die Juris prudenz (1999)

3 *Bertolt Brecht:* Die Dreigroschenoper (1928) / Dreigroschenroman (1934). Mit Kommentaren von Iring Fetscher und Bodo Plachta (2001)

4 *Annette von Droste-Hülshoff:* Die Judenbuche (1842) / Die Vergeltung (1841). Mit Kommentaren von Heinz Holzhauer und Winfried Woesler (2000)

5 *Theodor Fontane:* Unterm Birnbaum (1885). Mit Kommentaren von Hugo Aust und Klaus Lüderssen (2001)

6 *Heinrich von Kleist:* Michael Kohlhaas (1810). Mit Kommentaren von Wolfgang Naucke und Joachim Linder (2000)

7 *Anja Sya:* Literatur und juristisches Erkenntnisinteresse. Joachim Maass' Roman „Der Fall Gouffé" und sein Verhältnis zu der historischen Vorlage (2001)

8 *Heiner Mückenberger:* Theodor Storm – Dichter und Richter. Eine rechtsgeschichtliche Lebensbeschreibung (2001)

9 *Hermann Weber (Hrsg.):* Annäherung an das Thema „Recht und Literatur". Recht, Literatur und Kunst in der NJW (1), (2002)

10 *Hermann Weber (Hrsg.):* Juristen als Dichter. Recht, Literatur und Kunst in der NJW (2), (2002)

11 *Hermann Weber (Hrsg.):* Prozesse und Rechtsstreitigkeiten um Recht, Literatur und Kunst. Recht, Literatur und Kunst in der NJW (3), (2002)

12 *Klaus Lüderssen:* Produktive Spiegelungen. 2., erweiterte Auflage (2002)

13 *Lion Feuchtwanger:* Erfolg. Drei Jahre Geschichte einer Provinz. Roman (1929). Mit Kommentaren von Theo Rasehorn und Ernst Ribbat (2002)

14 *Jakob Wassermann:* Der Fall Maurizius. Roman (1928). Mit Kommentaren von Thomas Vormbaum und Regina Schäfer (2003)

15 *Hermann Weber (Hrsg.):* Recht, Staat und Politik im Bild der Dichtung. Recht, Literatur und Kunst in der Neuen Juristischen Wochenschrift (4), (2003)

16 *Hermann Weber (Hrsg.):* Reale und fiktive Kriminalfälle als Gegenstand der Literatur. Recht, Literatur und Kunst in der Neuen Juristischen Wochenschrift (5), (2003)

17 *Karl Kraus:* Sittlichkeit und Kriminalität. (1908). Mit Kommentaren von Helmut Arntzen und Heinz Müller-Dietz (2004)

18 *Hermann Weber (Hrsg.):* Dichter als Juristen. Recht, Literatur und Kunst in der Neuen Juristischen Wochenschrift (6), (2004)

19 *Hermann Weber (Hrsg.):* Recht und Juristen im Bild der Literatur. Recht, Literatur und Kunst in der Neuen Juristischen Wochenschrift (7), (2005)

20 *Heinrich von Kleist:* Der zerbrochne Krug. Ein Lustspiel (1811). Mit Kommentaren von Michael Walter und Regina Schäfer (2005)

21 *Francisco Muñoz Conde / Marta Muñoz Aunión:* „Das Urteil von Nürnberg". Juristischer und filmwissenschaftlicher Kommentar zum Film von Stanley Kramer (1961), (2006)

22 *Fjodor Dostojewski:* Aufzeichnungen aus einem Totenhaus (1860). Mit Kommentaren von Heinz Müller-Dietz und Dunja Brötz (2005)

23 *Thomas Vormbaum (Hrsg.):* Anton Matthias Sprickmann. Dichter und Jurist. Mit Kommentaren von Walter Gödden, Jörg Löffler und Thomas Vormbaum (2006)

24 *Friedrich Schiller:* Verbrecher aus Infamie (1786). Mit Kommentaren von Heinz Müller-Dietz und Martin Huber (2006)

25 *Franz Kafka:* Der Proceß. Roman (1925). Mit Kommentaren von Detlef Kremer und Jörg Tenckhoff (2006)

26 *Heinrich Heine:* Deutschland. Ein Wintermährchen. Geschrieben im Januar 1844. Mit Kommentaren von Winfried Woesler und Thomas Vormbaum (2006)

27 *Thomas Vormbaum (Hrsg.):* Recht, Rechtswissenschaft und Juristen im Werk Heinrich Heines (2006)

28 *Heinz Müller-Dietz:* Recht und Kriminalität in literarischen Spiegelungen (2007)

29 *Alexander Puschkin:* Pique Dame (1834). Mit Kommentaren von Barbara Aufschnaiter/Dunja Brötz und Friedrich-Christian Schroeder (2007)

30 *Georg Büchner:* Danton's Tod. Dramatische Bilder aus Frankreichs Schreckensherrschaft. Mit Kommentaren von Sven Kramer und Bodo Pieroth (2007)

31 *Daniel Halft:* Die Szene wird zum Tribunal! Eine Studie zu den Beziehungen von Recht und Literatur am Beispiel des Schauspiels „Cyankali" von Friedrich Wolf (2007)

32 *Erich Wulffen:* Kriminalpsychologie und Psychopathologie in Schillers Räubern (1907). Herausgegeben von Jürgen Seul (2007)

33 *Klaus Lüderssen:* Produktive Spiegelungen: Recht in Literatur, Theater und Film. Band II (2007)

34 *Albert Camus:* Der Fall. Roman (1956). Mit Kommentaren von Brigitte Sändig und Sven Grotendiek (2008)

35 *Thomas Vormbaum (Hrsg.):* Pest, Folter und Schandsäule. Der Mailänder Prozess wegen „Pestschmierereien" in Rechtskritik und Literatur. Mit Kommentaren von Ezequiel Malarino und Helmut C. Jacobs (2008)

36 *E.T.A. Hoffmann:* Das Fräulein von Scuderi – Erzählung aus dem Zeitalter Ludwigs des Vierzehnten (1819). Mit Kommentaren von Heinz Müller-Dietz und Marion Bönnighausen (2010)

37 *Leonardo Sciascia:* Der Tag der Eule. Mit Kommentaren von Gisela Schlüter und Daniele Negri (2010)

38 *Franz Werfel:* Eine blaßblaue Frauenschrift. Novelle (1941). Mit Kommentaren von Matthias Pape und Wilhelm Brauneder (2011)

39 *Thomas Mann:* Das Gesetz. Novelle (1944). Mit Kommentaren von Volker Ladenthin und Thomas Vormbaum (2013)

40 *Theodor Storm:* Ein Doppelgänger. Novelle (1886) (2013)

41 *Dorothea Peters:* Der Kriminalrechtsfall ‚Kaspar Hauser' und seine Rezeption in Jakob Wassermanns Caspar-Hauser-Roman (2014)

42 *Jörg Schönert:* Kriminalität erzählen (2015)

43 *Klaus Lüderssen:* Produktive Spiegelungen. Recht im künstlerischen Kontext. Band 3 (2014)

44 *Franz Kafka:* In der Strafkolonie. Erzählung (1919) (2015)

45 *Heinz Müller-Dietz:* Recht und Kriminalität in literarischen Brechungen (2016)

46 *Hermann Weber (Hrsg.):* Das Recht als Rahmen für Literatur und Kunst. Tagung im Nordkolleg Rendsburg vom 4. bis 6. September 2015 (2017)

47 *Walter Müller-Seidel:* Rechtsdenken im literarischen Text. Deutsche Literatur von der Weimarer Klassik zur Weimarer Republik (2017)

48 *Honoré de Balzac:* Eine dunkle Geschichte. Roman (1841). Mit Kommentaren von Luigi Lacchè und Christian von Tschilschke (2018)

49 *Anja Schiemann:* Der Kriminalfall Woyzeck. Der historische Fall und Büchners Drama (2018)

50 *E. T. A. Hoffmann:* Meister Floh. Ein Mährchen in sieben Abentheuern zweier Freunde (1822). Mit Kommentaren von Michael Niehaus und Thomas Vormbaum (2018)
51 *Bodo Pieroth:* Deutsche Schriftsteller als angehende Juristen (2018)
52 *Theodor Fontane:* Grete Minde. Nach einer altmärkischen Chronik (1880). Mit Kommentaren von Anja Schiemann und Walter Zimorski (2018)
53 *Britta Lange / Martin Roeber / Christoph Schmitz-Scholemann (Hrsg.):* Grenzüberschreitungen: Recht, Normen, Literatur und Musik. Tagung im Nordkolleg Rendsburg vom 8. bis 10. September 2017 (2019)
54 *Wolfgang Schild*: Richard Wagner *recht* betrachtet (2020)
55 *Uwe Scheffler u.a. (Hrsg.)*: Musik und Strafrecht. Ein Streifzug durch eine tönende Welt (2021)
56 *Britta Lange / Martin Roeber / Christoph Schmitz-Scholemann (Hrsg.)*: Verbrechen und Sprache. Tagung im Nordkolleg Rendsburg vom 13. bis 15. September 2019 (2021)
57 *Dirk Falkner*: Straftheorie von Leo Tolstoi (2021)
58 *Dela-Madeleine Halecker u.a. (Hrsg.)*: Kunst und Strafrecht. Eine Reise durch eine schillernde Welt (2022)
59 *Robert Louis Stevenson*: Der seltsame Fall von Dr. Jekyll und Mr. Hyde. 1886. Mit Kommentaren von Anja Schiemann und Burkhard Niederhoff (2022)
60 *Conrad Ferdinand Meyer*: Die Richterin. Novelle. 1885. (2022)
61 *Britta Lange, Martin Roeber (†), Christoph Schmitz-Scholemann (Hrsg.)*: Literatur, Recht und Kunst. Tagung im Nordkolleg Rendsburg vom 17. bis 19. September 2021 (2023)
62 *Markus Hirte, Britta Lange, Mustafa Temmuz Oğlakcıoğlu, Christoph Schmitz-Scholemann (Hrsg.)*: Theater ums Recht – Recht als Theater. Tagung im Nordkolleg Rendsburg vom 27. bis 29. Oktober 2023 (2025)
63 *Büşra Akay, Anja Schiemann, Hannah Schulze Zurmussen (Hrsg.):* Recht in Literatur und Film. Tagung an der Universität zu Köln vom 24. bis 25. Januar 2025 (2026)

Abteilung 7: Beiträge zur Anwaltsgeschichte

Mitherausgegeben von RA Dr. Dieter Finzel (†), RA Dr. Tilman Krach; RA Dr. Thomas Röth; RA Dr. Ulrich Wessels; Prof. Dr. Gabriele Zwiehoff

1 *Babette Tondorf:* Strafverteidigung in der Frühphase des reformierten Strafprozesses. Das Hochverratsverfahren gegen die badischen Aufständischen Gustav Struve und Karl Blind (1848/49), (2006)
2 *Hinrich Rüping:* Rechtsanwälte im Bezirk Celle während des Nationalsozialismus (2007)
3 *Dieter Finzel:* Geschichte der Rechtsanwaltskammer Hamm (2018)

Abteilung 8: Judaica

1 *Hannes Ludyga:* Philipp Auerbach (1906–1952). „Staatskommissar für rassisch, religiös und politisch Verfolgte“ (2005)
2 *Thomas Vormbaum:* Der Judeneid im 19. Jahrhundert, vornehmlich in Preußen. Ein Beitrag zur juristischen Zeitgeschichte (2006)

Abteilung 9: Beiträge zur modernen Verfassungsgeschichte

www.ingramcontent.com/pod-product-compliance
Lightning Source LLC
LaVergne TN
LVHW102107041026
849558LV00002B/87

* 9 7 8 3 1 1 9 1 4 7 2 8 6 *